U0938751

近乡情

古村行旅记

Travel notes on ancient villages

◎孟光新 著

北方联合出版传媒（集团）股份有限公司
春风文艺出版社
·沈阳·

古村落神韵各异，仿佛一本本古籍善本，

赏心悦目，余味无穷……

图书在版编目（CIP）数据

近乡情 ：古村行旅记 / 孟光新著. —沈阳：春风文艺出版社，2020.10
ISBN 978-7-5313-5797-1

Ⅰ. ①近… Ⅱ. ①孟… Ⅲ. ①游记—作品集—中国—当代 Ⅳ. ①I267.4

中国版本图书馆CIP数据核字（2020）第069845号

北方联合出版传媒（集团）股份有限公司
春风文艺出版社出版发行
http://www.chunfengwenyi.com
沈阳市和平区十一纬路25号 邮编：110003
沈阳市美图艺术印刷有限公司

责任编辑：崔 丹	责任校对：曾 璐
装帧设计：正午文化	幅面尺寸：165mm × 240mm
字 数：320 千字	印 张：24.5
版 次：2020年11月第1版	印 次：2020年11月第1次
定 价：126.00元	书 号：ISBN 978-7-5313-5797-1

审美的光芒
——序孟光新《近乡情——古村行旅记》

高 晖

为孟光新先生的新书写几句话，我没有料到自己会想起这么多与此相关的东西。比如，假如你处在体制内一个工作内容与审美毫不搭界的单位，是一位具有审美倾向的人，这时同一单位还有其他人与你一样，你肯定会有一种说不出来的感觉，不是单纯的惺惺相惜，不是沙漠遇绿洲，而是一种互证性质的认定感。我与孟光新先生就是这样。

我早就知道他是摄影家，大约是2007年，他曾送给我一本记录欧美风情的画册，都是因公务出国时偶尔得空拍的东西——异域的人物和风光，以人物居多。翻阅画册的第一感觉就是，这是业已成熟的摄影家。观念、构图、语言、色调，都有自己的想法。看过之后，我始终没有说什么。我不大习惯认真地赞美别人，特别是当面赞美别人，我觉得这样容易失去郑重感而走向其反面。此外，就是周围的美盲较多，极容易产生争论，而和谐社会须避免争论。

直到2018年年初，他送给我一部长篇，我才知道他也在写作。那天，我的感觉很奇特，我俩在中书房喝了一些酒，我比较欣慰。作为一个体制内的写作者，他隐藏得要深一些，始终处在潜伏状态。那天他走后，我马上进入阅读状态，写得还真不错。这部长篇描写知识青年下乡生活，主要是青年时代的情感生活，甚至涉及初恋。其实，多年来我已经对国内的长篇叙事文学产生焦虑和绝望，遇到不熟悉的作者，看不过80页就会产生厌烦。看身边人的东西总会有一种特别的感受，是受托感和好奇感并存。这样，我坚持看完这部书，并觉得这部书重新修订一下会更好一些，甚至更出色。这部长篇的突出优点是真诚，缺憾是与大多数处女作一样，由于作者几乎未经过叙事技术训练，在某种程度上削弱了素材本身应有的力量。其实，叙事、绘画、摄影、书法，这些艺术门类在技术和境界范畴是相同的东西，都是从规范性技术开始操作，最后考量的却是一种叫作境界的东西。假如这部长篇能够在技术上得到修订，那将是一件比较完美的事情。我还将这部书推荐给一家叫“懒人听书”的网络平台制作成音频，听众甚多，反响较大，其效果超过我的预期。我认定，作为摄影家的孟光新先生，本身就具有审美情怀，同时具有叙事才能。我期盼他早日完成与叙事相关的纯技术性训练。

直到后来，我才知道孟光新先生有一个关于中国古村落的审美梦。他告诉我：在退休前的一个周末，遇到新版的《中国古镇游》。刹那间，他体会到远古、当代、审美、行走、思考这些字眼的具体分量。他透过字里行间，看到徽州民居的白墙黑瓦，岭南古村的山环水绕，黄土高原的大院窑洞，江南水乡的小桥流水，湘黔深山的特色寨子，云南边陲的七彩风韵……这些古村落一一拥到他的眼前。当时，他肯定有一种想要飞翔的感觉。那肯定是一个洒满阳光的黄昏，他开始找到自己人生后半场的生活。

言归正传。2016年春天，孟光新先生一退休即踏上旅途，迄今已历时两年多。其间，他行程两万多公里，走过近百个古村落，拍摄逾万张照片，同时写出20多万字的游记。可以想象，这注定是一个人风风雨雨的两年，是一个人集中苏醒审美意识的两年。我们现在看到的这本《近乡情——古村行旅记》，是作者从上述素材中筛选出的关于60余个古村的篇章，有逾400幅照片。关于书名，我跟他交流过，他的想法是“近乡情更怯”。

现在，我集中说说这本书。一个刚刚结束体制内生活的人，心怀审美梦想和怀古情思，这时他能看到什么呢？这种独自一人的行旅生活标示着什么？我觉得，这不单单是一个人天南地北地行走，因为那可能仅仅是一时兴起的走马观花而已；同时他还不能携带装有陈旧经验的“枯井”，必须首先形成自己新的参照系和新的观念。其实，从本质上说，这种孤独的旅程是一个体制人的蜕变过程，是一个规规矩矩的专业性官员重新获得灵气的过程，是一个初步领悟古今之变的过程，是一个蜕变全新自我的过程。在信息不发达的古代，古人崇尚“行万里路，读万卷书”，无疑就是为了拓展心灵感受，增加生命的宽度；而当代社会，行万里路已经不是新鲜事，比较难的是读万卷书，比读书更难的是专注。我觉得专注是当代最大的奢侈品。前面我说过，孟光新先生的长篇小说最优秀的品质是真诚，现在我想说孟光新先生对于古村落最大的认知是专注。在当代，没有比一个人对某一事物的专注更为稀缺的资源。他肯定是将那些散落在中国的古村落看作一卷卷古书。于是，他的摄影就是写生，他的游记就是日记，而这些东西的选粹就是一本“古村行旅图”。于是，当我们看到古代这些人文生态环境和建筑环境的珍稀标本时，就不难发现这本书的现实意义。

那么，我们现在能做的到底是什么呢？亲近、保护、复制、汲取、提升，而这些问题的根源就是一个：当国人审美意识苏醒的时候，就是古村落的鼎盛时期。翻译成口语就是，大家知道好歹的时候，古村落将会全面修复。

我认为，古村落是中国文化延续的核心物质载体之一。当然，孟光新先生的古村落情结还会延续下去，那些古村落已经成为他的乡愁。我曾问过孟光新先生：“一路走来最大的感触是什么？”他慢悠悠地回答：“在一些偏僻荒芜之地，古村落的现状、古村落的保护、古村落的前景都令人担忧，我想呼吁各级政府及相关部门、有识之士，加快维护和抢救，要和时间赛跑，别再等下去了。”他说起这些时，像是喃喃自语，直至最后沉默。那一刻，我觉得他在祈祷，他在祈祷古村放缓衰老，至少能让他在有生之年看到更多的原生美。就在这一刻，我觉得他分明是在呼喊。假如非得说出这本书的意义，“呼喊”就是这本书的真正意义所在。其实，这也是在我们这个特别的时代，审美本身所能激发出的些许微弱的光芒。

高　晖　当代作家，作品兼及小说、散文、诗歌和文学批评，代表作《康家村纪事——关于一个村庄的非结构主义文本》。

自序

我走古村落，往远了说，是受余秋雨先生的影响和启发。当年，读了他的《千年一叹》，憧憬至极，开始向往那种行旅生活。

在岗工作期间，虽然经常出差，天南地北没少走，但因公务在身，大都走马观花，难遂己愿。幻想有朝一日，放浪不羁，去游历秀美河山，清风拂去身尘，溪水涤净心灵，体会古今之变迁，蜕变成一个全新的自我。

往近了说，是退休前的一个周日，我去逛北方图书城，一本新版的《中国古镇游》引起我的注意，翻了几页，爱不释手，便买回家细读。透过字里行间，徽州民居的白墙黑瓦，岭南古村的山环水绕，黄土高原的大院窑洞，江南水乡的小桥流水，湘黔深山的特色寨子，云南边陲的七彩风韵……仿佛全都浮现在我的眼前。

一座座风格迥异的古村落，不仅保存着青砖灰瓦的古建筑，更传承着中华民族的精神价值，古老民俗文化的沉淀，是梦里老家，是悠悠乡愁。于是，我又想起世纪之交时，余秋雨先生“千年一叹”的壮举，恍然醒悟，以他的那种行走方式，去寻访华夏大地上的古村落，观赏历代建筑风貌，吸吮传统文化精髓，滋养思古抚今幽情，陶冶人生晚年情趣，跋山涉水，强身壮体，不正是我所要的退休生活吗？

古人崇尚“行万里路，读万卷书”，当代社会，行万里路并非难事，而读万卷书，是我毕生的兴趣，况且，那些遍布各地的古村落，不正是一卷卷亘古不变的大书吗？

我喜欢摄影，喜欢摆弄文字，如果能将所见所闻所感记录整理出来，结集《古村行旅记》，留给自己欣赏，送给朋友愉悦，该是一件多么美妙的事情啊！

2016年年初，终于退休了。于是，我踏上了旅途……

目录

万里江山万里行

一村一寨总关情

——作者题

第一章 神奇的黔东南

2016年4月中旬，我会同几个爱好摄影的朋友前往黔东南，去寻访那里的少数民族村寨。长期以来，由于历史及地域等原因，这些村寨处于相对封闭状态，因而更具原生态文化的韵味，也是我多年仰慕的自由王国。

最后的枪手部落

游完荔波小七孔景区，沿高速公路过从江县城，又行车7.5公里的崎岖山路，来到芭莎，一个建在山上的神秘苗寨。

寨门口设了售票处，每人收费80元，不过汽车免票，我们计划住在寨子里，正好开车进去。

进了简陋的寨门，一条水泥路随着地势高低起伏，虽不是太宽，可双向行车。路两旁的苗家建筑，大都商业化，或店铺、或客栈。车行两分钟，来到一个小广场，四个篮球场大小，广场中央立有一块巨石，上书“芭莎”两个红漆大字，想必这里是村寨中心。广场东侧紧挨山坡，往坡下有石阶，连接围绕山坡的石板小路，路旁有一座小客栈，二层的苗家寨楼，门额悬挂“古风寨”牌匾，楼前立一木桩，上刻“驴窝”两个红字，我们惊奇此地还有这般时尚的店主，便决定住在这里。门口备有拖鞋，不能穿自己的鞋进去。一楼是敞开式客厅，中间放置茶台，上面摆着紫砂壶具，周围是靠背座椅，木板墙壁上贴满照片，拍的是苗族男女，一看便是出自摄影高手。二楼更为绝妙，上了楼梯，一扇观景窗跃入眼帘，窗下是美人靠，可半卧上面凭窗眺望山坡下的吊脚楼、远处的梯田，还有更远处的山峦。卧室虽小，颇为现代，备有卫生间，可以冲淋浴。

问了店主才知道，芭莎的“芭”，当地发音为biā，找不到合适的汉字，便用“芭”字来代替。

放下行李，我们背上相机，迫不及待地走出客栈，登上石阶又来到广场上。广场东侧边沿建有一座木廊，廊内设置靠背长椅，有村民闲坐在里面，男女老少，个个身着民族服装，光鲜亮丽，清新素雅，看得出，他们并非特意穿给游人看，而是平时生活常态。以前在画册里看到的影像，现在活生生呈现在眼前，我激动不已，不停地按动相机快门。让我们摄影人欣喜的是，他们可能见多识广，或者习以为常，并不躲避镜头，有一个扛着猎枪的老者，还故意摆出姿势，让我从各角度拍照，然后咧嘴一笑，转身走了。

广场北侧，一排木板平房，有间“道德讲堂”，房门上着锁，不能进去参观。门旁板壁上设有“积德榜”，上面介绍一位名叫滚拉往的“苗王”，挂有他的照片和文字事迹，旁边还贴着几则“家规”，品读起来颇为有趣，我随手抄了下来，“女来主内、男来主外、大事共商、小事做主”“旧风不变、陋习要改”“拥护干部、支持寨老”。没等深

▼ 有一个扛着猎枪的老者，还故意摆出姿势，让我从各角度拍照，然后咧嘴一笑，转身走了

▲ 苗族世代居住山区，坡地陡峭，无法挖地基，加之阴雨潮湿，房屋底层不宜居住。而吊脚楼通风干爽，楼上住人，楼下架空，是最佳的生态建筑形式

入了解，这些家规便让我们对这里的村风民情有了初步的良好印象：既推崇伦理道德，又很讲政治规矩，并非远离现代社会。

离开广场，我们分散到寨子各处，寻找自己的兴趣所在。第一次来少数民族聚居地，这里的一切对我来说都是新奇的，令我眼花缭乱、目不暇接，甚至有些神情恍惚，就像到了另外一个世界，神秘又充满诱惑。

整个芭莎苗寨坐落在一条山梁和半面山坡上，古树参天，密林环绕，环境幽深宁静。最先让我惊叹的是寨子里的苗家建筑，就是俗称的“吊脚楼”，也有少部分平房，整体为木材构造，除少量建在平地，多为依山而筑。苗族世代居住山区，坡地陡峭，无法挖地基，加之阴雨潮湿，房屋底层不宜居住。而吊脚楼通风干爽，楼上住人，楼下架空，是最佳的生态建筑形式。沿着“之”字形山路，我在吊脚楼群中穿行，不知不觉中，渐渐顺坡向山下走去。近距离观察，吊脚楼结构一目了然：歇山式屋顶，一般为三层，上层存放谷物等，中间住人，而架空的楼下，板壁横装，用来饲养牲畜和堆放柴火。吊脚楼的材料全部使用杉木，因为是当地盛产，而且材质软好加工，耐腐蚀性又强，所以包括梁柱、楼板等都用杉木做成。但有一个部位例外，就是中柱要用枫木，因为枫树是苗族的生命图腾树，每个吊脚楼里面都要供奉象征祖先灵魂的圣树。

走到山坡下，也是寨子的边缘处，几块零散的梯田是全寨仅有的农田。站在这里放眼仰望，树木掩映的吊脚楼，顺坡而上，层层叠叠，造型优美，甚为壮观。我注意到，近年新建的楼，屋顶覆盖小青瓦，以前的旧楼，屋顶铺杉树皮，上面生满绿色苔藓。据说，苗族木匠绝顶聪明，他们不用图纸，仅凭墨斗、斧头、凿子等工具，便将那些柱、枋、梁、檩等紧紧相扣，使得吊脚楼牢固地立在山坡上，令人叫绝。

说到树木，不知是先栽的树，还是先建的吊脚楼，整个寨子完全置于丛林之中。芭莎人认为，千百年来的安居生活，得益于这片森林的庇护，所以，他们敬重树木，甚至当神来祭拜，从古至今，绝不乱砍滥伐。仅有的一次砍树行为，是1976年北京修建毛主席纪念堂，他们怀着无限敬仰之情，砍掉一棵直径1.2米的千年古香樟树送了过去，然后，在那棵树的原址修建了一座纪念亭（我们离开后才知此事，没能前去观看，觉得挺遗憾的）。

吊脚楼无疑是寨子里的特色，然而更让我着迷的，是芭莎苗族人的服饰，从布料的纺织、染色，到成衣的彩绣、缝制，完全是他们自

◀ 走到山坡下，也是寨子的边缘处，几块零散的梯田是全寨仅有的农田

▲ 古老的村寨，婀娜多姿的身影，古朴与现代的完美结合绝对是一道亮丽的风景线

已的传统工艺，更具独特的风格和魅力，有如远古的原始部落。男女服装，均以深蓝色为主调，泛着暗淡的光泽。古老的村寨，婀娜多姿的身影，古朴与现代的完美结合绝对是一道亮丽的风景线。先看女人的服饰：不论年龄大小，她们通常大襟式上衣，挂菱形的胸兜，上面是蜡染或刺绣图案，下面是百褶短裙。未婚者着衣为青色，已婚则以青白为主。小腿一律套花布筒，上面或刺绣或蜡染，领口和袖口等处缝衬着彩锦，五颜六色，极为精美。据说，芭莎的姑娘都是自己亲手缝绣彩锦。这点我相信，因为走在寨子里，所看到的姑娘，十有八九都在埋头刺绣，专心致志，一副非诚勿扰的神态。阳光下，她们佩戴的耳环、项圈、手镯，头顶盘发上的银簪，闪亮耀眼，用“绚丽多彩”来形容，毫不为过。再看芭沙男人，全身衣着皆为深蓝色，上衣无领右开襟，不同于汉族传统的右衽；下身穿抿腰直筒大脚裤，服装虽简单，但装束极有特点，主要体现在腰部，人人腰挂砍刀、装镰刀的小竹篓、火药葫芦、旱烟袋等，又肩扛猎枪，威风凛凛，不苟言笑，俨然古代的武士。

苗族历史悠久。据中国古籍记载，他们是蚩尤的后裔，五千年前就生活在中原大地上。蚩尤其人，相传是上古时代九黎族首领，骁勇善战，被奉为战神。他与黄帝交战，兵败以后，族人流散，演变为三苗，即为苗族的祖先。他们虽无文字，却有自己的语言。蚩尤有三个儿子，芭莎人自称是其三子的后裔。他们世代居于大山深处，千百年来极少有外人进入，因此至今仍保持浓郁的古代遗风和生活方式，包括古老习俗和服饰等，为国内罕见的一大奇观，形成一座奇特的“文化孤岛”，被誉为“苗族文化的活化石”。

芭莎的神秘之处，主要体现在男人身上，一是他们可以佩猎枪，而且由公安机关批准，在国内是特例。当然，现在早已无猎可打，猎枪成为装饰和表演道具。二是他们的发式，据说为蚩尤时代传下来的，是最重要的性别标志。我在寨子里看到的男人，不论老幼，发型完全相同：头部周围剃光，只留中间长发，并且盘成鬏髻，底部用包头巾捆住，式样终生不变。他们的包头巾也相同，两端白色，中间编织花纹，留有白纱线的穗子，像女人的刘海搭在额前。除此之外，还有简约婚俗、特异葬礼等习俗，同样具有神秘色彩，因为此行时间有限，我们不可能详细去了解。

芭莎的女人美丽，但你把镜头对准她们，尤其是对准年轻姑娘时，她们大多会扭过头去，不知是害羞，还是不愿让人拍照。我后悔

◀ 我在寨子里看到的男人，不论老幼，发型完全相同：头部周围剃光，只留中间长发，并且盘成鬏髻，底部用包头巾捆住，式样终生不变

没装长镜头，不能远距离拍摄。

走到一幢寨楼前，我遇到一位老者，觉得面熟，端详片刻便认出，他就是滚拉往——“积德榜”上的那个“苗王”。我和他打招呼，他用标准的普通话回应，很让我吃惊，接下来一句话更让我吃惊——他邀我去他家做客。

去他家的路上，我打电话叫来同伴，随他走进路旁的一幢平房。屋里陈设简单，地上一架火塘、几个矮木凳，再没有别的家具。最醒目的要算板墙上的一排火药枪，型号不同，长短不一。他告诉我们，家里男人都有枪。我问：“小孩儿也有吗？”他点头，指着一支短枪，冲我笑了笑，说是当玩具玩。没等我们再问，他就开始摆出姿势让我们拍照。我这才明白，他要给我们当摄影模特。镜头中的“苗王”，一身典型的芭莎男人装束，浓密的络腮胡须，饱经风霜的面容，就是特意化妆，也打理不出如此标准的形象。看来，他是轻车熟路的“老演员”。他又是吸长烟袋，又是手持猎枪，还点燃地上的火塘，双手抱膝端坐在旁边，转换各种角度，尽量满足我们的拍摄要

▼ 他又是吸长烟袋，又是手持猎枪，还点燃地上的火塘，双手抱膝端坐在旁边，转换各种角度，尽量满足我们的拍摄要求

求。据滚拉往介绍，芭沙家庭都设有火塘，视同神龛，祭祀活动等都是在火塘边进行，同时也是接待客人和取暖的地方。看我们拍摄完了，他大大方方地解释，他当模特要收费。我们恍然大悟，人家是“有偿服务”，难怪这么热情邀我们到他家里来。

出门前，滚拉往告诉我们，寨子里每天都有村民表演节目，上下午各一场，下午的演出马上就要开始了。我们随着人流来到村边丛林里的一块空地，中间铺设木板，四周有简易的观台，坐满天南地北的游客。在寨子里走了半天，没看到多少寨民，原来都集中在这里，“演员”阵容庞大，几十个男男女女，男人肩扛猎枪，威武雄壮，姑娘身着盛装，花枝招展。他们的节目很多，包括抢婚、苗族舞蹈、枪手对天射击等，全是苗族的民俗。其中的“镰刀剃头”，令我印象深刻，不知现实生活中他们是否还保留这种习俗，我持相信态度——实在太方便了，不用剃头工具，不用理发师，全凭一把镰刀，每个人都能动手剃头。

表演结束后，我围着几个枪手拍照，他们很配合，熟练地摆着扛枪的姿势。我以为也收小费，结果，他们看我拍得差不多了，便扛着猎枪，悠然地向村里走去。

我们回到“驴窝”，店主已做好晚饭。客厅的角落还有一个木梯，下去后是餐厅，原来那里才是一楼。在餐桌旁坐下后，我才恍然大悟：这是一幢典型的三层吊脚楼，只是楼门开在二层。

店主是一对年轻夫妻，外貌质朴。闲聊后得知，他们俩是外乡人，来芭莎经营几年，现在反倒不想走了。看不出来，如此小资情调的客栈，竟然出自他们之手。饭后我想喝茶，便让女店主烧水，男店主笑了，说：“对不起，我们没有服务员，您自助吧。”我红了脸，赶紧自己动手。男店主很健谈，一边整理着账簿，一边和我们闲聊，主要是听他介绍芭莎。

芭莎现有500多户，2000多口人，是个古代文明和现代文明并存的苗寨。比如那些古老的习俗，在我们看来，与现代社会近乎格格不入，他们依然虔诚地恪守着。再比如组织机构，除了有村委会和村民小组，还有寨老组织、罗汉和姑娘组织。寨老也由寨民选出，又称“苗王”，由德高望重的老人担任，主要担当民事纠纷的调解，组织祭祀活动等，维护传统的民族古礼规约。而罗汉和姑娘组织，分别由

◀ “镰刀剃头”，令我印象深刻，不知现实生活中他们是否还保留这种习俗

未婚男女参加，开展社交和娱乐性等相关活动。芭莎多为大家庭，三世同堂，个别的还有四世同堂，几代人生活在一起，其乐融融。由此可见，神秘的芭莎，可以让你穿越时间隧道，看到千百年来这里的发展轨迹。

第二天起床后，我又到寨子的各处转悠，想拍摄更多的景物。走到芭莎小学门前，正是上学时间，院里很多小学生在玩耍，我把镜头对过去，他们却全都转过头去，根本不让我拍照。我想，可能是学了知识，有了自尊感吧。因为街上没上学的小孩儿，瞅着镜头，可以让你随意拍照。

早餐，店主煮了米粉，吃完后，因为要去参观附近的加榜梯田，我们便离开芭莎苗寨。

汽车从寨了里穿过，我又看见几个姑娘，依偎着木栏杆，低垂着头，飞针走线，专注于手中的刺绣，晨光中，她们头上的银饰熠熠闪亮。

是的，姑娘们用手中的彩色丝线，编织着自己的梦想，也编织着芭莎美好的明天。

▼ 芭莎多为大家庭，三世同堂，个别的还有四世同堂，几代人生活在一起，其乐融融

侗族大歌

来肇兴侗寨之前，我对侗族知之甚少，稍不上心，还会把“侗”说成“铜”，自己还浑然不觉。所以事先特意查阅了资料：侗族分布在贵州、湖南、广西三省区毗邻地区，人口已超过300万，他们有自己的语言，原无文字，后沿用汉字。

“肇”，是“最先、开始”的意思，肇兴侗寨是黔东南侗族人最早开始居住的村落。

肇兴侗寨位于黎平县境内，在海拔400多米的大山之中，是中国最大的侗族村寨。刚从山坡的公路下来，就可以看到巨大的寨门，以鼓楼为造型，民族特色鲜明。汽车不让进去，寨外有免费停车场。我马上意识到，这是一个安静的村寨，不愿让外边的杂音打扰。

▶ 刚从山坡的公路下来，就可以看到巨大的寨门，以鼓楼为造型，民族特色鲜明

▲ 这里四面环山，中间形成一块盆地，犹如上天的赐予，肇兴侗寨就坐落于此

寨子里客栈很多，我们住进一家，虽然简陋，却清爽整洁，凭窗可见寨里的景色。放下行李，我们去吃午饭。随意走进路旁的小饭店，两层的木楼，装修格调明快，饭食是当地特色，干净可口，一扫大家的旅途疲劳。

饭店门前的路是寨子里的主街，本来就开阔，由于没有机动车驰行，显得更为宽敞。路面平展，两侧铺设青石板，中间用黑色鹅卵石拼成图案。我脚穿户外鞋走在上面，也略微感到硌脚。我们沿主街往寨子深处走，街道东西走向，又弯成几个弧度，向看不清的尽头延伸，中间无数条小巷，向南北两边延伸出去，估计寨子的规模很大。

刚从芭莎过来，有了相互比较，明显感觉到两个寨子的差别。这里四面环山，中间形成一块盆地，犹如上天的赐予，肇兴侗寨就坐落于此。因为是平地，沿街行走，视野开阔，四周山峦近在咫尺，犹如绿色的屏障。街路两旁的建筑一律是青瓦木楼，两层或三层，沿街依次排开，因为大都改为酒家、商铺等，一串串大红灯笼，样式各异的牌匾，给古老的门面穿上了现代新衣。众多游客游走簇拥着，东张西望，有拍照的，有购物的，就像城市热闹的商业街。

▲ 在一家店铺前，台阶上坐着两个老妇，身穿绣花的服装，头上插着绢花，正在埋头刺绣

没走多远，便看到一座高大的建筑，我知道，这就是著名的“侗寨鼓楼”，侗族聚居地的独特标志。鼓楼为木质建筑，外观看呈正方形，高近20米，共有九层，飞阁重檐，逐层收缩，顶层有阁，气势雄伟，犹如一座宝塔。楼体内部结构简洁，4根粗硕主承柱撑至顶层，四周12根檐柱与众多梁枋相交，以木榫衔接，不用一钉一铆。底层为敞开式，空间很大，放置若干条凳，是侗家人集会和娱乐的场所。我见两位老者坐在里面下棋，便走近了拍照，二人手捏棋子，静观棋盘，任凭相机咔嚓声响，仍旧聚精会神。

侗族人聚居地，每个村寨都建有鼓楼，不仅是侗寨风光的一大景观，更具有传统民俗及文物和艺术价值。肇兴侗寨有五座鼓楼，以“鼓楼群”而闻名，在全国侗寨中绝无仅有，已被列入吉尼斯世界纪录。寨内侗族全为陆姓，又分五大房族，也称为“团”，为仁团、义团、礼团、智团、信团，而这五座鼓楼，则代表仁、义、礼、智、信，是五个族姓的标志。每逢节日，人们身着盛装，在此载歌载舞，举办各种欢庆活动。鼓楼分散在各处，我们在寨子里周游，探寻侗族的风土人情，正好也多了一个寻找它们的乐趣。

寨子里游客多，当地的村民更多。他们正常劳作，正常生活，并不理会我们这些外乡人，即使敞门的店铺，也没有做生意的招揽声。我恍惚觉得，是否有一道特殊屏障，我们能看到他们，他们却对我们视而不见？比如，在一家店铺前，台阶上坐着两个老妇，身穿绣花的服装，头上插着绢花，正在埋头刺绣——多美的一幅民俗影像造型！我端着相机凑过去，近距离对准焦点，等待她们抬头的瞬间，几分钟过去，人家仍然垂着头，根本没感觉旁边有人存在，我只好扫兴地离开。

走到主街弯道处，路旁的空地稍宽，摆了几十张矮木桌，估计有人家操办喜事。旁边的炉灶，大锅炒菜，香味四溢。附近的房檐下和树荫里，坐着一些男女老少，正在等待上桌聚餐。我正好凑前观赏他们的服饰。侗族人平时的衣装，不像芭莎苗族人，基本和汉族相同，特别是男人，根本没有区别。女人还稍有不同，上衣虽为深蓝色，还保留大襟式样，头发也有民族特征，全都梳成偏头髻。1996年版的一元人民币上面绾着发髻的侗族妇女形象，就取材于一座侗寨中的妇女，据说，那个“模特”有名有姓，现在还住在寨子里。

我想拍摄侗族的人文风貌，便离开主街，拐进沿街木楼后面的巷道。

仅为一楼之隔，巷子里却异常寂静。一条清澈的溪流与主街道并行，蜿蜒着穿寨而过。溪水两岸，一幢幢木楼临水而建，鳞次栉比，错落有致，体现了侗族人依水而居的居住理念。看到木楼背面我才发现，原来全是吊脚楼式样，架空的底层为一条通透的长廊，是贯通各家的公用空间。长廊也是人们的起居场所，女人们在各自门前忙碌：埋头刺绣，淘米洗菜，打扫卫生。不管我是拍照，还是错身经过，她们连眼皮都不抬，视我如一缕空气飘过。可我并不扫兴，而是羡慕她们：那份宁静并非修炼而成，而是当代人久违的精神境界。

河上建有若干木桥，方便两岸往来。前行一段，一座风雨桥横在面前，与鼓楼相对应，全寨有五座这样的桥，同为侗寨标志性建筑。风雨桥不同于廊桥，顶部青瓦覆盖，两侧则用木栏杆封闭。此桥更为古朴，桥头挂一小木牌，刻着“孟获桥”，相传当年诸葛亮“七擒孟获”，而孟获就是肇兴人，此桥就是为纪念他而修建的。知道了这个典故，我当然要把它摄入镜头。

我从小巷转出来，主街的宴席开始了，桌旁坐满大人小孩儿。他们吃得文明，没有大声吵嚷，没有拼酒狂饮，真是一个让人尊敬的优雅民族。

肇兴侗寨规模很大，有1000余户居民，6000多口人，加上蜂拥而来的游客，所以，走在寨子里还是能感觉到人流的熙攘。我发现，寨里很多木楼造型很特别，第二层探出60厘米，往上类推，整体呈倒

▲ 一条清澈的溪流，与主街道并行，蜿蜒着穿寨而过。溪水两岸，一幢幢木楼临水而建，鳞次栉比，错落有致，体现了侗族人依水而居的居住理念

金字塔形。这种造屋方式据说源于远古时代，人们在树上筑巢穴居，以防猛兽袭击和地面潮湿，逐渐演变成如今的木楼形状。侗布也是侗族的传统技艺，完全是自纺、自织、自染，他们的民族服饰就是用这种布制成的。我在一些屋檐下和楼廊里，还有路边的空地上，仍能看到晾晒着洗染后的布匹。就这样边走边看，其他几座鼓楼也都让我找到了。比较这五座鼓楼，形状不一，呈六面或八面，楼层全为奇数，五层至十五层不等，每层楼檐覆盖青瓦，檐下彩绘山水人物等，檐角立龙凤花鸟泥塑，楼顶多为伞形，上竖桅杆或垒叠陶瓷“金瓜”“葫芦”，风格各异。每个鼓楼底层都坐满休闲纳凉的人。“智团鼓楼”在一条窄巷里，我走到近前观瞧，底层挂着一些大型娱乐活动比赛的奖牌，一根立柱上面，还有一块“君子和而不同”的木牌，让人顿生肃然起敬之感。

▲ 寨里的侗族青年男女，身着民族盛装，载歌载舞，众多的中外游客全都沉浸在欢乐之中

夕阳渐落，寨子里的一切全都涂上了金黄色，正是摄影的最佳时间。我端着相机，靠着主街的一棵大树，捕捉一个个精彩瞬间。此时，街上侗家人逐渐多起来，他们肩扛农具，担着柴草等，从田间等地归来，脚步匆匆，脸上没有劳作后的疲惫，而是洋溢着满足的喜悦。

夜幕降临后，一台精彩的“侗族大歌”演出开始了。肇兴侗寨不仅是鼓楼之乡，还是歌舞之乡。在“礼团鼓楼”对面的广场上，搭着巨大的舞台，灯光闪亮，多彩变幻，寨里的侗族青年男女，身着民族盛装，载歌载舞，众多中外游客全都沉浸在欢乐之中。我后悔没带相机，只能用手机记录这一盛况。节目种类很多，有“踩歌堂”“抬官人”等民俗表演，有形式多样的演唱，其中最为震撼的是蜚声中外的“侗族大歌”，多声部的混声合唱，声调婉转悠扬，旋律优美动听、扣人心弦，让人沉浸在如梦如幻的诗意之中。

▶ 我还为侗寨人的服饰惋惜，以为他们失掉了民族传统。原来，侗族传统的民俗还在，在他们的“侗族大歌”里，在他们的节日庆典中，在他们每个人的内心深处

“侗族大歌”侗语称“侗老”或“嘎玛”，意为“大的歌”。它是侗族人的骄傲，起源于春秋战国时期，是一种多声部、无指挥、无伴奏、自然和声的民间合唱形式，在中外民间音乐中极为罕见。这些侗族歌者从未经过专业训练，凭着天生的对音乐的敏感，将高音部、低音部、混声、和声、轮唱、花腔等唱法发挥得淋漓尽致，荡气回肠。“侗族大歌”的主要内容是歌唱自然、劳动、爱情以及友情，是人与自然、人与人之间的和谐之声。侗家人天生爱唱歌，“饭养身，歌养心”是他们常说的一句话。侗族文化精髓在侗歌里，正如一首侗家歌谣所唱的：“汉字有书传书本，侗家无字传歌声，祖辈传唱到父辈，父辈传唱到儿孙。”他们世代爱歌唱歌，以歌为乐，用歌表达情感，用歌倾诉喜怒哀乐，用歌陶冶心灵和情操。2009年，“侗族大歌”被列入联合国教科文组织“人类非物质文化代表作名录”，是“一个民族的声音，一种人类的文化”。据说，凡有“侗族大歌”流行的侗族村寨，很少有打架、偷盗行为，甚至夜不闭户，路不拾遗。

看完演出，想起白天在街上时我还为侗寨人的服饰惋惜，以为他们失掉了民族传统。原来，侗族传统的民俗还在，在他们的“侗族大歌”里，在他们的节日庆典中，在他们每个人的内心深处。

第二天，鼓楼顶端刚刚落上一缕霞光，我便来到街上，享受肇兴侗寨的晨光，感受侗家人的生活气息。游客们大多还在梦乡，街上几乎全是寨内的居民，看着他们忙碌的身影，我知道，侗寨新的一天又开始了。

太阳升得更高了，石板路面开始有了反光。吃过早饭，我们背起行装，默默地离开。因为，实在不想打扰生活在这里的侗族人。路上，我的耳边响着“侗族大歌”悠扬的旋律，走了很远才消失。

▲ 隆里人请他题字，说明了他们的眼光和品位，无须过多解释

遥远的诗篇

一路翻山越岭，眼前豁然开阔，出现一块平坦的山间盆地，良田千亩，阡陌纵横——隆里古城就坐落在这里。选择来隆里，缘于我曾看到的一则传闻：唐代诗人王昌龄因一首《梨花赋》遭人中伤，被贬谪隆里，官任龙标尉，城内至今还保留着他创办的“龙标书院”遗址。所以，黔东南之行，绕不过这座古城。

在停车场下了车，抬头便看到城门楼，大块石头筑成，巍峨壮观。没等走到近前，一块巨石立在路中，上面刻有“隆里古城”四个红漆大字，我瞥向落款处，竟然是余秋雨所题。隆里人请他题字，说明了他们的眼光和品位，无须过多解释。

这里不收门票，实为少见。

隆里，原名井巫城、龙标寨、龙里。史料记载：明代洪武十八年（1385），朱元璋为镇压当地农民起义，在此修建城堡，设置军事组织——守御千户所。此后，驻扎军人及其后代，世代为兵，镇守这里，经过600多年的嬗变，形成集军事防御和民居村落为一体的古镇。清代顺治十五年（1658），取“隆盛”之意，将“龙里”改为“隆里”。

绕过巨石，来到城门楼下，门洞上方，镶嵌“青阳门”匾额。古城共设四道城门，其中青阳门是东门，主要为军队等进城之门，寓意“紫气东来”。门楼为三层四檐结构，外形攒尖顶式，飞檐凌空，翘角悬挂风铃，明代建城时，只是瞭望的戍楼，清代改建成鼓楼祀神，2002年又经维修，保存至今。

门洞狭窄坚固，穿过去进了城里，我蓦然有种幻觉，好像是曾经读过的一本历史书。刚去过苗族、侗族村寨，感觉多是新奇，而眼前的隆里古城，满眼青砖灰瓦，让我既熟悉又有些陌生。

▼ 刚去过苗族、侗族村寨，感觉多是新奇，而眼前的隆里古城，满眼青砖灰瓦，让我既熟悉又有些陌生

东门大街又叫“来龙街”，全长105米，宽6米，鹅卵石铺设的路面，拼嵌出竖条图案，走在上面，略显得有些光滑。来到隆里，我首先要寻找的，自然是“龙标书院”遗址。还好，没走多远就在一条巷口看到了它，我连忙快步过去。这座重建于清代雍正年间的建筑，外观呈牌楼式，高大挺立，典雅肃穆，仿佛一座丰碑，供世人瞻仰拜谒。走到近前，门上虽然只挂一块牌匾，也足以令我肃然起敬，不禁想起李白的《闻王昌龄左迁龙标遥有此寄》：“杨花落尽子归啼，闻道龙标过五溪。我寄愁心与明月，随风直到夜郎西。”权当我对王昌龄的凭吊和敬仰吧。

从牌楼门洞进去，里面是一个庭院，几幢清代式样的建筑，为近年所复建，颇具书院韵味。

龙标书院，这座旧时黎平府的著名书院，使得隆里古城文风蔚然。这里明清两代出进士3人，举人18人，贡生60人，出仕为官知县以上15人。今天，这里仍为礼仪之乡，人们注重学习，文化气息浓厚。

从龙标书院巷子出来，右转继续西行，来到古城中心位置，这里是T形街口，自然形成的一个广场。广场西侧是修复的清代古戏台，古香古色，上下两层，下层几间房屋，挂着“综合文化站”“隆里花脸龙传习所”等牌子，可见当地民众文化生活丰富多彩。明代千户所衙署也在这里，牌楼式的造型简洁明快，上书“边邑重镇”“隆里守御千户所”。原建筑曾遭毁坏，清代康熙八年（1669）重建，增设

▶ 这座重建于清代雍正年间的建筑，外观呈牌楼式，高大挺立，典雅肃穆，仿佛一座丰碑，供世人瞻仰拜谒

了观音庙等，新中国成立后设为乡政府驻所，2011年依旧貌复建。走进里面，正厅大门上，悬挂“屏藩要塞”匾额，还有议事厅、军械库等建筑。千户所衙署东侧建有城隍庙，明代洪武三十年（1397），农民起义军围攻守御千户所，千户和镇抚率部抵抗，双双身故，朱元璋闻知，诏命加官，并子袭父职。隆里人为纪念二人，塑其像为城隍以祭祀。当然，这座建筑也是复建，式样与千户所官署相似。

▲ 看完广场上几座建筑，我们沿着南向街路向南城门走过去

古城以这里为中心，往东、南、西三面各有一条街，分别通向城门，三条街又分出六条巷道，把城内划分为九个区域，形成“三街、六巷、九院子”格局。看完广场上几座建筑，我们沿着南向街路向南城门走过去。

南门大街街口竖立着一座清代石牌楼，上面镌刻着“辉扬管彤”四个字。街长近百米，宽8米多，路面中央用黑色鹅卵石铺成一条巨大的蜈蚣图案，所以这条街又叫“蜈蚣街”。我仔细辨认，“蜈蚣”头在街口，

尾在南门口，56只脚，背宽2米，脚长2.5米，真有些相似之处。临街的几座建筑均为二层楼房，砖木结构，排列整齐。屋脊两侧的防火墙，兽脊鸟翅，飞檐翘角，颇有徽派建筑特色。其中的“科甲第”和“书香第”，是典型的隆里民居。两户人家隔街相对，都是清代末期建筑，青砖灰瓦，建筑风格大体相同，大门里缩，外呈“八”字形。门楣上方的石匾额，新漆的黄地黑字，四周是石雕彩绘。石条门槛下是五级台阶，白墙格式花窗，墙面绘有花鸟虫鱼等彩画。“科甲第”于民国二年（1913）重建，三间两进式结构，院内配有花园。对面是“书香第”，从门匾上这三个字便知是读书识礼之家，门前又放置一对石锁，可见屯军后裔能文能武，入内是天井式四合院。街上还开设了“隆里古城生态博物馆”，免费参观，免费提供隆里旅游资料。

街尽头就是南城门，也叫“正阳门”，两层的戍楼，内侧镶嵌“象启文明”匾，外侧镶嵌“秀挹南山”匾。出了城门洞，迎面一堵围墙，转过去才能到城门外。这种特殊构造，被隆里人称为“勒马回头”，我估计也是防御的需要。

从南大街折返，又回到中心广场。广场西侧保存着一口古井，为建城同期所凿，井台四周，青石板高高垫起。我们绕过古井，拐向西街，去看街尽头的西城门。西街两侧的民居也是一幢幢二层小楼，其中的“三槐第”是王姓人家，他们以宋代王祐、王旦父子为祖先，因王祐在宅院种植三株槐树，其后裔自称“三槐王”。还有座陈氏宗祠，也是牌楼外形，只是大门紧闭。西城门又称“迎恩门”，同样是二层楼阁，内侧镶嵌“文教昌明”匾，外侧镶嵌“俗美风淳”匾。城门外的西北角，建有一座“文博第”，是明清时期为参加乡试者设立的馆驿，当然也是以后复建的。

转了大半圈，我大体看清古城的规模：整体为长方形，南北宽217米，东西长222米，精巧而紧凑。同时，我也发现了一个现象：城内没有十字路口。虽然街巷交叉，却全是丁字路口，即俗话说的“死胡同”。据传有两种解释：一是“十”与“失”谐音，是军事城堡的禁忌，而“丁”字则取“人丁兴旺”之意；二是出于城防的考虑，假如敌人进来，会搞不清方向，便于守军各个击破。我倒相信后一种说法，因为古城当初修建时就是一座军事设施，一切设计都应考虑防御性能。

隆里人为留守官兵后裔，祖先来自不同地方，但民居建筑风格趋于统一，大多保留着汉文化的特点。房屋均临街排列，大多二层小楼，门楼外墙呈“八”字，灰白色砖墙，青色双重脊檐，穿斗式“人”字形坡顶，上面覆盖青瓦，楼舍间用马头墙相隔，一为防火，二为装饰。说到建筑装饰，除门窗处稍有石雕、彩绘点缀，所有的房屋外形质朴，显得更加坚固耐用。由于宅基均高出街面，每家门下都有几级青石台阶，可供人坐在上面歇息纳凉。很多人家的大门上方还挂有不同的牌匾，标志着房主的籍贯、身份等，恰似影视剧里江南古街场景，难怪我刚进城时就有似曾相识的感觉。最为独特的是，每栋民居都有后门，而且彼此相通，我想肯定也是战事需要，便于转战和撤离等。

所有的老屋里都居住着人家，弥散着浓浓的生活气息。除了几家旅游接待户、农家乐、小吃部，再无其他商业化的门面。据《隆里古城生态博物馆》记载，古城有龙王、所王、西王、魏王四支王姓，分别

▼“科甲第”于民国二年（1913）重建，三间两进式结构，院内配有花园

▼西城门又称“迎恩门”，同样是二层楼阁，内侧镶嵌“文教昌明”匾，外侧镶嵌“俗美风淳”匾

▲ 马道周长为1500米，用石板铺设，平整完好。行走在上面，里侧建筑距离近，无法俯瞰古城全貌

来自江西、安徽、山西等省份，经数百年的繁衍生息，至今已是第二十四代。他们扎根于此，建起各自的家族宗祠，现在仍完好地保留在古城里。每座祠堂前的牌楼，犹如雕饰精美的巨型壁画，上面的绘图和对联，记述了家族迁徙历史和对子孙的教诲。这几座祠堂都是全国文物保护单位。

城内之所以没有十字路口，是因为主街没有贯穿城北，我们来到这边，只见几条巷道，很容易找到了北城门。城门是普通的二层阁楼，悬挂“照对明离”匾，楼下的门板紧紧封闭。古语中“北”和“败”音相近意互通，而“败”字为兵家大忌，所以北门常年不开，可谓名副其实的“安定门”。为便于居民北面出入，附近开设了北便门，门上书“一道同风”，我们从这里登上古城墙。城墙高4米、宽3米，上面是马道，便于调动兵马和传递讯息。由此可见，古城整体结构设计，完全遵循作战需要，是一座能战能防的军事城堡，距今600多年，格局依然完整如初。

马道周长为1500米，用石板铺设，平整完好。行走在上面，里侧建筑距离近，无法俯瞰古城全貌。走了四分之一，我们从东城门下来，是环城的巷道，两侧是明清时期古宅，糅合了汉、苗、侗族建筑风格。先是“五柳堂”，陶姓人家，他们奉陶渊明为始祖。门楼在几级台阶之上，院里两层木阁楼，正面悬挂“广厦华居”匾额，木格花窗，雕刻精彩。再往前走，一幢幢宅院，仍然是“八”字大门，从门楣上的题字便可知祖先来自何地，如“苏湖世家”“会稽第”“济阳第”“关西第”“雁门第”等；有的则是家风的显示，如“耕读第”“耕读传家”“家本在身”等。中国古代门第文化，包含了对宗族起源、祖先名望、家风观念的敬仰，这种文化现象可称为中华民族的优良传统，在全国范围并不多见，难得隆里把它完整传承下来，而且，让我欣喜的是，有几幢古宅列入了全国文物保护单位，对隆里古城今后的发扬光大更是一种推动。

已经中午时分，明亮的阳光直射下来，各家门楼下仅剩一小块阴影。门前的石阶上，坐着闲下来的居民，有的在吃饭，有的在唠着家常，目光漫不经心，却不在我们身上停留。古城现有800多户人家，3000多口人，他们日出而作，日落而息，几百年来，始终生活在这样的节奏里，古城的传统才得以保留和延续。

大山深处的这座弹丸古城，是我国汉民族南迁历史中的特例。明代屯军的后裔们，世代生活在少数民族地区，却固守着自己的文化传统，并植根在这块土地上，形成一座特殊的“文化孤岛”。

来隆里的游人不多。听贵州朋友说，他们周围很多人也不知道这个古城。我想，这也正是隆里人所希望的吧。他们不想让外人打扰，只愿意陪伴祖先，享受如此安静的田园式生活——因为我看到，他们的目光偶尔投过来，那一种久违的纯朴和宁静，在当下社会已很难捕捉到了。

城里有若干旅游定点接待户可留宿，因为今天要赶到镇远古城，我们只能不舍地离开了。隆里古城，我们仅是穿城而过，走马观花，说声“对不起”了吧。

路上，我又想起了龙标书院，想起那位远在唐代的先贤，耳畔随即响起饱含沧桑的声音：“洛阳亲友如相问，一片冰心在玉壶。”似乎还伴着悠扬的羌笛声。

古代军事重镇

◀ 镇远历史悠久，自汉高祖在此设县，距今已经2200多年。这里处于交通要冲，地势险峻，自古为兵家必争之地

刚下车，我以为来到了商业闹市，店铺林立，人流如织。

仔细辨认，满街的人几乎全是游客，可见古城的超凡魅力。

镇远历史悠久，自汉高祖在此设县，距今已经2200多年。这里处于交通要冲，地势险峻，自古为兵家必争之地。宋代宝祐六年（1258），取名“镇远州”，既为该地名之始，又可见地理位置的重要，正如史书所云：“欲据滇楚，必占镇远；欲通云贵，先守镇远。”因此，明代开国皇帝朱元璋派来军队，在此修建了城池，使之成为西南大通道上的一个军事重镇。从元代至1949

▲ 街上通行公交车，中巴车型，让我惊奇的是，车体是木框的，车厢四框用木板条拼接，连车门和车窗也是木质的，行驶起来，如同一栋移动的黄绿相间的房屋

年，镇远一直是州府所在地，城址至今未变，传统遗风犹存。

不是节假日，住宿很好找。我们选了一家临河的客栈。窗外隔水相望，是一座七孔青石拱桥，桥中央有一亭阁，三层飞檐，玲珑别致。店主向我介绍，它叫“魁星阁”，又叫“状元楼”，建完十年后，贵州果然出了两个状元。

古镇依山傍水而建，山、水、城三者浑然一体，呈现出独特的风貌。河水碧绿清澈，恰巧一条舢板划过，倒映在水面的青山叠翠顿时破碎了，色彩纷呈，一片光怪陆离。店主告诉我，这条河叫“舞阳河”。我称赞道：“好个美丽的名字！”店主笑了，又详细介绍道，舞阳河穿镇而过，因河道呈“S”形，使得古镇颇似太极图。古时北岸是府城，州府机构所在；南岸是卫城，山上筑有军事设施。两城皆为明代所建，如今还存有部分城墙和城门遗址。镇内这段舞阳河，水面较平缓，出城区就变了模样。这里是国家级的风景名胜区，高湖深潭，瀑布飞流，风光迷人，全长400多公里，最后汇入洞庭湖。

店主30多岁模样，手持折扇，慢条斯理，一副优雅神态，我叫他老板，他笑称惭愧，说自己是伙计，替老板打工。按照他的指引，我们走出客栈，顺着河边的小巷，向热闹的古城中心走去。

古镇街道宽阔，青石板路面，平展光洁。沿街两侧，木石结构的楼房鳞次栉比，虽然都是近年新建，仍然沿袭传统风格，屋顶覆盖黑瓦，高封火墙，飞檐翘角。一层基本是商铺，房檐前探，一块块招牌特色鲜明，商品琳琅满目，我细数了数，几乎都是当地特产：镇远青酒、霉豆腐、苗乡腊肉、天印贡茶、木槌酥、苗银、苗绣，等等。放眼望去，街面人头攒动，热闹非凡。街上通行公交车，中巴车型，让我惊奇的是，车体是木框的，车厢四框用木板条拼接，连车门和车窗也是木制的，行驶起来，如同一栋移动的黄绿相间的房屋。

镇远是一个多元化融合的古镇，千百年来，汉、苗、侗等民族居住在此，和睦相处，中原文化和传统民俗相互影响、渗透，营造出一方绚丽多彩的奇特天地。今天，这里遗存的160多处古建筑，包括楼阁、庙宇、民居、巷道、码头等，无一不是民族大家庭的珍宝。

古镇面积不大，仅3.1平方公里，南侧傍水，北侧靠山，城区建在中间狭长地带。沿河的各类建筑是近十几年所建，明清时期的古民居则在路旁的山上。坐落于半山处的一条条古巷里，有石牌坊巷、四方井巷、复兴巷、冲子口巷、米码头巷、紫宝阁巷、陈家井巷等十几条。巷子沿街敞开，巷口竖立各式牌坊。抬头仰望这些巷子，随山势蜿蜒曲折，一层层阶梯逐渐而上，转弯抹角，相互交叉，组成了古镇生生不息的千年血脉。

走到复兴巷巷口，可见简易的木牌坊和青石板台阶。我正好要攀

▶ 沿河的各类建筑是近十几年所建，明清时期的古民居则在路旁的山上。坐落于半山处的一条条古巷里，有石牌坊巷、四方井巷、复兴巷、冲子口巷、米码头巷、紫宝阁巷、陈家井巷等十几条。巷子沿街敞开，巷口竖立各式牌坊

▲ 河面波光粼粼，仿佛撒上了一层细碎的银片，随风变化万千。远处石桥衬着夜幕，藏身在波光灯影中

入古巷，体验曲径通幽的感觉，便独自登上了台阶。巷道狭长幽深，错综复杂，路面由石阶递接，高低起伏，两侧房舍密集。这里的古民居风格独特，把中原四合院模式搬来，在山上改造成山屋、吊脚楼、回廊等多种形式的山庄式院落，既有江南庭院的风貌，又体现山地建筑的布局，成为中国建筑史上的奇观。我拐进一条窄巷，前面有堵山墙，走到尽头，以为此路不通，刚要转身，忽见侧面隐蔽着又一条小巷……转了几圈，我逐渐看明白，这里巷巷相连、四通八达，所以极容易迷路。不过，我喜欢这种感觉，没有任何目的，什么也不思考，身心随着脚步游荡在一个陌生的世界里，任时光悄悄流逝。

如果不是同伴来电话询问，我恐怕要迷失在古巷道中。

镇远古迹众多，多数属于“重量级”。比如城东山上的青龙洞，始建于明代，是一组规模宏大的明清宗教建筑群，山水园林式风格，建在悬崖陡壁之上，宛如悬挂着的一组大型浮雕，与甘肃麦积山、山西悬空寺并称为“中国三大贴崖式古建筑”。可惜我们没能登上去，只是隔河远眺它的雄姿，不能不说是一个莫大的遗憾。

另外，还有香炉岩、万寿宫、紫阳洞、天后宫等古遗址，因为时间所限，我们也都没能前往拜谒。

傍晚，我们买了船票，准备夜游舞阳河。候船时，我坐在古码头的石阶上，欣赏着两岸的迷人风光。此时，落日余晖映在河畔的楼群上，一扇扇雕龙刻凤的窗棂，一面面徽派风格的白色山墙，全都染上暖融融的红色。河面波光粼粼，仿佛撒上了一层细碎的银片，随风变化万千。远处石桥衬着夜幕，藏身在波光灯影中。还有更远处的山峦，云烟氤氲，如一幅水墨山水画，又像轻羽薄纱的美人，欲隐欲现，神秘莫测。

船行舞阳河中，古城的夜景更加迷人。两岸的灯火，水中的倒影交相辉映，难分彼此。抬头望向夜空，天幕上悬挂着一幅绚丽多彩的壁画，我怔了一下，忽然明白了，白日里的青龙洞竟是如此幻影般的景象。这种奇妙的光影，赋予人想象的空间，让人时而迷茫，时而遐想，最终全部沉入深深的记忆之中。

下了游船，我们还不想回客栈，便来到一个河边小店，要了啤酒，点了古镇特色小菜。此时，游客们可能累了，大都回了客栈，街上少了喧哗。而眼前的舞阳河却像一个不知疲倦的孩子，顽皮地眨着眼睛，把河面搅动得色彩缤纷。

只喝了两瓶啤酒，但我醉了。回到客栈，躺在床上，脑子里仍然是亮丽多彩的舞阳河。

据说《儒林外史》中有三个回目描写到镇远，我对这部文学名著浅尝辄止，日后定要仔细拜读，品味一下吴敬梓笔下的感觉。

同伴们约好第二天早晨爬山，我起床晚了，没能一览古镇的全貌。坐车离开时，我有点恋恋不舍，心里默念着：我还会来的，到时候，一定要爬上山顶，俯瞰这座古镇太极图的风采。

天下最大的苗寨

多年前，我看到介绍这里的资料，便记在便笺上，放进抽屉里，一直没舍得扔，心里惦记着：将来一定要去看看这个号称“天然博物馆”的全国最大的苗寨。

▼ 寨子里街巷纵横，街旁木楼的底层，大多开设为客栈、饭店、酒吧、商铺等

汽车拐过山口，远处宽大的寨门刚露出一半，我便开始兴奋起来：啊，西江千户苗寨，我终于来啦！

一路下雨，进了寨子，雨就停下来。我心里窃喜：天遂吾愿，毕竟“有缘在先”。

▲ 游人不断拥进，转瞬便四下散去。走在寨子里，少有人声嘈杂处，给人以怡情悦性的感觉

寨子里街巷纵横，街旁木楼的底层，大多开设为客栈、饭店、酒吧、商铺等。我们住进“异彩客栈”，临街的二层木楼，虽然简易狭窄，但内部结构合理，全部是单人间，屋内有卫生间，还可冲淋浴。店家是个干瘦的小伙儿，从客栈的实用性设置，可以看出他对旅游接待很有经验。

这里是河谷地带，一条清溪穿寨而过，问了店家，得知它叫“白水河”。我们出了客栈，过一条街巷，就到了白水河边。站在这里遥望对岸，吊脚楼层层叠叠，依山势向上拓展，叠成巨大的宝塔形状。楼隙间一棵棵参天大树，早春的嫩叶映衬着屋脊黑瓦，点缀出蓬勃的绿意和生机。再往高处看，是一层层梯田，可见有耕牛在劳作。几百年来，生活在这里的苗族人，日出而耕，日落而息，把家园建设得如此美好，也为世人营造出一方蕴含着农耕文化韵味的田园风光。

西江苗寨果然名不虚传，十余个自然村寨相连，如同小型县城的规模。游人不断拥进，转瞬便四下散去。走在寨子里，少有人声嘈杂处，给人以怡情悦性的感觉。

白水河畔游人熙攘，热闹非凡，犹如热闹的集市。一排茂密的花草树木修剪得整齐美观，岸边用石雕栏杆相隔，别有一番园林般的景致。青石板路面，平坦坚实，漫步其间，你会忘记此时是置身于苗族村寨。临河的寨楼，大多开设为酒吧、饭店，甚至卡拉OK厅，虽然灯红酒绿，现代感十足，我倒觉得因为与苗家建筑原始风貌相悖，让人在视觉和情绪上难以适从。

◀ 多年前，我看到介绍这里的资料，便记在便笺上，放进抽屉里，一直没舍得扔，心里惦记着：将来一定要去看看这个号称“天然博物馆”的全国最大的苗寨

▲ 苗语中“嗡”意为“龙”，故有“头桥”，即“第一座桥”的含义，寨民便称它为“一号风雨桥”

我索性离开街面，下几级石台阶，来到河边，与水面近距离接触，伸手可掬清凉的河水。对岸景物映在河面，随风一会儿清晰，一会儿模糊。抬头望对岸，密匝匝的吊脚楼，深黄色的枫木楼体，油亮漆黑的屋顶，大块青石垒砌的楼基，不用询问建设年代，便可看出其历史的厚重。

沿河走了一段，迎面一座风雨桥，桥名叫“畅嗡戕”，为苗语发音，寨内共有七座风雨桥，按序号排列，苗语中“嗡”意为“龙”，故有“头桥”，即“第一座桥”的含义，寨民便称它为“一号风雨桥”。桥拱为青条石砌筑，桥面上是长廊形桥亭，桥亭顶部中央建塔，两边分别建阁，飞檐翘角，造型优美。此时，太阳已经西坠，阳光斜射过来，桥身玲珑俊秀，像一个巨大的玩具横卧在白水河上。黔东南侗、苗族等村寨，多建在河流周边，桥梁必不可少，而风雨桥既能防晒防雨，又可休闲纳凉，是他们的首选，更是少数民族建筑艺术的一朵奇葩。我转身上了桥，桥面铺设木板，两侧设有长椅，我坐在上面，尽享晚霞带来的一方精彩。桥下的白水河金光灿灿，波光粼粼，一抹斜晖顺着河面，慢慢移向远处的山峰。我默默地等待，等待一片云雾飘至山腰，同时，也期盼在那个瞬间，一缕阳光正好映在上面，那该是多美的山水图画啊！虽然最终没有等来，但我并不失望，因为苗寨的人文景观更为精彩。

西江苗族历史悠久，他们自称蚩尤的直系后裔，完整地保留着苗族原生态文化，包括建筑、服饰、语言、饮食、传统习俗等。传统的西江苗族人，身穿长袍，包头巾头帕，颜色一律为黑色，故称为“黑苗”。当然，现在很少有人如此穿着，倒是女人头上依然插朵鲜花，多少还保留着民族特征。这里还被誉为“芦笙的故乡”，沿街一路走来，我看到各家店铺门前都站着苗族小伙子，甚至还有女人，吹奏着芦笙，热情招揽客人。在一家饭店门口，我看到两个苗族姑娘，穿戴民族服饰，摆出模特般的姿势，让游客们随意拍照。银饰是苗族的传统饰物，全部由手工制作，分为头饰、颈饰、胸饰、手饰等，具有较高的艺术价值。这两个姑娘佩戴的银帽，由各种造型的银花、银鸟、银蝶和银铃等组成，晶莹洁白，雍容华贵。上面高耸的银角，是西江独有的式样，为二龙戏珠的图形。我还注意到，寨子里有许多土狗，到处随意走卧，并不影响和妨碍游人。询问后得知，苗族人喜爱狗，从不宰杀，更不吃狗肉。

西江苗寨人多地少，民居以吊脚楼为主，多依山傍水而建，有平地和斜坡两类，穿斗式歇山顶。一般为三层结构：底层存放关养畜禽或用于修建厕所；二层是客厅、卧室和厨房，客厅外侧建有“美人靠”，苗语称“阶息”；三层存放谷物、饲料等生活物资。细观每座吊脚楼，板壁上雕刻花鸟图案，花样繁多，让人目不暇接。门窗则更好看，用木条拼成各式花边，极具独特的民族工艺和风格，也是刚去过的芭莎苗寨所没有的。

直到夕阳落下，寨内万家灯火时，我们才感觉到肚子饿了。走进一家饭店，上了二楼，便是宽大的露天凉台。店主是个苗家女子，

▲ 银饰是苗族的传统饰物，全部由手工制作，分为头饰、颈饰、胸饰、手饰等，具有较高的艺术价值

二十几岁，模样俊秀。她正和一桌人喝酒欢聚，见我们进来，站起来打招呼，一张嘴便喷出浓浓的酒气："今天我过生日，你们随便点，随便吃！"旁边的服务员捂嘴笑，悄声对我们说，老板喝醉了，让我们别介意。店主挥着手，说她没醉，转身回去继续推杯换盏。点了苗家菜，要了苗家米酒，此时，明月当空，微风习习，四周全是苗家饭店，灯火通明，喧闹声此起彼伏，没等端杯，我们就已微醺了。酒过三巡，我们也不甘寂寞，敞开嗓门儿，一曲接一曲高歌。店主受了感染，不时地过来"骚扰"，她端着酒杯，和我们挨个儿碰杯，尽显苗家女人的豪爽……

这一晚，我们尽兴而归，甚至忘了去观景台拍摄苗寨夜景。

第二天，我们没忘早起，赶到寨内的观景台。白水河边的高地上，一座木楼式凉亭，可以俯瞰西江苗家山寨全貌。太阳还没升起，远山逶迤，薄雾弥漫，把山寨衬托成美丽的剪影。我们支好三脚架，调好相机光圈，静静地等候着太阳升起。不大一会儿，便有早起的人家开始了晨炊，袅袅炊烟，聚成一个个烟柱，在木楼上方缓缓升腾。眼前这片山寨，又变幻为一幅巨大的山水画卷，生动的线条，浓淡相宜的水墨，大自然奇妙的手笔，让任何一位国画大师都会自叹不如。

昨日下了雨，今晨雾霭浓重，太阳躲在后面，始终不肯露脸，我们无法拍摄到山寨的晨曦画面。然而，我们并不失望，因为留在心里的影像，也许比现实更为美妙吧。

来之前我曾想象，这里是全国著名的旅游景点，苗寨原始风貌估计早已面目全非。一天走下来，我切身感觉到，虽然商业气息渐浓，但苗族传统还在传承，民俗文化仍在延续。比如，近年新建的民居，也包括正在施工的，全都为吊脚楼样式，材料和结构依然如故。当代社会日新月异，西江苗族人固守家园，千百年来保持着自己传统的生活习俗，难能可贵，也实属不易。或许正因为如此，他们的生活才变得更加富足。因为，丢掉了传统，意味着丧失生存之本。对于一个民族抑或一个国家，难道不都是这样吗？

吃过早饭，因为要赶回贵阳，我们动身离开。天空又飘起毛毛细雨。车行至山脚转弯处，我回头再望，西江苗寨已完全隐入云雾之中。

▼ 眼前这片山寨，又变幻为一幅巨大的山水画卷，生动的线条，浓淡相宜的水墨，大自然奇妙的手笔，让任何一位国画大师都会自叹不如

▲ 我们来到北城门前，十几级石阶之上，巨石砌筑的城门楼巍峨坚实，二层阁楼飞檐冲天，颇有威风凛凛之势

青岩古镇

走出黔东南，来到贵阳市南郊，青岩古镇就坐落在这里。明代洪武年间，朝廷在此建堡屯兵，数百年的兴衰更迭，逐渐发展为民居小镇。明末地理学家、探险家、旅行家徐霞客曾来此，并在游记中写道："青岩其城新建，城中颇有瓦楼街市，是贵省南部要

害。”古镇建在山坡之上，居高踞险，四周均为城墙，构筑于崖壁之上，远远望去，城门楼高耸，围墙逶迤连绵，上面遍插旌旗，仿佛埋伏着千军万马。

我们来到北城门前，十几级石阶之上，巨石砌筑的城门楼巍峨坚实，二层阁楼飞檐冲天，颇有威风凛凛之势。从侧面石阶登上去，俯瞰镇内，我顿时惊呆了：满眼青色岩石，有石头街巷、石板路面，连围墙、院落，甚至店铺的柜台，也是由大小不一的石头垒砌而成。我对同伴们说，估计青岩镇因此得名，大家一致点头同意。

历史上，青岩镇只是一个边陲小城，面积3平方公里，如今格局依然如初，东南西北4座城门，分别有4条主街、26条小巷，相互交叉，形成网状布局。镇里的古建筑多是明清时期所建，块石垒砌基础，青砖墙体，屋顶覆盖黑瓦。临街一间间店铺，大红的灯笼，古朴的牌匾，古色古香。青石板的街路泛着幽幽暗光，岁月的年轮似乎没有留下痕迹，但你走在上面踏踏实实，能明显感觉到这是历史沉积的厚重，因而不得不放慢脚步，品味历经数百年风雨，终于回归原始恬静的韵味——久居闹市的我，抬脚投足，竟然有些不知所措了。

古镇建在山地上，街路高低起伏，坡度陡的地段有石阶上下衔接。沿街的店铺，一家挨着一家，特色商品，美食小吃，琳琅满目。这里还是原来的茶马古道，各式“茶道”字样的招牌和彩旗成了游人们的兴致所在。我不想购物，兴致勃勃地浏览着。古镇的民居，表面上看上去与其他明清建筑并无明显不同之处，青瓦石墙，古朴沧桑，仔细观察，却有着鲜明的地域色彩。比如店铺的门面，建得高大，而且全是双层房檐。望一眼天空，我似乎明白了，贵州素来“天无三日晴”，一层房檐只能遮光，赶上下雨，柜台就会被淋湿，多一层房檐避风防雨，也就不会影响生意了。

说到雨，没走多远，还真下起来了。阴沉的天空下，细雨霏霏，雾气蒙蒙，满街瞬间皆是花伞，顿时给古街增添了几多诗情画意。雨伞遮挡着视线，我端着相机，无法拍摄完整的街面，便拐进旁边的小巷。

原来曲径通幽，古镇真谛尽在小巷之中。巷道纵横，路窄曲折，院落交错，游人罕至，因而格外幽静，漫步在其中，让人神情恍惚，容易忘了当下的时空。越往深处走，越让人惊奇，在一条窄巷口前，

▶ 贵州素来“天无三日晴”，一层房檐只能遮光，赶上下雨，柜台就会被淋湿，多一层房檐避风防雨，也就不会影响生意了

我停下了脚步，巷口墙上标名“背街”，是古镇最有特色的一条石巷。巷长约200米，宽不到3米，青石板的路面，经过几百年的磨砺，已光如镜面，又因刚刚洒上雨丝，泛着青黑的光泽。两侧的墙壁，用各种不规则的片石垒成，弯成优美的弧度，有一种特殊的神秘感。据当地史料记载，抗日战争期间，因青岩镇偏僻安全，八路军贵阳交通站就在此建立了安置点，把许多革命干部家属疏散过来，周恩来的父亲就曾住在这条街上。一座坐北朝南的院落，院墙仍为片石砌筑，院门挂着标牌“周恩来之父曾居地”。院内布置成小花圃，一幢穿斗式木结构悬山青瓦顶建筑，对外开放，供游人自由参观。据说当时，周老先生年近七旬，经常利用一些中医单方，帮助群众缓解病痛并赠药给大家，给青岩人留下了深刻印象。另外，邓颖超的母亲、李克农的家属等也在附近街巷居留过。

出了背街，紧邻的状元街里，有一座古朴庄重的建筑，院门高悬红灯笼，为贵州第一个状元赵以炯的故居。这是清代初期的建筑，门上“琴鹤谱志，论语传家”的对联，显示出主人一生的志愿。古院坐南朝北，为两进四合院，由朝门、厢房、过厅、正房等组成的建筑群，气派而不张扬，宁静恬淡，一派书香风范，是青岩镇近百处古建筑的代表之一。

青岩镇的古建筑，始建于明代万历年间，至清代道光年间仍不断

扩建，随着岁月流逝，很多已消失湮没，如今，保留下来的得以精心维护，被毁的一些建筑也按原貌加以复建，使得古镇格局依旧完整，神韵犹存。

在又一处大宅院前，我再次停下脚步。抗日战争爆发后，1939年年底，浙江大学西迁贵州，大部分师生留在遵义湄潭，剩余的转至青岩镇，当时的一年级和先修班就在这个院落里，给古镇留下了重教、兴教的宝贵遗产。目前，该校在国内高校中排位靠前，今日到此，了解到这段历史，对其更加刮目相看了。

历史上，古镇共有八座牌楼，分别建在四座城门内外，现在仅遗存三座：南门外的周王氏媳刘氏节孝坊、南门内的赵理伦百寿坊和北门外的赵彩章百寿坊。三座牌坊造型基本相同，四柱一楼一间，梁枋和牌面雕饰精美图案，均为清代建筑风格。令人惊奇的是，这三座牌

▼ 两侧的墙壁，用各种不规则的片石垒成，弯成优美的弧度，有一种特殊的神秘感

◀ 周恩来之父曾居地，院内布置成小花圃，一幢穿斗式木结构悬山青瓦顶建筑，对外开放，供游人自由参观

坊都无基槽，仅靠四根石柱直接立于地面，堪为奇迹，也是古镇的重要标志之一。

镇内还有两座较大的建筑：一是北街上的慈云寺，始建于清康熙年间，道光十二年（1832）重修，整座建筑构架保存完好，有很多石柱础，为石雕艺术精品。二是西街的万寿宫，清康熙年间建，嘉庆三年（1798）重修，后来改为道观，由正殿、配殿、西厢、戏楼等组成，“文革”时遭毁，近年重新修建，部分精美的木雕还在。

青岩宗教文化独特，既有佛教寺庙、道教宫观，又有基督教堂、天主教堂，四教并存，和谐相处，在全国古镇中独树一帜。据镇上人说，平日里寺庙香火不断，到了周日，来做礼拜的人也不少。

最后再来品尝美味吧。古镇传统美食诸多，如状元蹄、米豆腐等等。所谓“状元蹄”，就是卤猪脚，选一岁左右的猪蹄，用十余种中药入味，文火温煨而成。米豆腐，是把绿豆粉和各种蔬菜调和在一起，再用豆腐工艺制成。沿街行走时，我已嗅到香味，中午吃饭时，我们点了这两道菜，免不了一顿大快朵颐。

虽然没有完全尽兴，但我们也要离开了。此时，雨也停了，阳光重新洒在斑驳的石头上，古镇也恢复了本来面貌。在城市居住久了，有时难免心烦意躁，如能常来青岩逛逛，或小住几日，调剂放松紧绷的神经，对身心健康肯定益处多多。

回来后得知，青岩与黔东南镇远、赤水丙安、锦屏隆里并称“贵州四大古镇”。很幸运，这四大古镇，我已经全部拜访了。

▼ 此时，雨也停了，阳光重新洒在斑驳的石头上，古镇也恢复了本来面貌

第二章 燕赵情怀

新买了吉普车，所以，再次踏上古村落之旅，我决定采取自驾方式，选择附近省份，先去河北省和北京郊区，由近及远，逐渐积累远途行车经验。妻子和我同行，路上相互照顾，会有家在路上的感觉。

最后的驿站

从地图上看，离辽宁省最近的古村落，是河北省怀来县的鸡鸣驿，因此，此行第一个目标就是那里。

初次自驾远行，又是800多公里路程，我视力不好，不便黑天开车，从沈阳出发后，当天住宿居庸关。次日上午，又北行50多公里，尘土飞扬的公路旁，一堵土黄色的古城墙出现了，手机导航随即提示：目的地鸡鸣驿到了。

关于鸡鸣驿，《明一统志》记载，“唐太宗驻跸其下，闻雉啼而命曰鸡鸣”，鸡鸣山由此得名，而山下的古驿也顺理成章地叫鸡鸣驿了。下了车，我活动着腿脚，抬头环顾，右前方果然有一奇秀山峰，恰如天外飞来，独立于旷野，想必就是鸡鸣山了。

驿，即驿站，是我国古代传递文书或往来官员途中食宿、换马的场所。早在春秋战国时代，我国就出现了世界上最早的文字通信——邮驿通信。“邮”是步行相送，“驿”是骑马传递。马的体力和奔跑距离有限，长距离传递，中途必须经常换马，沿途诸多马站应运而生，后来演变为兼有多种职能的驿站。我国的古代驿站，承担着传递信息的职能，与国家政权紧密相连，在维护国家统一、促进民族融合、推动经济发展和社会进步等方面都发挥了重要作用。驿站的传递时间，由紧急程度而定，紧急的每天300里，特别紧急的则为400或600里。所谓八百里加急，只是传令概念，基本上不能实现，马在途中可能跑死，驿卒如体质差，也会疲劳而亡。据传，唐代安禄山在范阳起兵叛乱，唐玄宗当时在华清池，两地相隔约3000里，而六天内他就得到了消息，计算一下，每天的传递速度也仅为500里。唐代诗人岑参写

过一首《初过陇山途中呈宇文判官》：“一驿过一驿，驿骑如星流。平明发咸阳，暮及陇山头。”真实地呈现了当时驿站的运行情景。

▲ 关于鸡鸣驿，《明一统志》记载，“唐太宗驻跸其下，闻雉啼而命曰鸡鸣”，鸡鸣山由此得名，而山下的古驿也顺理成章地叫鸡鸣驿了

在我国古代，各朝代的驿站形式有别、名称各异，但在等级设立、组织管理、手续制度等方面基本一致。朝廷依靠这些驿站维持信息采集、指令发布与回馈，以达到统治目标的实现，否则就会出现巨大的后患。有一则野史：明代末期，朝廷财力衰竭，崇祯皇帝下令废除驿站，造成驿卒大量失业而成为流民，其中就有李自成。由此看来，崇祯此举可算是自掘坟墓了。到了清代，驿站管理臻于完善，而且管理极严，违反相关规定均要被治罪。清代末期设立了文报局，初始与驿站相辅并行，继而废除了驿站，由文报局专司其事。民国时期又设立邮政，文报局逐渐废止。

我对驿站的认识，最早来自杜牧的诗句“一骑红尘妃子笑，无人知是荔枝来”，当时看了注释后，感触颇深：荔枝保鲜期短，仅有三天左右，如果没有沿途诸多驿站，以及连续不断地提供马匹，李隆基纵然万般宠爱杨贵妃，也是束手无策，只能望洋兴叹。

铺垫了这么多，还是来说鸡鸣驿吧。鸡鸣驿始建于元代，成吉思汗率兵西征，开辟驿路，在此设置驿站。明代永乐年间，扩建成京师北路第一大驿站，清代康熙

▲ 每间老屋都编了号，用标牌固定在山墙上；每个巷口还立着金属标牌，与城市街头的样式相同，上面标示“古驿一街”“古驿二街”等

年间，设驿臣主管驿站事务，是全国现存规模最大、保存最完好的古驿站，1981年就被列为全国重点文物保护单位，还入选世界百个濒危文化遗址。由于所处的地理位置十分重要，明清两代，鸡鸣驿对全国军事、政治等方面都起过极其重要的作用。直到1913年北洋政府宣布“裁汰驿站，开办邮政”，这个古驿站才退出历史舞台。

鸡鸣驿实为一座城，有古城墙相围。我们停车北墙外，来到城门前。门口设有简易的售票处，票价40元，汽车不准进，如果住宿城中，晚上可以开进去。我问原因，一旁的老者回答，城里路窄，白天有游人，不方便停车。我和妻子商量，先进去看看，根据情况再决定是否住下。

走进城里，并没有城的感觉，完全是普通村庄的模样。几条纵横的街巷，勾勒出古驿站的格局；路面铺设碎石，不知是历史所遗留，还是近代重新修复。沿着街路，我们往城内纵深走，不知不觉中，天空细雨纷纷，心情亦喜亦忧。一些院落已成残垣断壁，荒草丛生，让人目不忍睹。不过，你若细心观瞧，无论是青砖瓦房，还是土垒的房屋，檐下的砖雕，破旧的门窗，仍然残留着精心雕琢的历史印迹。路过一座小院落，柴门轻掩，院墙用大小石块垒成，虽零乱却古朴自然。墙头探出老树枝丫，我伸头看进去，里面房子倾斜，显然仍住着人家。雕花门窗布满裂痕，仍不失华贵旧貌。空洞的窗口，如瞪着深邃的眼睛，痴情地向外张望。墙角围着猪圈鸡栏，院中间有一小畦菜田，上面刚刚生出几簇嫩绿，显示着旺盛的生命力。

城里静悄悄的，很少见人走动。忽然，一条巷里跑出几个小学生，好像玩着什么游戏，询问他们，原来是在玩“寻宝”，看谁先能找到××号老房子。我这才发现，每间老屋都编了号，用标牌固定在山墙上；每个巷口还立着金属标牌，与城市街头的样式相同，上面标示着“古驿一街”“古驿二街”等，设立的初衷，可能是想增添现代感，我倒觉得与古城极不协调。

我们急于登上城墙，俯瞰古驿城全貌，便直奔城墙脚下。据史料记载，城墙为明代隆庆年间砌筑，清代乾隆年间重新维修，墙体青砖砌垒，内夯黄土，底宽顶窄，形成一定的坡度，周长近2000米，墙高达15米。抬头凝望，历经几百年的风霜雪雨，多处墙皮已剥落，个

▼ 鸡鸣驿实为一座城，有古城墙相围

别地段已坍塌，裸露出里面的土质，显现出沧桑的历史面目。一条石砌的阶梯呈45度斜坡，直达城墙顶部，我们顺势登上去。上面宽约5米，外侧砌有垛口，里侧是平展的马道。古驿站为正方形，由四面城墙围住，四角分筑角楼，设东西两座城门。我站立的地方，正是东城门楼旁，上方建筑两层越楼，俯身向下望去，一条十几米宽的笔直大道，为驿马进出通道，从门楼下延伸出去，直通远处的西门。可以想象，当年马蹄声声，尘土滚滚，驿卒乘骑传递，昼夜不停，该是何等热闹的场面啊！

从城墙下来，东门楼前有片空地，地面上铸立一组人物雕像，与真人一般大小，反映的是古驿站传递文书的情景。旁边一座青砖灰瓦院落，看得出是近年新建，门楣上金字牌匾，上书“中国鸡鸣驿邮驿博物馆”。我走近一看，竟是范曾所题。我对此类新建场所不感兴趣，原本不想进去，却因看到范曾题写的匾额，双腿不由自主地迈了进去。

这是我见到的最小的博物馆。二进院落，共四间房屋，可能展品有限，只布展了两间。几件实物，几段文字，更多的是老照片，给世人留下了古驿站不可遗忘的影像。

城内明清建筑达17处之多，大多保存完好，包括指挥署、公馆院、文昌宫等。指挥署是驿站最高军事长官驻地；公馆院为过往官员、驿卒就餐住宿的地方；文昌宫，也称“驿学”，是祭拜文昌帝君

▶ 旁边一座青砖灰瓦院落，看得出是近年新建，门楣上金字牌匾，上书“中国鸡鸣驿邮驿博物馆”，我走近一看，竟是范曾所题

▶ 昔日的行政官邸，早已改为民宅，称“贺家大院”，当年八国联军攻入北京，慈禧太后西逃时，曾在此暂住一宿

及驿站子弟读书的场所。我欣喜地看到，这几处明代建筑已经修缮一新，重现出当年的风貌。

五条纵横交错的街道，将城区大致分为十二个区域。各时期建筑分布有序，驿署区在城中心，西北区有马号，东北区为驿仓。路过指挥署时，我特意停下脚步。昔日的行政官邸，早已改为民宅，称“贺家大院”，当年八国联军攻入北京，慈禧太后西逃时，曾在此暂住一宿。这是一幢五进连环院，东山墙留有通道，往里走进去，可见山墙留有“鸿禧接福”四个砖雕楷书大字，不知慈禧当年看到了此字才决定住在这里，还是房主后来刻上去的。

据史料记载，慈禧一行逃到此地时，她已经饿了两天。见怀来知县来接驾，她才放声大哭。据该知县记述：“太后哭罢，复自述沿途苦况。谓连日奔走，又不得饮食，既冷且饿。途中口渴，命太监取水，有井矣，而无汲器，或井内浮有人头。不得已，采秫秕秆与皇帝共嚼，略得浆汁，即以解渴。”随即，她开口要吃的。兵荒马乱时节，知县居然准备了一锅小米粥，慈禧饱餐一顿后，还想吃鸡蛋。知县犯愁了，好不容易找到了五个，生火煮了进呈，慈禧连吃了三个，又赏给皇帝两个。那位知县勤王护驾有功，不知日后是否高升。

走在铺满砾石的街路上，我有种感觉，自己好像一个现代幽灵，游荡在古老的世界里。历经几百年沧桑的古建筑，虽然遍体伤痕，依然昂首挺胸，立于这片土地上，保持古驿站曾经的风采，承载传承历史的重负，多像是一群见证人，日夜述说着古驿站过去的故事。

城里80%建筑是古民居，大部分仍住着人家。有村民说，政府现在特别重视，正有计划地帮助修葺。不过，我看到一些新建的红砖房，有的还贴着瓷砖，就像旧衣服打了新补丁，破坏了古城的整体格调。

最后，为了拍摄完整的城门楼照片，我们来到西门外。城门楼保存完好，上端双层阁楼，飞檐翘角，凌空展翅，庄重又威严。拱形的门洞上方，砖雕“鸡鸣山驿”四个繁体汉字，“山”字却被凿损，让人难以辨认，不知何时何人所为。

站在城楼下，仰望它的雄姿，我不禁浮想联翩。

我国古代社会，在通信手段比较原始的情况下，驿站担负着统治阶层政治、经济、文化、军事等方面的信息传递任务，受当时科技水平的局限，其速度无法与今天相比，但在机构设置、组织管理、手续

▲ 城门楼保存完好，上端双层阁楼，飞檐翘角，凌空展翅，庄重又威严

制度等方面，严密程度还是较高的，覆盖地域比较广。当今社会，信息技术日新月异，物资和信息传递手段各显千秋，特别是随着“互联网+”时代的到来，我国的信息传播事业呈现前所未有的局面。即便如此，我们不能也不该忘记曾经的千百个“鸡鸣驿”，因为那是中国社会进程的一部分，何况它们曾经那般辉煌过。

开车离开时，路上车流穿梭，快速驶来，又绝尘而去。我想，没有几个人能意识到，就是这座破旧的古城，把数百年的历史与现代相隔在咫尺之间。

走了一段路，我从汽车后视镜看到，远处高大的鸡鸣山，像一位饱经沧桑的老人，和泰安详，端坐在鸡鸣驿城的身后，护佑着这座同样历尽沧桑的古城。

◀ 一座巨大的影壁立在村口，青砖砌筑，灰瓦飞檐，粉白的墙面上题有“灵水举人村”几个遒劲大字

举人粥

一座巨大的影壁立在村口，青砖砌筑，灰瓦飞檐，粉白的墙面上题有“灵水举人村”几个遒劲大字。这个建于辽金时代的古村落，似乎早已被人们遗忘，只因为湖南卫视娱乐节目《爸爸去哪儿》在此拍摄，让它重新走进人们的视野。真该感谢那档节目的制作人，历史既然留下印迹，就不会被风尘埋没。

我并非受《爸爸去哪儿》引导。查阅古村镇资料时，我就被这个举人村所吸引。明清时期，这里出过22名举人、2名进士；民国初年，又有6人毕业于燕京大学。一个200多户人家的小山村，居然如此神奇！为一探究竟，离开鸡鸣驿后，我们沿着109国道驱车来到这里。

村口是新修的小广场，建有停车场、售票处等。影壁墙下，坐着卖食品的老妇，刚搭上话，她就指着身后的村子，告诉我们参观的路线。纯正的河北口音，让我想起小时候的一个老邻居，当时她已70多岁，仍然乡音未改，一说话，满院子的人都能听到。

所谓举人，是明清时代科举制度下，参加省级科举考试（乡试）取得及格资格的人。乡试每三年一次，参加的考生必须是秀才。中了举人，即有了做官的资格，意味着一只脚已经踏入仕途，日后即使参加会试不中，也有做学官、当知县的机会；吏部有了官职空缺，先进士后举人，基本都能被任用。中举后做了官，自然光宗耀祖，肯定要回馈故里。因此，灵水村的众多举人，在家乡首先要做的事情就是大兴土木，修建豪华宅院。目前，村中现有明代民居20余间，清代民居100余间，绝大多数保持原貌，是“中国北方明清乡村民居建筑的典范”。而其中的精华，当数几处举人故居遗址，这些宅院极尽追求“仕者风范”建筑风格，充分体现了士大夫风情。

村里有三条街道，令我惊叹的是，路面上的石板虽有破损之处，但基本上保存完好。路旁的民居，历经几百年风雨侵蚀，尽管原貌尚在，却遍体斑驳，面目衰败，让我不忍驻足，瞥过一眼便匆匆离去。按照导游图标识，我逐一找到了举人们的故居。这些建筑较为完好，多是三进或五进宅院，青砖灰瓦，墙壁磨砖对缝，墙体平展厚实，正面是门楼，厚板门，高门槛，闪进门里，是一面影壁，上面的砖雕简洁典雅，门窗粗犷中透含秀美，无不体现出深厚的文化内涵。

▼ 真该感谢那档节目的制作人，历史既然留下印迹，就不会被风尘所埋没

在举人刘增广故居前，我停下了脚步。刘增广于清代光绪二十一年（1895）应顺天府科考，中甲午科举人。其故

居是典型的北方四合院建筑，三进院落，门楼虽然破旧，但依旧端端正正，门前的照壁、拴马桩俱在。门楼挂着“举人正院小吃店”的小木牌，上面还标注着这里曾是卫立煌的指挥部，我顿时有了兴趣，同时也怀疑，不知里面“改造”成什么样了。进了院子，我立刻消除了担心，前院已经修缮一新，包括木雕门窗等，完全保持了原貌，并没有重新涂刷油漆，几间房屋也已腾空。从东侧过道来到中间院子，东西两间厢房年久失修，破损特别严重，已接近倒塌。一对30多岁的夫妻住在这里，在院里支了两张折叠桌，经营着小吃店。他们说，前院已由政府收购，进行了整体维修，准备筹办纪念馆。中院和后院也列入政府维修计划，但需要住户承担部分费用，目前正在商谈。后院隔着门楼，院门关着，我伸头看了看，里面的房子破烂不堪，几乎成为废墟。我又问卫立煌指挥部的事，他们说，当年卫立煌部与日寇在鏊髻山激战时，这处宅院是第十师的指挥部，师长李默庵就住在这里。坐了一会儿，我们肚子饿了，既然是小吃店，就让店主做了两碗刀削面，炒了两个菜，山菜摊鸡蛋，小白菜炒蘑菇。吃完出门前，女主人看我戴着眼镜，求我在门口那块木牌上添加“举人刘增广故居”几个字，她说是为了扩大影响，招揽游人进来参观和吃饭。

对于中国古代科举制度，借助余秋雨的《十万进士》，我稍有些

▶ 刘增广于清代光绪二十一年（1895）应顺天府科考，中甲午科举人

了解。据余秋雨考证，中国1300年的科举制度，选拔出百万以上的举人。如果以村为单位来分摊，我估计，灵水村肯定名列前茅。这个地处深山的小村落，文化底蕴如此深厚，自有其缘由。

原来，灵水村崇尚文化的风气，由来已久。明代永乐八年（1410）村里就有了社学，而且私塾众多。清代光绪年间又兴建了新式学堂，尊师重教、读书上进，早已蔚然成风。村里现存有文昌阁和魁星楼，在北方乡村比较少见。文昌阁主要是祭祀文昌帝君。“文昌”本为星名，道教尊其为主宰功名利禄之神，是古代知识分子最为崇信的神灵。按照科举旧制，一个地方出过多位举人，称“文星高照之地”，才能建造文昌阁，同时还要建魁星楼，因为魁星之神也是莘莘学子崇信的神灵。

另外，灵水村的地势也堪称奇特。它背靠独山莲花峰，前临清水河，虽在山谷之间，却富有丰沛的水源，传说村里曾有水井72口，所以冠名“灵水村”，也是实至名归。

按照导游图标记，我还找到了三株古树。

一株在村北。那里有座小山岗，名为“北山”。刚走出村子，我便看到不远的山口处，屹立一株巨大的柏树，傲然独秀。随着脚步移近，它越来越高大，到了树前，我停下了脚步。这是一株千年古柏，为国家一级古树，高约10米，直径2米多，树基在一个土岗上，树身略向东倾斜。我抬头仰望，只见树冠平展，虬枝盘曲，绿叶茂盛，宛如华盖，又像是一棵巨大的灵芝。

另外两株在一座庙宇内。村里曾有十几座寺庙，保存下来的不多，其中的南海火龙王庙、天仙圣母庙、观音堂、二郎庙颇具规模。这四座庙宇相邻，南海火龙王庙居中，金代前创建，明代嘉靖年间重建。八级台阶之上的山门，威仪凛然，半圆形拱门，飞檐吻兽，门楣处有青砖雕琢的匾额，周围刻有莲瓣。最为奇妙的是，院中的两株千年古柏，直径均为3米多，一株躯干树洞中寄生一直径约20厘米的桑树，为“柏抱桑”；另一株下部的分杈中，寄生一直径约70厘米的榆树，为“柏抱榆”。“柏抱桑榆”，在我国传统民俗中，从古至今都为吉相，更是天下奇观。

我似乎明白了，小小的灵水村，物华天宝，人杰地灵，如此天人合一的自然格局，举人辈出自然理所应当。天热口渴，走进路边小

▲ 我抬头仰望，只见树冠平展，虬枝盘曲，绿叶茂盛，宛如华盖，又像是一棵巨大的灵芝

店，买水歇脚。店主50多岁，主动拉话，他让我们夏天再过来，说这儿是避暑的好地方。说话的语气，纯朴的表情，让人觉得你不是游客，而是他家的远房亲戚。

灵水村独特的举人文化，教育后人笃学、积善、诚信、互助，并由此衍生出“灵水八德”——君子不争，猪羊圈养，龙池三禁，核桃晚打，诗书继世，生财有道，捐资赈灾，共喝秋粥。我记不全内容，只把其一和其八叙述如下：

君子不争——当年，举人刘懋桓官至山西汾州知府，为官清正，百姓敬爱。当他迁任离开时，当地百姓集资送其一盘石碾，他运回灵水村供村民公用。因为使用的人多，难免产生一些摩擦，举人刘增广在碾房墙壁上写了“君子不争”四个大字，倡导村民讲文明，发扬谦让精神。

共喝秋粥——“灵水村秋粥习俗”形成于清代康熙年间。某年，当地遭受两次大灾，百姓大多断粮断炊，村内举人刘懋恒和父亲积极捐资赈灾，在村里搭设草棚，支起几口大锅熬粥，让附近的灾民前来果腹充饥。他们舍粥数日，帮助灾民度过了大饥荒。此后，每年立秋当日，为纪念刘氏父子赈灾济民之善举，灵水村后来的举人依照当年情景，与全村人一起喝秋粥。时至今日，已由过去的“秋粥节”变成“金榜节”，每年立秋时节，附近准备高考的学子前来吃“举人粥”，感悟先人的“中举之道”。现在是春季，我们当然看不到那热闹的场景。

离开时，我们又经过村口，看到有搭起的棚子，书有“举人粥”字样，我对妻子说：“秋天咱们再来。”

▲ 按照科举旧制，一个地方出过多位举人，称“文星高照之地”，才能建造文昌阁，同时还要建魁星楼，因为魁星之神也是莘莘学子崇信的神灵

▲ 举人刘增广在碾房墙壁上写了“君子不争”四个大字，倡导村民讲文明，发扬谦让精神

爨底下

刚看到“爨”（cuàn）字，我并不认识，更不知道字义。查看了词典，其中有“灶”的意思，估计当年建村时，村民取名“爨底下”，有躲避严寒或避难之意吧。

从109国道下来，驶上一条幽静的村道，路面平坦，红灯高挂，让人心驰神往，不觉加快了车速。迎面一块巨石，上面刻着一个大大的“爨”字——爨底下村到了。

村口有售票处，每人35元。因为是周日，几个稍大点的客栈没有床位。路边有家“悦来客栈”，进去瞧了瞧，小院狭窄，两间客房，倒是异常清静，问了价格，一间房100元，选了有上下床铺那间住进去。

▶ 刚看到“爨”（cuàn）字，我并不认识，更不知道字义

▲ 站在这里，与对面的山梁平视，爨底下村就建在那边的南坡上，如同摆放在眼前的大沙盘，触手可及

爨底下村，位于北京西郊深山之中，建于明代永乐年间，已有600多年历史，现今保存500多间、70余套明清时期的四合院民居，是我国目前保存比较完整的北方山村古建筑群。明清时期，这里还是重要的古驿道，也是北京通往山西和口外的要道。

店主是个少妇，满口北京腔，见我们带了照相器材，她指着对面的山梁说："来照相的都爬到那上面，可以拍全村的景观。"离晚饭还有点时间，于是，我们背着相机，扛上三脚架，沿着"之"字形步道，气喘吁吁地爬到山半腰处的平台上。

站在这里，与对面的山梁平视，爨底下村就建在那边的南坡上，如同摆放在眼前的大沙盘，触手可及。层层叠叠的民居，从山下路面起始，高低错落，层层升高，最终形成巨大的扇形。横向筑起一条弧形大墙，长

▲ 从这个角度俯瞰，古村又是另一种景象：夜幕刚刚落下，那面横亘的高墙，以及高墙上下的房屋，全都泛着大理石般的青白色，冷峻而神秘，仿佛一座欧洲中世纪的古城堡

约200米，高近20米，将其分为上村、下村两层。几条石板街巷，蜿蜒起伏，线条清晰，纵横贯穿整个村落，单看上村那部分，犹如小型的布达拉宫。乍一看，村子布局很零乱，但仔细观察，便可看出初建者的匠心：整体规划巧妙，布局严谨，既完整统一，每个院落又各成单元。

此时，太阳正在下落，西边山脊的交界处，一道亮丽的光线把古村分成两种色调：沿山脊俯射下来的霞光，洒在上村的墙壁和屋顶上，光影明暗变幻，呈现极强的立体感，特别是屋顶的青瓦，排列整齐，明暗分明，升腾着温馨暖人的气息；山梁背阴里的下村，笼罩着蓝幽幽的暮色，一幢幢老屋，仿佛早已睡下的巨人，寂静无声，如梦

如幻。

村东头的山坡上，有清代康熙年间建的关帝庙，因为有攀登的石阶，我们不太费力就登了上去。从这个角度俯瞰，古村又是另一种景象：夜幕刚刚落下，那面横亘的高墙，以及高墙上下的房屋，全都泛着大理石般的青白色，冷峻而神秘，仿佛一座欧洲中世纪的古城堡。

入夜，山村格外静谧，听不到汽车轰响，听不到鸡鸣狗吠。我睡得深沉，还做了一个梦，梦见自己睡在儿时的炕上……

第二天，天色刚刚放亮，我又登上对面的山梁。由于远处大山的遮挡，等到7点多钟，太阳才从山尖露出来，光线快速移动，瞬间覆盖了全村。比起昨日的晚霞，朝阳更炽烈一些。此时，古老的村落似乎还在沉睡，不见人影，万籁俱寂。

吃过早饭，我背上照相机，沿着通往山上的巷道，走进迷宫般的上村。路面多用石板铺设，拼接严实，质地坚固。房屋依山势而建，巷道随之逐级攀高，纵横交错，七弯八拐。这些房屋多是清代所建，主要为山地四合院类型，一律青砖灰瓦，与京城四合院相比，其不同之处是东西厢房向院内缩进，以减少占地面积。门楼大都横向东移，建在院落的东南角，估计有欲发横财之意。房屋两侧墙脚，镶有迎风盖板，上面雕刻各种纹饰。每户人家门楼内都有影壁砖墙，有的还砌有门神龛，镶嵌在墙里，四周砖墙雕刻着纹饰，风格各异，特色纷繁。我走入一户门里，探头望进去，木质框架门窗，横竖相间的窗棂，点缀着古建筑的灵秀。由于房屋顺坡建造，有的房基必须高筑，形成一面面石墙，墙面凸凹斑驳，墙脚生满青苔。偶有小块平地，散落着古井、石碾等，不知是哪个年代的遗物，已经成为真正意义上的活化石。有意思的是，我看到几面墙壁上，残留着各个时代的标语，其中还有“文革”时期的，让人啼笑皆非。山腰处的一些人家开设了客栈或饭店，屋檐下

▲ 此时，古老的村落似乎还在沉睡，不见人影，万籁俱寂

串串红灯，院子里木凳长桌，还可依院墙俯瞰观景，可惜都已客满，我们无缘在此小住。

转来转去，不知不觉走到山顶。原以为是无限风光，没想到竟然是满目荒芜，房屋几近残破，缺门少窗，有的院墙已倒塌，堆积成一堆瓦砾，看样子已很久无人居住，门上都挂着锁头。我很奇怪，这些居高临下的老屋，采光充足，又特别安静，为啥被村人抛弃了？

回到客栈，我问店主，她说山顶太高，那些老屋以前也开了客栈，但游客不愿往上爬，慢慢地也就没生意了。再说，各家人口都少了，老房透风漏雨，需要投钱维修，只好上把锁先搁着吧。全村现在只剩20多户，不到百口人，路边新建的那些房子足够他们居住了。

房屋久不使用，风吹雨淋，可能更容易损毁，况且那些都是文物级别的老宅，出于对古村落的喜爱，我更关注古建筑的保护工作，于是又问她：“政府有关部门也不管吗？”

她说上边已经来人普查了，准备拨款加固，但只是保证房子不倒塌，至于平时的修缮维护，只能靠他们自己。说着，她的眼神瞥向裂着缝隙的门窗。

不可否认，即使没有悠久的历史，爨底下也是一个美丽的山村。来这里休闲度假，可以摆脱尘世喧嚣，享受一份难得的宁静。意欲“偷得浮生半日闲”，这里绝对是一处难以寻觅的好地方！而且，这里还是一个摄影人的天堂。

▶ 偶有小块平地，散落着古井、石碾等，不知是哪个年代的遗物，已经成为真正意义上的活化石

▶ 每户人家门楼内都有影壁砖墙，有的还砌有门神龛，镶嵌在墙里，四周砖墙雕刻着纹饰，风格各异，特色纷繁

▲ 石楼石阁、石房石院、石桌石凳、石磨石碾，石街石巷、石栏石桥……完全是一个石头世界

于氏石头史诗

于家村隐逸于太行山深处，是一个奇特的石头村落。从高速公路下来，山路弯曲狭窄，汽车只能单行，必须谨慎驾驶。村庄地处洼地，四面环山，绿树掩映，村口竖立一座石牌楼，上面镌刻着草体大字“于家石头村”。

于家村建于明代成化年间，全村400多户，1600多口人，90%以上都姓于，他们自称是明代民族英雄于谦的后裔。于谦的《石灰吟》，常被世人称颂："千锤万凿出深山，烈火焚烧若等闲。粉身碎骨浑不怕，要留清白在人间。"慷慨激昂的诗句，正是他人生品格的写照。

明代天顺元年（1457），时任兵部尚书的于谦在指挥京城保卫战，打退蒙古军围城之后，却惨遭朝廷冤杀。后来，于谦沉冤昭雪，他仅有一子，名叫于冕，而于冕无子嗣，便将族人之子过继为儿子，世袭了杭州卫副千户。于家村这支于氏后裔，其始迁祖无以考证，500多年来，他们一直生活在此，以顽强的精神，凭着勤劳的双手，硬是在这不毛之地开山劈石，就地取材，建起这座世间罕见的石头村，书写了不朽的人类生存史诗。

于氏家族的悲壮历史让我热血澎湃，刚进村内心立刻涌上敬仰之情。

村口没有售票处，开车往里走，来到一个小广场，有游客服务中心，负责卖票和安排导游。正是午休时间，屋里没人值班，打听旁边的村人，说村里有"石韵山庄"可住宿，我们便开车赶过去。在村子边缘的坡地上，石头砌筑的围墙，里边一栋小楼，一排平房，是原来村集体的林场，现在改成了宾馆。院里空无一人，我们喊了一声，从楼里走出一个胖女人，她说节假日人多，平时很少有人来。正是中午，骄阳似火，只能躲在屋里休息，下午5点多钟，阳光变得柔和了，我们才背起照相机向村子里走去。

村里的中心地带街巷纵横交错，尽管事先知道是石头村，但真正来到它跟前，还是让我惊叹不已：石楼石阁、石房石院、石桌石凳、石磨石碾、石街石巷、石栏石桥……完全是一个石头世界。特别是一条条街路，多为青灰色石块铺成，大小不等，

▼ 特别是一条条街路，多为青灰色石块铺成，大小不等，形状各异

形状各异，尽管石质坚硬，岁月沧桑，人来畜往，早已磨得圆润光亮，走在上面，光而不滑，干爽洁净，脚下嗒嗒的声响，传递出一丝丝幽远的情思。

于氏不愧是英豪后裔，当年他们建村时，详细规范了全村布局：东西为街，南北为巷，连接街巷的是胡同，总共六街七巷十八胡同，街宽3~4米，巷和胡同宽2~3米。

街巷两旁，门楼连着石墙，一户紧挨一户，排列着全村300多个四合院。院门外面，石墙底下，散放着诸多石碳、石臼、石锁、拴马石等器具，上面刻满岁月的纹裂，它们也许知道，自己早已失去用处，依然蹲守在角落，默默地陪伴着岁月。各家的门楼装饰得古色古香，大多门板紧闭，笼罩着深宅大院的神秘，却有枝头绿叶伸出院墙，向外窥视。偶尔有门扇半开，我探身望进去，院内整洁干净，果树枝繁叶茂，映衬着古旧的石屋，仿佛披着网状的绿衣。

村里大多数建筑基本都保存得完好，很少倒塌破损，除了有人还在居住外，我想，也和石质材料有关吧。这里的房屋类型以四合院居多，还有个别的四合楼院。沿着石阶登上去，放眼四望，全是白花花的石头建筑，门与门相对，户与户相连。

于氏祠堂，一座石头建造的四合院，也是村里保存最完好的建筑。由于街路狭窄，走到它的门前，我抬起头才能看到院门上方的深绿色金字匾额，“于氏宗祠”四个大字苍劲雄健，气宇轩昂。两扇漆黑大门，上面横排四行球面形圆钉，门框贴着红地黑字对联。门旁挂有宫灯，两边摆放着石雕门墩。我们迈过门槛走进院子，正房是祠堂，建在高台之上，四扇花棂木门，门首悬挂“僾见忾闻”金字匾额，表达对逝去亲人的思念。东墙靠窗处，镶有一块修建祠堂碑，碑首镌刻“根深叶茂”四个叠篆，碑面文字清晰，字体秀美，文体简洁，为不可多得的珍贵文物。祠堂内部的正中，设置于有道神龛，黄缎围帐的两边，悬挂着家谱和先逝者姓名。院内两侧房屋均低于正房，供存放香火、供品等之用。院角一棵古柏，树干旋转，如一根粗硕的麻绳，象征着于氏家族团结向上的精神。据说，从古至今，于氏家族生了孩子，都要先到这里给祖先报喜，如是男孩儿，放100挂鞭炮，女孩儿就送绢花。

走过两条街巷，来到观音阁前。这是清代顺治四年（1647）的建

▲ 由于街路狭窄，走到它的门前，我抬起头才能看到院门上方的深绿色金字匾额，“于氏宗祠”四个大字，苍劲雄健，气宇轩昂

▲ 让我意想不到的是，村里居然有座“石头民俗博物馆”，一个大院落，十几间展室，存放了大量的明清古石器和天然奇石

筑，在全村众多古建筑中最为精美。两层的楼阁，整体为上砖下石，上层是观音庙，下层为石洞门，庙顶斗拱重檐，门洞不阔，却显得幽深。这是明清古道的出入口，也是于家村古时的南大门。不过，现在石洞已封砌，周围被密集的房屋包围。

让我意想不到的是，村里居然有座“石头民俗博物馆”，一个大院落，十几间展室，存放了大量的明清古石器和天然奇石。院里立有一块石碑，我走近观看，上面刻着“柳池禁约”字样，清代乾隆三十九年（1774）立。碑文的内容是对村里饮水管理的具体规定：除鳏、寡、孤、独、老弱、病残者外，每户每日只许取水一瓮、取冰两担，有多积者，一瓮水罚银五十，一担冰罚银二十……原来，刚建村时，水源匮乏，全村仅一个饮水池，因而制定了用水规则。我猜想，这可能是我国最早的有关节约用水的文字记载。除此之外，院里还有几块石碑，如《整饬村规》《禁山林碑》等，依然完好无损。可以想象，当年的于家村因为有了这些规矩，肯定管理得井然有序。走出院落我仍在想，这些刻在石碑上的文字，一定也会烙在于氏族人的心里，世代铭记，从而延续造就了今天的于家村。

于家村的标志性建筑该是村东口的清凉阁，它也是全村石头建筑的典型代表。清凉阁建于明代万历九年（1581），三层结构，全部用巨石垒砌。它的奇妙之处在于，虽然建在斜坡上，却没有打地基，也不用任何灰

▲ 虽经400多年风吹日晒，这座阁楼仍然威风不减，屹立在于家村的村口

泥，用一块块巨石垒成，工艺粗犷奔放，横不成线，竖不压缝，看似随心所欲，却坚固无比，实为罕见。阁楼的顶部，斗拱深檐，雕梁画栋，别有一种古朴粗糙之美。虽经400多年风吹日晒，这座阁楼仍然威风不减，屹立在于家村的村口。

清凉阁造型别致，特别适合拍照。我们围着它，从不同的角度拍摄，直至晚霞降临，整座阁楼涂上了橘红色，石头建筑的神韵显出奇异的效果。

也许是偏爱清凉阁，第二天早晨我们又赶了过去，朝晖里的阁楼似乎刚刚醒来，从镜头里望过去，遍体红光，神采奕奕，让人不停地按下快门。村里有流动售票员，自称是村里的导游，免费带游客参观。她先登上清凉阁二层，打开门锁，说可以上去参观。我们很惊喜，赶紧随着登了上去。二层是个小平台，我试着跺了跺，脚下巨石没有丝毫晃动。这里还立着一块巨石，上面刻着“石头村”字样，涂着红漆，十分醒目。我童心大发，踩着狭窄扭曲的石阶，又登上第三层。顶层明柱回廊，围着中间的石龛，我侧身转了一圈，抚摸着坚硬的石柱，俯瞰四周，虽然仅十几米的高度，足可将石头村尽收眼中。

从清凉阁下来，导游带我们返回村中心，参观于谦纪念馆、古戏台、真武庙等。她手里有串钥匙，每到一处，打开门让我们参观，出来后又把门锁上。走在路上，见她悠闲自得的神情，和她攀谈几句，得知她也是于氏家族成员，每天有40元补助，平时游客少，比较清闲，到了节假日就忙了。

她还讲，于家村所有的建筑都是出自村内石匠之手，多少年来，几乎家家都有石匠，世代相传，技艺不丢。可如今，手艺精湛的虽然也有，但都是50岁以上的，年轻人极少，用不了多久，老石匠年龄大了，这门手艺也许就绝迹了。听了她的话，我虽然表示理解，但也只能默默无语。人类文明飞速发展的今天，很多传统技艺失传，被社会忽视和遗忘，逐步退出历史舞台，是大势所趋、发展的必然。比如于家村的石匠，在现实的生产和生活中，他们的作用越来越小，肯定要被社会彻底淘汰。

于家村被世人敬重，不仅因为留下的这座石头王国，更多的是由于于氏家族的高风亮节，是他们对坚韧不拔精神的恪守。几百年来，寒来暑往，他们过着简单而充实的生活，延续着先祖淳朴忠厚的民风。当我们离开尘嚣的世事，走进古朴宁静的于家石头村，心灵会得到一次洗涤，也许是短暂的，但是这份难得的净化，会伴随我们走过很远的一段路程。

于家石头村，一部写在石头上的村落史诗。

◀ 也许是偏爱清凉阁，第二天早晨我们又赶了过去，朝晖里的阁楼似乎刚刚醒来，从镜头里望过去，遍体红光，神采奕奕，让人不停地按下快门

▲ 祖先晋商的精明头脑，加之世代辛勤耕耘，历经600余年，逐渐形成了这座令世人叹为观止的石头村落

太行深处大梁江

大梁江，太行山深处的古村落，原本闭塞荒凉之地，因从秦代起出太行之路就由此经过，以后又扩展为从山西到河北，进而赴北京的唯一通道，逐渐形成人居村落。明代时期，有山西梁氏一族迁居此地，起村名为“大梁家”，由于这里缺水，故又易名为“大梁江”。祖先晋商的精明头脑，加之世代辛勤耕耘，历经600余

年，逐渐形成了这座令世人叹为观止的石头村落，也由于其隐身于群山环抱之中，才得以完整地保存下来。

村子入口处有一株植于唐代的千年古槐，树心部分已枯朽，仅有部分表皮活着，但看起来仍然枝繁叶茂，树表皮苍劲黢黑，树干屈曲虬结，整个树身向外倾斜，被人用一个拱形的小牌楼支撑起来。我们围着古槐转了一圈，决定今晚就住在这里。

问了附近村民，村子里面没有客栈，仅有的几家“农家乐”都在村口这里。我们看了看，其中一家比较卫生，还能冲澡，住宿每人20元，吃饭另算，便住了进去。放下行李先休息，等到太阳西下，酷热稍退，我们便拿起相机走向村里。

古槐后面就是村门，一座建于明代的石阁楼坐北朝南，形状如古堡。阁楼分上下两层：上层是小巧的古庙，别具一格；下层青石砌筑的石洞，就是进出村子的大门。门洞正上方，镶嵌着“襟山带河”石匾，昭示这里是依山绕河、地势险峻之地。穿过拱形门洞，回头望去，又一块“接脉通全”石匾，诠释了大梁江先人在此选址和建阁的初衷。

眼前的大梁江村完全是另一番景象，仿佛穿越到从前，来到一个用石头堆砌的世界。

村子建在两座山梁中间，两面的山坡上，青灰色石墙，高耸的石楼，层层重叠，一条条狭窄的石路，蜿蜒在山沟里和坡地上，形成全村的通道网络。数量不多的树木生长在岩石中间，那几抹鲜嫩的绿色，更显得弥足珍贵。

这里保存的民居是一处较完整的明清建筑群，其中院落达162座之多，房屋3000多间。所有的房屋都以石头为主要材料，配以灰瓦

▼ 古槐后面就是村门，一座建于明代的石阁楼坐北朝南，形状如古堡

青砖、木质门窗，斗拱飞檐，颇有山西乔家大院的宏伟气势，展示出中国北方古民居曾经的辉煌。这里原属山西，又因晋商多在北京经商，所以村里的建筑具有明显的山西特点，也颇受四合院模式的影响。比如，院墙高大，具有防御功能；多为单坡屋顶，雨水流入院内，便于蓄存水资源；受山地限制，院落呈长方形，院门多开在东南角。

仔细观察我发现，这个村落的规划超前，整体布局合理，虽然二层和三层的石楼居多，但全都依地势而建，高低错落，彼此疏密有度，不论从节约占地、出入方便等方面，还是从视觉审美角度，都显得规范有序而无可挑剔。我还看到，村里竟然建有完备的地下排水系统，让人不得不佩服大梁江先人的聪明才智。

全村有三条主街，按地势高低分上街、中街、下街，同时又穿插五条巷子，上下纵横交错。路面用青石板或鹅卵石铺成，宽处四米左右，窄处不到两米，因为年代久远，乌黑发亮，多数路段凸凹不平，有的坡路圆润光滑，稍不小心就会滑倒。路旁有野生的小黄花，衬着路旁基石，给沉寂的古道带来少许的生机。

我们从侧面的石路直接攀登到山顶，然后沿着上街和中街再一路往下走。沿路院落密集，邻里相接，多为四合院式样，古式门楼，院墙高垒，只是大多已经闲置，门上挂着铁锁，院内杂草丛生，满目荒芜景象。少数有人居住的院落，倒是门窗洁净，檐下红灯高挂，散发着生活气息。全村规模最大的院落，也是最具代表性的建筑，当数“武举大院”。清代乾隆年间，梁氏后裔梁深考中武状元，便在家乡建起这座一宅九院建筑。大院占地两亩，进入一道门，可以走遍九重院落，而且各有门户，又相互连通。在布局方面，院里套院，楼上有楼，楼顶又有院，借鉴了北京四合院的特点，又根据地势特点进行了改进，使其更符合当地的生活需求。大院门前有一平台，用青石板铺设，仍然平平展展，相传是

当年梁深习武的场地。我们在这里拍照时，一群儿童在平台上嬉戏玩耍，角落里一盘古石碾，反射着岁月的幽幽光泽。

武举大院的后面，还保留一座古戏台，也是清代乾隆年间建造，场地不大，仅能容纳几十人，却建得精巧时尚，中间是两米宽、半人高的拱门，戏台上面，四根方形石柱支撑，柱体上刻着文字。曲终人散，戏台早已荒废，只有一棵古树陪伴在旁边。

夕阳亮丽的余晖洒在石头墙面上，改变了原本青灰的色调，仿佛换上了橘红色的新衣。我们绕来转去，不停地按动相机快门，夜幕即将降临时，才从坡路上走下来。下街这一带院落，基本上人去屋空，袒露着无情岁月的沧桑。有的屋脊垮塌、院墙开裂、门窗破损，有的

▼ 路面用青石板或鹅卵石铺成，宽处四米左右，窄处不到两米，因为年代久远，乌黑发亮，多数路段凸凹不平，有的坡路圆润光滑，稍不小心就会滑倒

几乎变为废墟，不堪入目，令人心痛。

太阳落下去时，我们才回到客栈。吃晚饭时，我问房东：“村里很多房屋没人居住，它们的主人呢？”她说村里没水源，要去附近的村子运水，生活极不方便，所以一些人家便搬了出来，或迁到了外村，或在村外盖了新房。然后，她憨憨一笑，说她家在村里也有老屋，早就搬了出来，一直空着没人住。我又问：“将来咋办？”她说政府可能要拨款维修了，老祖宗留下的东西，咱老百姓没能力，他们再不管，以后就见不着了。

▼ 夕阳亮丽的余晖洒在石头墙面上，改变了原本青灰的色调，仿佛换上了橘红色的新衣

听了她的话，我心里感到了一丝欣慰。这些天来，一路参观了几个古村落，虽然走马观花，没能深入了解，但就所见所闻，也感触颇深。这些明清时期的古村落，是

▶ 这些明清时期的古村落，是历史留下来的宝贵财富，是我国乡村古民居的活化石，是中国优秀传统文化的重要组成部分，是不可再生的物质或非物质文化遗产，其中蕴含了历史、民俗、道德、审美等多方面的价值

历史留下来的宝贵财富，是我国乡村古民居的活化石，是中国优秀传统文化的重要组成部分，是不可再生的物质或非物质文化遗产，其中蕴含了历史、民俗、道德、审美等多方面的价值。但是，随着现代社会的飞速发展，一方面，有的地方旅游业过度开发、盲目拆建，导致原本脆弱的古建筑不堪重负，甚至损毁加剧；另一方面，政府资金毕竟有限，新农村建设方兴未艾，古村落保护很难列入议事日程，有的连基本的维护都不能保证，使得地处偏僻的一些古村落正在加速衰败或消失。好在某些经济发达地区，政府已经重视，制定了相应措施，并着手抢救性保护工作，而且初见成效。真希望有更多的地方对此给予重视，尽快行动起来，因为这项古村落保护工作，功在当代，利在千秋。

第二天吃完早饭，我们又一次走进村里。本想按昨天的路线再游览一遍，加深印象，可走着走着却迷路了，转了半天也辨不清村口的方向。

我真怕再也走不出来，因为大梁江村实在太荒凉了……

第三章 晋商足迹

准确地说，此次山西之行，应该是追寻晋商足迹，因为该省的古村落多由他们建造。那日，与专职摄影人C兄闲聊，他也颇感兴趣，一拍即合，便搭伴同行。9月中旬，北方最好的季节，酷暑刚退，寒气尚远，我们驾车驶向三晋大地。

水上人家

从河北进入山西，首先“撞”到娘子关。

娘子关，万里长城著名关隘之一，有“天下第九关”之称，为三晋之门户。传说，唐代李世民之妹平阳公主曾在此据守，因所率军队为娘子军，便称此关为“娘子关”，一直延续至今。关下有一古村落，当然叫“娘子关村”，又因绵河从村中流过，也叫“水上人家”。

从公路下来，沿着一条窄窄的乡路，七弯八曲，驶过一座石桥，便是娘子关村了。已过中午，饥肠辘辘，见桥下有一饭店，迫不及待奔过去。店主把饭桌放在桥下，桌旁好大一棵树，正好遮阴，溪水从桥下流出，咕咕作响，声音特别奇妙。店家解释，河床有很多泉眼，一年四季往外冒水，从不间断，雨后听起来声响更大。坐下片刻，周身酷热全消。点了几样农家菜，两碗刀削面，边吃边向店家了解村里情况。

娘子关村由三个自然村组成，从上而下，首尾相连，分布在两公里长的绵河岸边，俨然一派江南水乡的景色。据史料记载，早在隋代，这里开通商道后，便成为人口密集的村落，村里现存的古建筑都在百年以上。

吃完饭，沿着绵河旁的石板路，我们向村里走去。水流走到哪儿，路就相随到哪儿，形影不离。溪水原本清澈见底，又有淙淙泉水汇入，绵柔细浪，轻轻翻滚，犹如朱熹“问渠那得清如许？为有源头活水来”的情景再现。村内水系形成网状，沿着房屋墙基，穿街过巷，住户人家出了门，便可弯腰洗衣洗菜。有的下坡地段，为降低水的流速，河道内每隔几米砌筑一道石阶，形成微型的瀑布，

◀ 从公路下来，沿着一条窄窄的乡路，七弯八曲，驶过一座石桥，便是娘子关村了

煞是有趣，其间是梯田式的水池，更加方便人们使用。我忽然有种感觉，整个村子都漂浮在水面上了，碧波荡漾，房子也跟着轻轻晃动。

临水的民居全部用方石建筑，水浸雨淋，依然非常坚固，潺潺水声相伴，日夜享受大自然恩赐的音乐。有的住户很有创意，在院里修建小桥，引水进来循环一圈，再经墙底的涵洞流回水系。还有的人家干脆把饭桌摆在水边，头上撑起一顶大伞，日晒雨淋都无妨。有一处农家小吃，在水边架起炉灶，泉水活鱼、土鸡蛋、刀削面，看着就让人流口水。“水上人家”名不虚传，好一幅“人在水上走，水在屋下流”的民俗景象。

听村里人说，现在的村民，大多是当年商贾和守关将士之后，几百年里一直固守在这里，也留下诸多古建筑。虽然多为普通民居，但也有几幢山西特有的大宅院，门楼宽大，门前立有石狮子，院墙高筑，护墙石雕有吉祥图案，宅院宽阔，照壁、耳房、厢房等一应俱全。不过我看到一些老屋挂着门锁，无人居住，有的几近废墟。有人家废物利用，或用旧门楼衔接了一堵红砖墙，或用一面老墙盖成一栋新房，虽然半古半今，何尝不是保护古建筑的无奈之举，总比变成残骸要好得多。

经村民的指引，我们来到兴隆街，竟然是一条穿村而过的明清古道，当年娘子关下著名的商业街。两侧的

▲ 这些早年的商铺，因为早已改为民居，保存得非常完好，所以仍然能品读出它久远的历史

古建筑，完全是店铺、客栈等形式，前店后居，三五级台阶，门楣处依稀可见“招财进宝”“财源茂盛”等刻匾，古风古韵犹存。这些早年的商铺，因为早已改为民居，保存得非常完好，所以仍然能品读出它久远的历史。

古道铺的是青石板，显然经过了修整，纹理虽模糊，却平平坦坦。幻想当年，这条古老的街上，该是何等车马喧嚣、人声鼎沸的热闹场面！我们边走边拍照，走到古道的中心位置，一座观音阁横跨在路中央。观音阁为双层建筑，外砌十几级石阶，可以登上去。上层砖木结构，飞檐翘角，古朴沉稳；下层是通道，巨石砌成的拱形。一位驼背老妇手拿扫帚，正在清扫路面，见来了外地人，抬头问我们是否到阁上参观，她有钥匙。听她说观音阁也归她打扫，我便问道：“有报酬吗？”她瞅了我一眼，表情很奇怪，然后摇了摇头。

古道的尽头是一座文昌阁，与观音阁规模相同，上下二层，中间石砌拱门，出了门，重回熟悉的世界。

村口小卖部前，一个男的刚从里面出来，看他城市人装束，我主动搭话。他说是当年的北京下乡知青，退休后在村里租了间房子，一年当中大半时间都在这里度过。

“年龄大了，就爱图个清净，这儿空气还好。”他说。

离开村子时，又经过那座石桥。桥下，溪水仍在涓涓流淌，反复述说着这里过去的故事……

◄ 村内水系形成网状，沿着房屋墙基，穿街过巷，住户人家出了门，便可弯腰洗衣洗菜

皇城相府

山路崎岖，天色渐暗，同伴小心驾驶汽车，我则睁大眼睛，给他观察路况，时间稍长，脑子便溜号了：如此大山之中，虽然贵为皇帝老师，又冠名皇城相府，但也许不会太奢华吧。

前方有了灯影，行车渐近，越来越通明，见一亭阁悬在半空，亦真亦幻。到了近前才看清，迎面是高大的城墙，亭阁并非悬空，而是筑在城墙之上。周边华灯闪耀，宾馆林立，人车拥挤，一片热闹景象——我有点不相信：皇城相府到了？

住进城墙边的宾馆。第二天早晨，走出宾馆，问了路人，才知隔街那座方城正是皇城相府。

▼ 这座相府最初叫“中道庄”，后因康熙两次下榻于此，故名“皇城”

皇城相府面山背水，是一座城堡式建筑群，被誉为“山西第一村”和“中国北方第一文化巨族之宅”。它的主人叫陈廷敬，一生28次升迁，终成一代名相。为《康熙字典》总修官，最为显赫的荣耀，是给康熙皇帝当了大半辈子的经筵讲官。这座相府最初叫“中道庄”，后因康熙两次下榻于此，故名“皇城”。

所谓经筵，是汉唐以来帝王为讲经论史而设立的御前讲席。宋代开始制度化，元、明、清历代沿袭，尤以清代持续时间最长，是与中国古代社会最高统治者密切相关的一项教育制度。

身为帝师的人物竟然是从这里走出的，我们难抑兴奋之心，立刻动身前去一看究竟。

皇城相府建于明末清初，分内城、外城两部分，有大型院落19座、房屋880余间，城墙1700米，设9道城门，四通八达，有关卡可守，形成了外城抱内城，内外连环的坚固堡垒。正门是御书楼，位于外城门前，也是游览入口处。城门楼上方，四根粗硕的红柱，撑起一座巨阁，斗拱飞檐，金碧辉煌，悬挂康熙亲赐御书的“午亭山村”匾额，皇家气派油然而生，令人肃然起敬。匾额两侧是楹联，同样为康熙御书：“春归乔木浓阴茂，秋到黄花晚节香。”其寓意为，陈廷敬青壮年时如浓郁的乔木一样，为国家栋梁之材；晚年品节昭明，像菊花般散发芳香。

买了门票，我们并没有急着进去，而是站在原地，仰望城门楼，内心感慨万千。一代帝王对臣子的褒奖，让康熙皇帝做到了极致。由此可见，不拘一格使用和尊敬人才（陈廷敬为汉臣），是形成清初盛世一项重要的治国之术。

穿过御书楼门洞，进入皇城相府，迎面是高大的功德牌坊，整体为仿木石雕，四柱三楼，底座石兽相拥，坊额雕龙刻凤，上方镌刻“冢宰总宪”四个字。“冢宰”是古代宰相的别称，“总宪”代表陈廷敬曾担任左都御史，和“冢宰”连起来，即为总领朝中大事。清朝不设宰相，只能以此来显示他一人之下、万人之上的尊贵。

功德牌坊左侧是相府大院，名曰“大学士第”，是陈廷敬的宅第，也是外城的主体建筑。旁边是通向城墙的楼梯，我们看了一眼，马上改变线路：先登高浏览相府全貌，待逛完内城和外城之后，再来细细品读它的主人。

登上城墙，俯视整座相府，层楼叠院，鳞次栉比。秋日晨光色泽金黄，青砖灰瓦明亮光鲜，屋端的龙脊凤冠格外耀眼夺目。高约百尺的河山楼是这里的标志性建筑，远距离望过去威严挺拔，不愧为明代建筑的珍品。沿着城墙上的步道，我们来到内城，顺着楼梯下来。

内城始建于明代崇祯五年（1632），为陈廷敬的伯父所建造，由八个四合院组成，彼此独立又巧妙相连。明朝末年，兵荒马乱，可以看出来，为抵御外敌侵扰，内城均采用石砌，浑厚坚固，并有暗道通向城外。内城建筑分为祠庙、民宅和官宦邸三类，用途不同，风格各异。祠庙建筑有陈氏宗祠，民居有世德居、树德居和麒麟院，官宦私邸有容山公府和御史府等。最具特色的建筑是那座七层的河山楼，整体为砖石结构，作为军事防御堡垒，可同时容纳千余人。该楼设计独特，二层以下没有窗户，石门高悬于二层之上，通过吊桥与地面相通。另外，城墙内四周还建有藏兵洞，共五层125间，也是防御性的建筑物。

外城紧靠内城西墙而建，穿过高大的门楼，自然进入外城。外城呈正方形，由陈廷敬于康熙四十二年（1703）修建。清代初年，世道逐渐太平，因此，外城

▲ 穿过御书楼门洞，进入皇城相府，迎面是高大的功德牌坊，整体为仿木石雕，四柱三楼，底座石兽相拥，坊额雕龙刻凤，上方镌刻“冢宰总宪”四个字

▲ 功德牌坊左侧是相府大院，名曰“大学士第”，是陈廷敬的宅第，也是外城的主体建筑

▶ 最具特色的建筑是那座七层的河山楼，整体为砖石结构，作为军事防御堡垒，可同时容纳千余人

建筑多为书院、花园、闺阁等，既有北方宅第的雄伟，又有江南园林的灵秀，雕镂精细，幽雅富丽，布局格外讲究。漫步其间，如同游历在历史长河之中，每一块方砖，每一座牌坊，都承载着遥远的讯息，传递着古人的呼唤。远离京城的偏僻之地，竟然藏有如此丰厚的历史文化遗产，倘若不是身临其境、亲眼所见，我们无论如何也无法想象。

外城的御碑之多、御书之富、保留之完整，为国内少见。大量楹联均由清代达官显贵所撰书（有一幅是启功的），让我大开眼界。最近，我正临古人名帖，看了这些国宝级的墨迹，万分激动，抄录了几幅自勉："闲拈古帖临池写，静把清尊对竹开。""忠厚培心和平养性，诗书启后勤俭传家。""苍松翠柏窥颜色，秋水春山见性情。""睡去能为蝴蝶梦，老来始作凤凰鸣。"

走进止园花园，这里弥漫着书香气息。里面有南书院，是陈家子弟学习的地方，他们从这里走向仕途，加入清廷官宦行列。明清两代，陈氏家族共出现41位贡生、19位举人，并有9人中进士、6人入翰林院，堪称北方第一文化巨族。我除了震惊，更多的是肃然起敬。多年来，科举制度饱受诟病，余秋雨的《十万进士》让更多的人明白，在本质上，科举是一项文官选拔制度，它把文化水平作为首要条件，从隋唐到明清，选拔出一批批行政管理人才。因此，陈氏族人的为官之路并非世袭或推荐等，完全靠自身努力而求得。

▼ 外城紧靠内城西墙而建，穿过高大的门楼，自然进入外城。外城呈正方形，由陈廷敬于康熙四十二年（1703）修建

最后，怀着崇敬之心，我们走进相府大院。这是座一进四院落，正面是大堂，双层出檐的阁楼，幽雅别致又富丽堂皇，是"官文化"封建礼制与地方传统工艺完美结合的典范，也是陈家世代沐浴皇恩的标志性建筑。前后各房间里，陈设着大量图板，详细介绍了陈廷敬的人生轨迹。

▲ 外城的御碑之多、御书之富、保留之完整，为国内少见

陈廷敬20岁时从附近的郭峪村老宅走出，中进士，入翰林，参与国家政要军机40多年，成为康熙皇帝的股肱之臣，为清王朝的发展、康熙盛世的形成，尤其为康熙皇帝的文治武功，起到了重要的辅佐作用，立下了显赫的功勋。当然，康熙对他也极为器重，多次赐诗、赐联、题字，年届花甲时，还为他御书"午亭山村"匾额和"春归乔木浓阴茂，秋到黄花晚节香"的匾联，以示对其功德的褒奖。康熙五十一年（1712）四月，陈廷敬病逝，享年74岁。康熙特命皇三子率满汉文武大臣前往祭奠，并为其御赐挽诗，其中有"世传诗赋重""国典玉衡平"之句，以示君臣之间的辞别，然后又遣官护丧归葬故里。

我算了一下，从陈廷敬的祖父开始，陈氏家族兴盛了五代。也就是说，这座庞大的建筑群，屹立在此300多年。遥想那些辉煌的年月里，它如同一个巨人，傲视群山，光耀乡邻，该是多么威风！以后的岁月，世道变幻，时代更迭，陆续搬进来1000多户村民。再后来的1998年，当地政府将村民迁出，筹资进行总体修缮。同时，又根据史书记载，恢复坍塌毁坏的房屋，并对周边环境进行治理，使之成为5A级旅游景点，游人纷至沓来，周边建了诸多宾馆酒店。

离开时已是中午，不知不觉半天过去了。同伴姓陈，我开玩笑说："你也应该感到骄傲。"

他笑了，可能是激动，红晕一直挂在脸上。

▲ 明代崇祯年间，为抵御流寇侵扰，修建了兼备居住与防守功能的城堡，一直保持至今

帝师故里

出了皇城相府，郭峪村近在咫尺，抬头便能看到雄伟的城墙，我不禁惊叹：“又是一座城堡式古村落！”

说起来，郭峪村比皇城相府建得早，可追溯到唐代初年。明代崇祯年间，为抵御流寇侵扰，修建了兼备居住与防守功能的城堡，一直保持至今。城墙前有水系环绕，走过石桥，城门前立一座牌楼，上面刻着“崇文、尚德”四个大字，遒劲而庄重。我想，每个经过它的人都不会熟视无睹。当然，我们也停下脚步，抬头仰望。崇文尚德，即为德才兼备，就是在当今社会，也是做人及选择人才的首要准则。难以想象，在那遥远的年代，闭塞的古村落里，能够倡导这般人生价值观，让我等后人钦佩无比。

进村要穿过城门，城楼正在维修，只能贴着墙边进去。

村口堆满建筑材料，问了干活的工人，他把我们引到城墙楼梯前。城墙雄伟壮观，高约20米，宽5米，长1400余米，楼梯和几处垛口处显然修补过，青砖棱角分明，但就整体而言，这座历经几百年的古城墙依旧古风尚存。据资料介绍，郭峪城墙又称为“蜂窝城”，为国内之罕见。原来，当初修筑城墙时，建设者在内墙上分三层砌了628眼窑洞，可谓别具匠心，一来方便村民居住，二来可用于防守外敌，显示了郭峪古人在建筑史上的创举。

从城墙上俯视，豫楼高高耸立，绿树掩映着古宅，墙面爬满了青藤，郭峪古村尽收眼中。我兴奋不已，催着同伴下了城墙，向村子里面奔去。

进了一条巷道，没走多远，见一户人家大门敞开，门上有“餐饮”字样，看了看表，已到午饭时间，我们便走了进去。主人是老两口，会做饸饹，说是山西乡村特色，我们当然要品尝。听到有客人来，主人的女儿出来，一个模样俊秀的村姑，挽起袖子开始和面。饸饹做出来了，原来是用铁制的圆筒用力压出来的面条，口感特别筋道。主人听说我们大老远来是为了看老房子，便唠起郭峪村的历史。

郭峪村土地贫瘠，由于历史上产铁且产量颇丰，富庶兴盛直至明末。经济基础雄厚了，造就了读书条件，从唐至清，全村考取功名者多达80余人，特别是明清两朝（包括皇城相府的陈氏家族），一共产生15位进士、18位举人。一个几百户人家的山村，有如此众多的显赫人物，可见当时人文之鼎盛，民居修建也趁势而兴。由于这些文人举子，村里整体布局和宅院建筑，体现出浓郁的儒家礼制观念，有着深厚的文化底蕴和极高的历史价值。如今，全村保存完好的明清古民居有1100余间，在数量上多于相邻的皇城相府。

饭后，那个俊秀的村姑见我们不熟悉村里情况，热情地带路当向导。

村里新房很多，老建筑混夹其中，显得格外醒目，历经几百年风

▲ 有“老狮院”，必有“小狮院”。果然，没走多远，又见一座牌楼式大门，三级台阶，门前石狮较陈家的矮小，而且破损严重，面目全非

霜战乱，尽管破损严重，当年辉煌的痕迹仍在。一幢幢门楼气势不凡，斗拱层叠，样式华丽，翘檐下的木雕，门基旁的石器，雕刻精美，图案清晰可辨。因为当时经济发达，财富丰厚，这些明清时期的古民居，在建筑设计、材料工艺等方面，尽显当时的富贵风貌。

村姑在村里长大，自然熟悉家乡历史，边走边给我们介绍。走到一座高大的门楼前，她介绍这是“老狮院”，村里最有特色的建筑，也是陈廷敬家的老宅。刚从皇城相府过来，我对这个家族兴趣正浓，便停下脚步，上前仔细观瞧。这是一座建于明代的大宅院，后由陈廷敬的父亲于康熙年间重修。顾名思义，“老狮院”的得名因门前有一对硕大的石狮，脚下还趴着两只小狮子。四只石狮形象逼真，雕功精湛，头部已被摩挲得圆润光滑。牌楼式大门建在七级台阶之上，显示了宅第的高深莫测和主人的特殊身份。门楣之上，悬挂三层书板，上面记录着陈氏家族的辉煌，内容与皇城相府的小牌楼相同，估计为同时代所立，只是没有那边修饰得光彩。院里现在居住着外姓人家，我们悄声走进去，见是左右两个二进院落。左侧的院落，正面为过厅，两层小楼，来到后院，为四合小院，四面也为两层，向右有门直通右侧的院落。右侧的二进院落与左侧大体相仿，均保存比较完好。陈廷敬就是在这里长大成人，直到进京赶考离开。身居高位后，他在附近建起“中道庄”，形成以后的皇城相府。

有“老狮院”，必有“小狮院”。果然，没走多远，又见一座牌楼式大门，三级台阶，门前石狮较陈家的矮小，而且破损严重，面目全非。村姑介绍说，这是最早在京城做官的张氏兄弟的住宅。我们进去看了看，为两进式院落，前厅后院，虽然规模不大，却也尽显当年华贵气派。

除此两大宅院，村里的主街路旁均是古民居，木结构的二层楼，每户都是高大的门楼，各种砖雕、木雕以及影壁、匾额等镶嵌其中，透露着主人的富贵和书卷气。

村姑不无遗憾地说，历史上，郭峪村建有大小寺庙20余座，“文革”期间，被认为是封建迷信，基本都砸毁了，仅剩下了遗迹，唯有汤帝庙，当时是生产队队部，才得以保存下来。

我们一听，来了兴趣，让她马上带着去看。来到村西城墙尽头，一座宏大的庙宇出现在眼前，村姑颇自豪地指给我们：“这就是汤帝庙。”

路上听她讲汤帝庙，我并没太在意，心想就是一个普通的小庙吧，不值得大惊小怪。可到了近前，我立刻被它的气势所震惊。大庙（村姑也这么叫）建在两米多高的台阶上，左右各有十几级的台阶。上了台阶，正面是三个大门，中门宽约两米，门楣悬挂匾额，上书“汤帝庙”二个大字，左右门宽一米多，门额上分别书有“广福门”

▼ 除此两大宅院，村里的主街路旁均是古民居，木结构的二层楼，每户都是高大的门楼，各种砖雕、木雕以及影壁、匾额等镶嵌其中，透露着主人的富贵和书卷气

和“崇善门”字样。

汤帝庙始建于元代至正年间，明代正德年间扩建，嘉靖年间曾毁于火灾，万历年间予以修复；到了清代顺治九年（1652）又进行总体整修；进入民国时期，村公所设于庙里；新中国成立以后，村乡公所、生产队队部、村保健站等，均设在这座大庙里。

走进汤帝庙，我再次震惊了。算起来，我已走过北方的几十个古村落的庙宇，第一次看到如此规模的“大庙”。宽敞的庙内青砖铺地，高约3米的台阶把地面分成两部分，有石阶上下相连。台阶下面为下院，以庙门厅上方的戏楼为主。戏台宽约5米，6米多的进深，歇山式屋顶，斗拱层层出挑，翼角高翘，彩绘依稀可辨，色彩绚丽。戏台东西两侧为两层小楼，上为看戏之用，下面是房间。难以想象，当年唱戏的时候，台上台下该是多么热闹的场景啊！

台阶的上面为上院，边沿有石栏相隔，顶端蹲着两具铸铁的大狮子，工艺精湛，形象逼真，眼球用铜铸成，更显得活灵活现。上院中央部位，立着一个同样是铸铁的香炉。我们登石阶上去，迎面是九开间大殿，正中为三间，里面供奉着汤帝，东西殿各三间，分别供奉观音和关帝。正殿的两侧，还有三间配房，并修有前廊。香炉中有烟雾飘出，看来是刚刚有人祭祀过。我知道汤帝是降雨之神，便和同伴开玩笑：“烧炷香吧，祈求郭峪村风调雨顺。”

从汤帝庙出来，我们更想去看豫楼，因为刚进村时已经在城墙上眺望到它的雄姿。村姑也说，郭峪村有两大骄傲，一是汤帝庙，再就是这座豫楼。

豫楼位于村中央的三岔路口，高30米，为七层建筑，始建于明代崇祯十三年（1640），为防御当时风起云涌的农民起义军，是与郭峪城墙同时修建的军事设施。楼前是一小院落，登豫楼必先经过此院。院内两侧是二层小楼，另一侧向豫楼敞开。这里同样设人看管，中午休息锁门，我们无法登上豫楼，只能抻长脖子，仰望它的高大身姿。村姑看出我们的遗憾，连忙介绍道，城楼顶上设有炮台，楼内还有地道直通城外……我听了，默默注视眼前这一庞然大物：四角垂直，墙面平展，数百年岁月，它的风采依旧。我还看见，楼顶的四角挂有四个铃铎，在风中叮叮作响。

陈廷敬，一代朝廷重臣、帝王之师，他的皇城相府庄严壮观，而相隔咫尺的这里，又是百姓居住的村落，这一官一民相互映衬，且又都保存得如此完好，在中国实属罕见。

告别热情的村姑，我们上了路，继续寻访山西的古村落。汽车开出好远，回头望去，唯见那座豫楼，屹立在尘埃之中。

▼ 戏台宽约5米，6米多的进深，歇山式屋顶，斗拱层层出挑，翼角高翘，彩绘依稀可辨，色彩绚丽

柳氏民居

荒山野岭，四周不见人影，仅有一条崎岖山路，只能单向行驶，如果对面来车，根本无法避开。虽然有GPS导航，可越走心里越没底：走这条路对吗？

同伴开着车，嘴上叨咕："咋躲进这荒山野岭里了？"

其实，我们能够理解：中国封建社会，皇帝治罪官员，有的要株连九族，其后代为逃命，当然是躲得越偏僻越安全。

西文兴村，一个小小的村落，却名满天下。全村56户人家，200余口人，绝大多数为柳姓，据称是北宋政治家、文学家柳宗元的后裔。当年，柳宗元遭迫害被贬，他们亡命天涯，落脚在此。直到明清两代，子孙做官经商，又重现家族辉煌，取得了不凡的成就。

此时，我们正在去西文兴村的路上，探寻柳氏家族的踪迹。

来到村口时，太阳已快落山。卖门票的姑娘看样子不到20岁，见我们身背照相器材，好心劝道："天快黑了，进去也拍不了多久，不如明天再进去。"

我们一想，也是，反正今天要住下，不如明天再买票进去。问小姑娘："村里有客栈吗？"她摇头，又说，"住我们家吧。"既然没别的住处，只好跟她走了。

村外，几排整齐的二层小楼，样式相同，外墙贴着白瓷砖，每家独门独院，小姑娘家就在其中。她告诉我们，他们原来全住在村里，这两年搬迁出来，老房子已让政府统一收购了，并盖了这些楼房卖给各家，村里腾空后，由某家公司承包，对古村进行整体修缮，然后发展旅游事业。

第二天早饭后，我们又来到村口。村里成立了旅游服务中心，有导游服务，当然要付费。入口处是高高的城门楼，上面“柳氏民居”四个大字，在晨光中分外醒目。大门两侧墙面，分别镶嵌着石匾，黑地金字写的是：中国历史文化名村西文兴，全国重点文物保护单位柳氏民居。据导游介绍，村内全是柳氏家族的老建筑，目前正在逐一维修，多少会影响我们参观。

对于柳宗元，我最早认识他，还是在中学课本上那篇《捕蛇者说》，通过毒蛇与苛政的对比，让当时涉世不深的我们开始知道了封建社会的黑暗。此次出发前，收集西文兴村资料，得知是柳宗元后裔居住地，我又详细阅读了柳宗元的宦海生涯。

柳氏家族书香传家，唐代达到鼎盛。柳宗元的曾祖父做到唐高宗时的宰相，父亲官拜殿右侍御史。柳宗元从小聪明，才华出众，21岁中进士，26岁应试博学鸿词科得登高第，从此走上仕途。唐代永贞元年（805），33岁的他任礼部员外郎，官至六品，因参与政治革新运动，主张罢免贪官，触动了权贵们的利益，被贬为永州司马，元和十年（815）又被远贬柳州任刺史。在柳州期间，他继续坚持“以民为本”的政治主张，使百姓过上较安定的生活，《捕蛇者说》就是当时所写的。由于长期孤独压抑，加上不适应南方气候，空怀酬国大志的他于47岁客死他乡。我还读过他的《江雪》：“千山鸟飞绝，万径人踪灭。孤舟蓑笠翁，独钓寒江雪。”应该是他内心孤寂的真实写照吧。

有了以上印象，踏入村子那刻，我心里便涌上了亲切之感，好像是来老朋友家里做客。

这座村落始建于唐代末期，柳宗元遭贬黜后，其同族为免受牵连四散逃避，历经宋元两代，明代永乐年间，后裔刻苦耕读而发迹。为光宗耀祖，他们重返故里，大兴土木，建造了西文兴村，再开百世书香之门风，盛兴于明清两代，其显赫声名长达600多年。这支柳姓一族，牢记祖训，生活在先祖遗留的深宅大院里，繁衍生息，世代传承，村落故称为“柳氏民居”，是我国目前唯一以同祖血缘世代聚居的原始古村落。

穿过城门楼就进入西文兴村了。这里群山环抱，层峦叠嶂，整个村子为典型的明清城堡式庄园建筑群，原建筑面积98亩，大体分为三

▲ 跨过颇现代的小石桥，是一段旧城墙，上面嵌着“柳氏民居”四个红漆大字，城墙之上耸立着高大气派的魁星阁

部分。跨过颇现代的小石桥，是一段旧城墙，上面嵌着“柳氏民居”四个红漆大字，城墙之上耸立着高大气派的魁星阁。登上台阶，站在魁星阁飞檐下，有种气势涌动在胸的感觉。据导游介绍，魁星阁建于清代嘉庆末年，正是柳氏家庭兴旺之际，既有对先人精神的崇敬，也是对后辈人的勉励。从魁星阁石头拱门过去，是关帝庙、文昌阁等古建筑，与其他古村落大体相同，只是柳氏宗祠为近期新建，导游解释说柳氏宗祠于“文革”期间被毁，原址确实在这里。

再往里走便来到两座石牌坊前，一前一后，前面为“丹桂传芳”，后面是“青云接武”。我国现存的古代牌坊中，主要是贞节牌坊和功德牌坊，而这两座则是成贤牌坊，为明代嘉靖年间所立，是朝廷对柳氏族人苦心读书的嘉奖，在全国范围内尚属首例。牌坊并无特殊之处，均为二柱单楼悬山式，下面八尊沙石雕成的狮子，以其不同的姿态、佩饰和表情等，寓意古代书香门第的处世哲学，为柳氏家族遵循的道德规范，被世人称为“教化狮子”。我走上前去，近距离观看这些造型各异、形象生动的大小狮子，切身感受柳氏的家族门风。年代久远，石材虽已有些风化，仍能看出石狮的活灵活现。八尊石狮，代表古代知识分子的八大人生历程，旁边分别有说明文字，不知是当时所撰，还是后人补记，我看了觉得有趣，便抄录下来，去其糟粕，取其精华吧。第一尊，“满腹经纶狮”：满腹经纶，自命不凡，狂言出口，祸及自身，清规戒律，准绳守制，先人遗训，恪守自律。第二尊，“克己复礼狮”：克己复礼，修身养性，安分守己，平易近人，循规守节，忠言奉行，天道轮回，指日复兴。第三尊，“胸有城府狮”：胸有城府，平天安国，方圆规矩，来续留耕，风云莫测，坦荡处世，夫子箴言，永铭记心。第四尊，“出人头地狮”：出人头地，士子相望，紫宫麟阁，极高至上，将相朱门，庶民空仰，如若身在，勿忘乡党。第五尊，“金榜题名狮”：金榜题名，雁塔流芳，蝉联高科，神情豪爽，仕途艰辛，细细思量，步入宦海，

▼ 从魁星阁石头拱门过去，是关帝庙、文昌阁等古建筑，与其他古村落大体相同，只是柳氏宗祠为近期新建，导游解释说柳氏宗祠于“文革”期间被毁，原址确实在这里

▼ 我国现存的古代牌坊中，主要是贞节牌坊和功德牌坊，而这两座则是成贤牌坊，为明代嘉靖年间所立，是朝廷对柳氏族人苦心读书的嘉奖，在全国范围内尚属首例

贵人相帮。第六尊，“泰山相助狮”：泰山相助，漫步朝堂，山川无改，人心万象，痴心伺主，忠孝不全，勿因纤利，家破人亡。第七尊，“宦海沉浮狮”：宦海沉浮，世态炎凉，逢凶化吉，除暴安良，得事由人，败事人由，不容忤逆，时代安昌。第八尊，“功成名就狮”：功成名就，奋发图强，官居高位，心随上苍，黎民为天，和谐安邦，广积阴功，福及子孙。

▼ 清代嘉庆六年（1801）扩建门楼，皇帝赐金匾悬于楼阁。院门开在东南角，两层楼高，门头上为九层斗拱，称为门龛，在中华古建筑门头中堪称一绝

牌坊左侧是永庆门，上书“河东世家”。柳氏祖先为河东人氏（今山西运城永济），家族渊源，后代永世不忘，令人仰慕和敬佩。过了永庆门，便是柳氏民居最核心的住宅区，也是建筑精华之所在。由于历史、交通等诸多因素，虽经几百年，明代以来的古宅并没遭到大的破坏，至今仍保存八套完整的府第，围绕丁字路形成一簇显赫的建筑群。

◄ 门下分卧两只大石狮，抱鼓石上还有两只小狮子，按导游的解释，这组石狮子有“神狮镇宅”之意

雄居路口的“司马第”，为柳氏后裔柳琳府第，始建于明代，清代复修，为一进两院，又称“亭房院”。柳琳中状元后，奉旨更新门庭，皇帝赐丝纶、剑佩于府，并追封上下四代为官（均为四品），封柳琳本人为侯爵（正二品）。清代嘉庆六年（1801）扩建门楼，皇帝赐金匾悬于楼阁。院门开在东南角，两层楼高，门头上为九层斗拱，称为门龛，在中华古建筑门头中堪称一绝。门下分卧两只大石狮，抱鼓石上还有两只小狮子，按导游的解释，这组石狮子有“神狮镇宅”之意。从门楼走进去，正房和两侧厢房均为两层结构，抬头望去便觉满目生辉：所有的门头、斗拱、楼栏、雀替、窗花、门椟等处，镌刻着一组组木雕，人物、花草、鸟虫等，图案形象，工艺精湛，栩栩如生，简直就是小型木雕博物馆。导游知识储备丰富，细心讲解其寓意，如“渔樵耕读”“宦海沉浮”等。由于正在修缮，各个房间及二层阁楼暂时封闭，谢绝参观。

目前保留的八套院落中，有四套可供游人参观，另外四套正在维修，已被脚手架包围。司马第斜对面是又一座院落，门楣书有“堂构攸昭”，我们不解其意，导游解释，“堂构”为兄弟之意，“攸昭”是宝剑之名。清代初期，朝廷镇压白莲教起义，军饷紧张，柳氏兄弟捐献银两，皇帝为此赐宝剑一把，被主人藏于此院，便有了“堂构攸昭”。为保证安全，防备贼人盗走，院内还设有“天罗地网”：大门入口处是陷阱，白天铺上木板供人出入，晚上将木板抽走；二楼房檐的四周拉上一层铁丝网，防止有人从空中入内。听完介绍，我抬头望

▲清代初期，朝廷镇压白莲教起义，军饷紧张，柳氏兄弟捐献银两，皇帝为此赐宝剑一把，被主人藏于此院，便有了“堂构攸昭”

去，仍见几条铁丝悬在空中。

附近还有中宪第，为中宪大夫柳春芳府第，他是柳琳之子，清代嘉庆十年（1805）进士，受皇封为中宪大夫（正四品）。院落大门略简朴，只有两只石狮把守。

还有“河东世泽”，大门内置12道门闩，如不知结构，很难打开。两座院落，我们只在外部欣赏，没有走进内部。

除此之外，村里还保存大量名人丹青、大家墨宝、家训碑碣以及精美壁画等，令人叹为观止。其中最为珍贵的，是南宋著名理学家朱熹、明代书画家文徵明、明代哲学家王阳明的书法碑刻，弥足珍贵，在我国北方实属罕见。如永庆门两侧“孝”“忠”两个大字，即为朱熹所书，虽已旧痕斑斑，但古风犹存。

柳氏民居建筑群，真实地记载了柳氏家族明清时期亦官亦商的发展史。它规模不大，典雅寂然，却蕴藏着恢宏气度，我相信，用不了多久，它将告别旧日时光，以新的面貌展现在世人面前。

导游也说，前些年，村民文物保护的意识淡薄，为了建设所谓的“文明村”，甚至把文庙、圣庙、祠堂、环山居等古建筑都拆掉了。国家把这里列入重点文物保护单位后，随着大批专家和文人前来探访，大家这才明白，眼前破旧的老房子，各家屋里的斗拱、雀替、窗花、门棂等，平时熟视无睹，竟然都是价值连城的文物。村民也逐渐意识到，保护好祖先留下的宝贵遗产，无疑是最好的致富之路，所以再无拆除毁坏的现象。现任村党支部书记也姓柳，是柳氏家族第二十一代传人，他组织族人响应政府收购政策，从村落里迁移出来， 在外打工的也大都回来了，在自己村里的旅游景区上班挣钱。

离开村子时已近中午，阳光直射下来，把柳氏民居映得更清晰、更生动。摆摆手，向它道别，我们又回到当下世界。

◀ 还有“河东世泽”，大门内置12道门闩，如不知结构，很难打开。两座院落，我们只在外部欣赏，没有走进内部。

▲ 堡门用红砂石块砌筑，敦实坚固，颇有“一夫当关，万夫莫开”之势

张壁古堡

这里通长途公交车，而且是终点，我们刚停好车，一辆破旧中巴开进来，司机先跳下来，车上只有一个乘客，随后也下了车，他四周看了看，一脸茫然。

我对同伴说：“好像没有游人来。”他笑了笑说：“都去王家大院了，那边是旅游景点，比这里热闹。”

是啊，寻访古村落，大山深处，交通闭塞，人迹罕至，才是瑰宝藏匿之地。

张壁村，始建于十六国时期，因三面临沟，一面悬崖峭壁，地势险要，又筑有城墙，故称“张壁古堡”。建村当时，华夏大地战火不断，生灵涂炭，为躲避战乱、抵御兵匪之患，他们才选择此地，筑起这座攻守兼备的军事城堡。

古村南北各开一座城门，我们从南门进入。堡门用红砂石块砌筑，敦实坚固，颇有“一夫当关，万夫莫开”之势。堡门上方建有楼阁，连接的堡墙用土夯筑而成，高约10米。门洞地面用石块拼铺，已磨成鹅卵石状，光滑锃亮，凸凹不平，阳光斜射上面，光耀刺眼。穿过堡门，一条石板路中间镶嵌三条红石条，象征着“龙脊”，为村内的主街道，中间穿插若干小巷，向东西两侧延伸，遍布整个村落。

目前，古村保存有宋至清代的众多宗教庙宇，分南北两个建筑群。从南门进来，沿街右侧，第一座是可汗祠。院落宽敞，殿堂在南侧，建在九级台阶之上，两侧有钟鼓楼，衬托出庄严肃穆的气场。古代突厥、契丹等游牧民族建立的汗国，其最高统治者皆称“可汗”，此座可汗祠，则是汉族地区目前仅存的以“胡人”为膜拜对象的神庙，至于为何而建，尚查不到原因。院里北侧

◄ 穿过堡门，一条石板路中间镶嵌三条红石条，象征着“龙脊”，为村内的主街道，中间穿插若干小巷，向东西两侧延伸，遍布整个村落

还有一处古戏台，元代所建，清乾隆年间重修，檐下那座大型木雕，今天看来依然精妙绝伦。

院内东南角有一处复建的碾坊，内有一盘“双龙碾”。传说从前有神龙显灵帮助穷人，后因富家欲占为已有，天降大火将碾坊烧毁，从而使其失去灵气。如今若往碾磙和碾盘上浇水，上面就会有双龙呈现，形态逼真。但终归是传说，并不可信。不过，村里的古地道却是真实的，而且这间屋里就有入口。

张壁村之所以称为军事城堡，除了天然屏蔽和城墙设施，黄土层的下面还建有攻防兼备的防御体系——地道，根据史料推断，为北魏时期修建，分为上、中、下三层，呈立体网状结构，上层距地面仅1米左右，底层深达17~20米，总长度约万米，现已发掘出1500米。我童心大发，不等同伴过来就一头钻了下去。地道里阴森恐怖，宽处可并行二人，窄处仅容一人通过，高度不及1.8米。提心吊胆走了一段，我逐渐看清楚，地道里弯曲迷离，岔道很多，四通八达，如果没有微弱的灯光以及拐弯处的标牌，肯定会迷路，很难走得出来。由于结构复杂，我辨不清方向，又找不到出口，越走越觉恐怖，空气凝结了，脑子里跳出一个可怕念头：此刻地壳发生移位，我将被挤压成肉饼——浑身猛一哆嗦，看到前方拐角处镶有出口标牌，便奋不顾身奔过去。刚出地道口，眼前满是白光，犹如重返人间。我闭目片刻，看到前面就是悬崖，向前几步，探头往下瞅，峭壁陡坡，深不见底，无疑是一道天然屏障。原来已到了村西，这里没有城墙，只在崖边夯起一道土墙，以险代防，万无一失。担心再迷失方向，我没敢从地道里返回，而是沿悬崖边的小路，拐弯抹角走回村里。

和同伴会合后，继续往村北走，路旁一株参天大树，为抱柳古槐，槐树树龄已有近千年，而柳树树龄仅60多年，颇为神奇。树冠如巨型绿伞，遮天蔽日，整条巷道都在绿荫之下。古树四周用铁链围住，虬曲的枝干上面挂满了祈福的红布条。

古树后方是二郎庙，建在高高的台阶之上，供奉神话中的二郎神。始建年代不详，现为清代乾隆十一年（1746）重建，庙宇建筑表面残旧，殿内却很洁净，看得出有人经常打扫。对于二郎庙我一无所知，但也不敢怠慢，担心亵渎神灵，心怀敬意，慢慢走进走出。

东西两侧的小巷排列整齐，与主街形成“丁”字结构。路旁的古

▶ 路旁一株参天大树，为抱柳古槐，槐树树龄已有近千年，而柳树树龄仅60多年，颇为神奇。树冠如巨型绿伞，遮天蔽日，整条巷道都在绿荫之下

民居，农家小院、富贵宅第等，风格古朴，虽多有破损塌陷，但基本保存完好，里面生活着原住村民。村内现存最为完整的建筑，是清代乾隆年间的“澹宁院”，一座缀满木雕的四合院。大院坐北朝南，两尊石狮把门，进了院门，正面厅房檩枋上的挂落，均为镂空的木雕图案，龙、凤、花、草，化繁为简；门窗隔扇等处，炉、钟、瓶、鼎精雕细刻，从中可品味出主人追求“澹宁”的人生态度。

古村还有神奇之处，当年始建时遵循古代堪舆理念，对应天上星宿的方位而建造，被称为“中华星象第一村”，据说，现已发现与星宿对应的标志物30余处。

继续往北走，便到了北门。这里仍保存着堡门，并连接一座瓮城，城墙青砖砌筑，厚重敦实。堡门的

▼ 继续往北走，便到了北门。这里仍保存着堡门，并连接一座瓮城，城墙青砖砌筑，厚重敦实

“丁”字形门顶上，是建于明代的“空王行祠”。建筑物本身无特别之处，坐北朝南，三间大殿，殿内塑有空王佛像，山墙绘有其成佛的故事壁画。被称为文化奇珍的是殿前的两座琉璃碑，孔雀蓝色，黑釉碑文，是中国古代琉璃艺术的绝世珍品，足以在国内称雄，为张壁古堡独有。据碑文上记载，殿中供奉的空王佛为陕西人，是汉人成佛的第一人，其上还有他的修炼历程和行宫修建过程等记载。

回到南门，抬头见堡门上方，坐南朝北，建有一座小型寺庙，名为“西方圣境殿”，始建年代不详，清代康熙年间重修，里面供奉接引有缘众生往生西方净土的阿弥陀佛、大势至菩萨和观音菩萨。我们上去看了后，不禁惊叹道：“如此佛家法门之物，竟然也能保存下来！”

山西有一古老传统，逢村必有庙，有庙必有关公。出了南门，果然看到了关帝庙，因为其坐落在堡门对面，进来时并没注意。要离开张壁村了，最后拜谒武财神，希望给我们接下来的行程带来好运。

◀ 建筑物本身无特别之处，坐北朝南，三间大殿，殿内塑有空王佛像，山墙绘有其成佛的故事壁画

九曲黄河第一镇

碛口，九曲黄河第一镇——多次听摄影界朋友说起，所以，到了山西，不能不来一睹它的芳容。

从娘子关进入山西，一路往陕西走，顶到两省交界处，是晋陕黄河峡谷中段，碛口镇就在黄河边上。碛，指因河水长期冲击所形成的沙石浅滩。一条名为湫水的河在这里汇入黄河，形成一大片滩涂，碛口因此得名。镇内街路与建筑物也沿两河呈直角排列。

顺着黄河边的土路，我们从北面进入镇里。沿河的路狭窄，勉强能双向行车，路边布满客栈、饭馆、店铺等，又停着很多外地车辆，更显得热闹非凡。选了一家“乡土饭店”住下，门脸是饭店，后院二层小楼住宿。

难以想象，小小的碛口，清代至民国初年，凭借黄河水运，成为我国北方著名的商埠重镇。那些年代，西北各省大批物资由黄河水运过来，到碛口卸货转运，由陆路运到太原、北京、天津、汉口等地，回程时再把那里的物资运来，经碛口转运到西北。鼎盛时期，碛口码头每天来往船只多达150多艘，镇内服务类店肆300多家，商贾云集，满街灯火，昼夜辉煌。

听完店家以上介绍，我们抄起相机，立刻向街里奔去。

碛口只有一条主街道，沿湫水河由东往西，再逆黄河北上，2.5公里的长街，时曲时折，转了十几道弯。主街南边，还有二道街、三道街，一条比一条短，形成古镇的梯形格局。古街为石板路，两侧建筑密匝，房檐连着房檐，店铺挨着店铺。铺面大多是平板门，没有上漆，裸露着乌黑的木质，显出古色古香的余韵。也许地处河口，为防御水淹，街旁房屋地基都很高，门槛前砌有石条台阶，三五级不等，把店堂衬托得高贵而庄重。有趣的是，不少店铺仍挂着当年的招牌，如“当铺”“镖局”“钱庄”等，外表看上去绝对原汁原味，里边的“瓤”却换了，或粮店或杂货铺等。这些商业性建筑以外，古货栈也挺有特点，三进或四进院落，为方便装卸货物，院子都很宽敞，还备有牲口棚。在这样的街道上，你会有种错觉，仿佛穿越了时空，走进了历史，遥远的一切竟然触手可及，可以感觉到深沉和厚重。

古镇人见多识广，对满街的游人，他们视而不见，仍然我行我素，生活在自己的世界里。有几次，我把镜头对准他们，都未能如愿，不是扭过身子，就是摇头摆手。还好，两个托大碗吃饭的妇女，趴在碾盘上写作业的儿童，终于被我拍摄进来，因为他们实在是太专注了。

古镇内的明清建筑数量众多，这些保存完好的货栈、票号、当铺、庙宇、民居、码头等，几乎包括了漕运商贸集镇的全部类型，而

◀ 一条名为湫水的河在这里汇入黄河，形成一大片滩涂，碛口因此得名。镇内街路与建筑物也沿两河呈直角排列

▲ 古镇内的明清建筑数量众多，这些保存完好的货栈、票号、当铺、庙宇、民居、码头等，几乎包括了漕运商贸集镇的全部类型， 而且居民形态原始质朴，文化内涵丰富，可以称得上“活着的古镇”

且居民形态原始质朴，文化内涵丰富，可以称得上“活着的古镇”。

给我印象最深的当然是黑龙庙。这座古镇最壮观的建筑建在湫水河口的卧虎山上。攀上石崖，站在庙门前，我才感觉到它的威风，扼守要塞，俯瞰山下，犹如猛虎，威风凛凛，傲视面前的滚滚黄河，日夜守护脚下的悠悠古镇。

黑龙庙始建于明代，清代雍正、乾隆年间不断扩建，形成了今天的规模。庙宇由三部分构成：山门、正殿和乐楼，整体建筑左右对称，严谨合理。山门上镶嵌石刻对联：“物阜民熙小都会，河声岳色大文章。”山门前建有门庭，门庭上面是歇山顶门楼，由四根粗壮木柱支撑，雕梁画栋，飞檐高挑，雄伟壮观。庙前有石阶，坐满闲聊的父老乡亲，也有卖香火和杂物的，花花绿绿铺了一地。穿过石拱门洞，是宽敞的庭院，正殿建在高台之上，面阔三间，里面供奉黑龙大王。左右耳殿分别供奉河伯、财神等。此外还有东西配殿、看台、廊房等建筑。正殿的对面是一座乐楼，也就是戏台，琉璃瓦剪边，檐角飞翘，造型精巧美观。庭院内一位说唱老艺人是一位盲人，正在收拾乐器，我们蹑手蹑脚从他身旁走过。此时已近黄昏，庙内已没有了游人，不知白天他的生意如何，据说一小时收费20元，唱的是当年碛口的热闹场景。

湫水河和黄河交汇处，背景是灰蒙蒙的远山，夕阳正慢慢向那里坠落。我转过身来，俯瞰黄河及沿岸，水面泛着白光，平静如镜面，古镇被温暖的气息笼罩，青砖灰瓦涂上了淡淡的橘红色。

回到客栈，天色完全暗下来。店家做好了臊子面，是当地的特色，我们边吃边和他闲聊。店主50多岁，眼神机敏，看出是个精明的汉子。他说以前家住农村，几年前，看到碛口未来的商机，便买下现在的门市房，又在后面盖了二层小楼，过上了富足的日子。

店家又讲述了一件事，让我对碛口更加刮目相看：1948年3月的一天，毛泽东率领党中央机关东渡黄河，夜宿碛口，然后转到西柏坡去指挥全国的解放战争。

▼ 黑龙庙犹如猛虎，威风凛凛，傲视面前的滚滚黄河，日夜守护脚下的悠悠古镇

第二天吃过早饭，按照店家的指引，我们前往附近的李家村。在黑龙庙的黄河对岸停车下来，此时，一缕霞光映在庙顶琉璃瓦上，辉煌灿烂，耀眼夺目。我衷心说了一句：祝福你，碛口古镇，愿你陪伴黄河之水永世长存。

黄河由北而来，湫水从东而至，卧虎山横亘镇北，黑龙庙雄峙河东，山环水抱，阴阳交会，山的气势，河的雄浑，凝成了“虎啸黄河，龙吟碛口”的壮丽图景——抄录某篇文章的一段，我亲眼所见予以证实。

▶ 此时已近黄昏，庙内已没有了游人，不知白天他的生意如何，据说一小时收费20元，唱的是当年碛口的热闹场景

▲ 站在这里我才体会到，难怪吴冠中那般惊叹，这里果然是一处世外桃源

吴冠中的发现

迄今为止，我见过最美的古村落就是这个李家山村。

以前闻所未闻。头天住宿碛口时，翻看当地的宣传画册，里面有李家山村的照片，并没太在意，却被文字说明吸引：李家山村，是吴冠中先生的三大发现之一。1989年10月，他来到李家山村，看后感

▲ 李氏家族经世代繁衍，到清代中期，在李家山村已成为大户人家。钱财丰厚了，必然大兴土木，箍窑盖房，因此，保存下来的这些院落老房，堪称清代建筑群

叹：“我在山西有一个重要发现——临县碛口李家山村。这里从外面看像一座荒凉的汉墓，一进去是很古老很讲究的窑洞，古村相对封闭，像与世隔绝的桃花源。这样的村庄，这样的房子，走遍全世界都难再找到！”——吴冠中这句话让我们改变了行程：明天绕道去李家山村！

李家山村也归碛口镇管辖，2.5公里地距离，几脚油门便到了。

车停路旁空地，我们徒步前行。山路往上延伸，走得气喘吁吁时，抬头一看，前面山路拐弯处，树丛遮掩之间，露出了几间房屋，一条青石板路径直通向那里。

我惊喜地喊道：“李家山村到了！”

坡路平缓了，我们似乎走进沟底，刚才从远处看到的房舍，原来是在两侧山坡和山顶上，层层叠叠，甚是壮观。

李家山，最初有李姓人家在此开荒落户，故名。如今仍以李姓居民为主。

李家山村地形独特，四面环山，一沟两坡，中间凸出一山峁，形似凤凰头，左右两山则为凤翼，整体如展翅的凤凰。房屋主要分布在“凤首”和“两翼”地带，依山就势，从沟底一直到山顶，叠置十一层，形成立体式村落。

仍是青石路面，呈环形向山顶延伸，一路往上走，一侧是沟壑，路面边沿砌有牙石，防止有人踩空，另一侧为一栋栋窑洞式建筑，越往高处走，俯仰上下，景象不断变化，令人赏心悦目。待登到“凤首”处，俯瞰整个山村，想不出别的词，只能用“心旷神怡”来形容了。从沟底到山顶，高几百米，约70度斜坡，坡上草木丛生，屋檐相交，庭院错落，好像儿童搭的积木，一层层摞上去。仔细观瞧，妙趣横生，比如：坡下人家屋前的大树，树冠伸到坡上人家的庭院，自家栽树，反倒荫遮外人了；那户的庭院，又是养鸡，又是晒粮食，竟是底下人家的屋顶。

通往山顶处还有一条石道，因坡度陡峭，用石条砌出一道道棱，以免攀登时滑落。小小的山村建得如此人性化，让人佩服和叫绝。

我还注意到，石路旁边修有一条水道，也是用石头砌筑，从山顶顺势而下，直通到村外，我估计，再大的降雨也会平安无事。

站在这里我才体会到，难怪吴冠中那般惊叹，这里果然是一处世外桃源。应该是受他的影响，有人在绘画写生，男的女的都有，多为年轻人，他们支着画架，坐在沟壑边沿，时而凝视，时而挥笔，旁若无人，给原生态的山村点缀出现代色彩。

李氏家族经世代繁衍，到清代中期，在李家山村已成为大户人家。钱财丰厚了，必然大兴土木，箍窑盖房，因此，保存下来的这些院落老房，堪称清代建筑群。现在，全村有百十来个院落、400多所房舍，全部为民居住宅，而且大都保存完好。这些建筑多为砖拱顶窑洞，背靠山体，明柱厦檐，每户都有庭院，院墙用大块石头垒砌，砖砌院门楼，檐下木雕仍然可见，图案精美。山顶处的建筑，为硬山顶瓦房，青砖砌墙，水磨砖缝，平整又坚固，屋脊多有龙头砖雕，古朴中更显威严。

纵观整个山村，建筑造型多样，风格迥异，又有石路蜿蜒，绿树遮掩，自然与人文交相辉映，民情风俗美不胜收。我们放不下相机，上下折返，从各个角度不停地拍摄。

山村面积不大，我走遍了所有角落。沟渠旁有一盘石碾，我感觉累了，便坐在上面环视整个村子，竟然有些怀疑：这座神奇的山村，真是人力所为？如果是，他们的智慧和创造力从哪里来？为啥没有延续到当今？懵懵懂懂走到山下，我仍然不解地回头仰望。

离开的路上我们一直后悔：咋没在李家山村住上几日。

“我在村口等你回来”

走过山西众多古村落，我还是觉得，唯有晋中市榆次区东赵乡后沟村古建筑保存得最为完好，而且中华民族的一些传统文化和习俗，也得以较好地保留和传承下来。

那天，行车到乡政府所在地，天色完全黑了，虽然附近有旅馆可宿，但我们一心想住到村子里，犹豫片刻，还是从公路上下来，沿着黑乎乎的村路向后沟村驶去。

赶巧，刚进村，就看到一个人影，问他“有住的地方吗”，他引我们来到一个院落前，喊了一声，有人出来，帮着把行李拿到后院。两间窑洞，我们住进一间，是里外屋，各有一铺大炕，我和同伴可以“分居”了。

第一次在真正的窑洞过夜，干爽怡人，异常安静，我们睡得格外深沉。

第二天，清早起来，房东老汉已等在院里，带我们到前院吃早饭。原来，两家不但同开客栈，还是亲家关系，后院姑爷，前院媳妇，后院住宿，前院吃饭，彼此分工明确。饭桌摆在院子里，我们坐下吃饭，见到前院的老汉，他姓张，身着毛式制服，头上戴帽子，背着手说话，一问，果然是村干部，当了几十年的村支书，现已年过八旬，早就交班了。我们吃着饭，他站旁边介绍着村里的情况。难以置信，这个仅有75户人家、280多口人的小村落，始建于明代永乐年间，距今已有600多年的历史。村庄沿着龙门河依山傍水而建，东西200多米，南北100多米，略呈长条形。民居多是窑洞式院落，宗教建筑星罗棋布，包括有佛、道、儒教的文昌阁、真武庙、魁星楼、观音堂、五道庙等18座。

吃过早饭，按照张老汉的指引，我们首先登上村南的山冈，魁星楼高居山顶，站在这里，后沟村全貌尽收眼中。典型的黄土高原地貌，沟、坡、垣纵横，最高海拔974米，最低907米，相对落差60多米。坐落于此处的魁星楼，为清代初期修建，六面灰顶砖石结构。所谓魁星，是南斗六星的第二颗星，又称“天相星”，中国古代的星相家将其视为主文司禄的大贵吉星，民间亦有“魁星点斗，独占鳌头”之说，其建筑形式多为“塔峰”状，象征笔锋，方位对应南向高阜处，因此，后沟村这座魁星楼也建在村南的山冈上。

从山上下来，一条石板路，从村里环绕一圈，又蛇一般爬向对面山上，形成一条独特的游览路线。村容整洁，基本看不到垃圾，沿路的古建筑也修葺如新。比如这座横亘路中央的文昌阁，为门楼式建筑，下面的石头拱门显然是近年砌筑，但上面的飞檐亭阁绝对是原来的构件。门洞旁的墙壁上，挂着印刷精致的图版，版头是统一印刷的“后沟村的传说”，但上面是有关文昌帝传说的文字说明：传说唐代时，有一个叫张亚的浙江人，后来迁到四川居住，在那里当教书先生。他不仅道德高尚、为人诚实，而且很有才华和品行，受到人们的尊敬。他死后，为了纪念他，人们就把他当成神加以崇拜。随着时间的推移，他受到历代朝廷的推崇，逐渐演化为文

▲在具体的细部方面，院前抱鼓石，门下石枕，以及屋檐下和照壁上的木雕、砖雕，这些民间的精美工艺，将粗糙的老屋装饰得雅致又韵味无穷，构成恬静安详、和谐优雅的生活环境，尽显黄土高原土穴窑居的风采

学、学术和考试的守护神，渐渐被称为“文昌帝君”。

过了文昌阁，沿石路往村北的山上走，沿途所见，犹如露天的民居和民俗博物馆。后沟村的建筑，多为清代和民国时期所建，独立式窑洞，以三合院、四合院为主，高墙大院、明柱飞檐。选址上因地制宜，在取向、高低等方面，有的依崖建造，有的上下层叠，与自然环境尽量融合，不做更多的破坏性改造。在具体的细部方面，院前抱鼓石，门下石枕，以及屋檐下和照壁上的木雕、砖雕，这些民间的精美工艺，将粗糙的老屋装饰得雅致又韵味无穷，构成恬静安详、和谐优雅的生活环境，尽显黄土高原土穴窑居的风采。

让我惊奇的是，村里竟然修有排水系统，而且堪比城市的水利工程。由于村落地势落差大，任由雨水顺坡而下，对房屋和道路威胁很大，后沟村的先民们具有超前意识，他们建村时便考虑到这一点，用石头砌成沟渠，地下和地面相连，穿庭过院，连通各家各户，将流经全村的水最终排入村外的龙门河。如果不仔细观察，很难发现隐蔽在屋脚或路边的窑形石渠，历经数百年，至今仍沿用，坚固顺畅，排水功效不减。

走着到山腰处，几座壮观的宅院散落在这里：

——半坡院。一条石径弯过去，虽然建在半山，却有居高临下之势，门楼双柱盘花，重门飞檐，门楣雕工上乘，图案为农耕书香意境，内门楣上一幅依稀可辨的“五子夺魁图”，显示出当年主人重视教育的良好家风。

——仪门院。仪门为礼仪之门，又称“重门”“影门”。这座建筑的门楼（仪门）居中，设为隐门，平时

◀ 难以置信，这个仅有75户人家、280多口人的小村落，始建于明代永乐年间，距今已有600多年的历史。村庄沿着龙门河依山傍水而建，东西200多米，南北100多米，略呈长条形。民居多是窑洞式院落，宗教建筑星罗棋布，包括有佛、道、儒教的文昌阁、真武庙、魁星楼、观音堂、五道庙等18座

不开启，由两侧通行，左入右出，讲究含蓄包藏、内不外露，兼有挡煞避邪功能，通常在春节、贵客临门、婚丧大事时，仪门才打开。按照封建礼制，出了秀才的家庭才有资格修建仪门。仪门院顶围为堞墙垛口，正窑女墙雕刻垂花，东西为盖瓦厢房，除主院外还有外院、偏院，显示出当年大户人家的殷实富足。

——吊桥院。三面为悬崖，一处是绝壁，在西崖上凿一隐蔽洞门，洞内掘有深坑，上面铺设吊桥以供出入，是一处充满神秘色彩的古老宅院。我往里看了看，没有进去“探险”。

最后来到山顶，玄天宫坐落在此，门匾为“玄天帝宫”。玄天宫原称“玄武庙”，是北方正神安天玄武大帝的宫阙。中国道教中，玄武大帝神通广大，道法无边。这座全村最高的建筑，与村南山冈的魁星楼遥相呼应，建于明代崇祯年间，清代予以补修，毁于“文革”期间，2005年重新恢复。

距离玄天宫不远处，是一座五道庙，整体为原始建筑，门楼森严，高台飞檐。墙壁也挂着图版说明，看后我才明白，五道即为五道将军，传说是东岳大帝属下，民间视其为掌管世人生死与荣禄的冥神，其庙宇一般设于村口路边。据山西过去的民间风俗，村人过世，须即到其庙前焚纸放魂，以注销阳籍。因其逢村口之路必守，

▲ 吊桥院。三面为悬崖，一处是绝壁，在西崖上凿一隐蔽洞门，洞内掘有深坑，上面铺设吊桥以供出入，是一处充满神秘色彩的古老宅院

又有护村守道、驱盗祛邪功能，是一位庙门不大却很厉害的神灵。

离开山顶，继续沿旅游路线往山下走，几座悬挂黄底红边幌子的院落引起我们的好奇，不觉停下脚步。幌上的黑字醒目，分别为“古醋坊”“古酒坊”“豆腐坊”。那间酒坊院墙外，并排一溜儿巨大的陶土酒坛，我不相信是真的，走进古酒坊的院落。院里热气腾腾，几个工匠模样的人正在蒸馏罐前忙碌，攀谈了几句，我了解到，他们仍用原始工艺酿酒，酒的度数为62度。我自诩酒量还行，听了也吓了一跳。我又走进旁边豆腐坊，据坊主讲，他每天出的豆腐，一上午就让村里人买光了。

沿路有座两层的青砖小楼，走到近前，发现竟然是农耕文化博物馆，我们颇感新奇，便进去参观。上下两层展厅里，摆满农村老式家具和农用工具，这些过去的老物件，如今在农村已很难见到，想必收集起来也不容易。更为难得的是，馆里还设有专人讲解，展品陈设整齐，管理规范有序，完全看不出是村级开设的博物馆，不知是村干部眼界高远，还是另请高人策划指挥。

从山路下来，正是昨晚来时的村口，龙门河从这里绕村而过。河的南岸，坐落着一座观音堂，为后沟村古建筑之最，其规模在晋中地区罕见。这座四合院堂式寺庙，坐北朝南，共有房屋20间，山门前一株古槐树，高大挺拔，树荫遮蔽半个院门，大门两侧建有钟楼和鼓楼，飞檐高挑，东西对峙。上了几级台阶，我们走进院内。院落不大，香火弥漫，一开三间的正殿，其斗拱木雕龙首凤喙为民间寺庙所少见，檐板真金贴绘龙纹和梁间龙纹彩绘，具有极高的艺术价值。里面主祀观音，两旁各有一间配殿，供奉财神和送子娘娘。梁柱上的彩图不知何年所绘，虽布满灰尘，仍清晰可辨。院内还有一株800多年的古柏，虬枝纵横，绿叶茂盛。据寺院僧人介绍，这座寺庙始建年代不详，可能在明代以前，后经康熙、乾隆、道光及民国等时期数次扩建维修，达到今日之规模。

在观音堂寺院里，我们见到现任村支书。他是一位精干的中年人，个子不高，城里人装束。他和寺院主持在说事，见了我们便笑着打招呼，说见过我们。原来，他是张老汉的儿子，早晨吃饭时，他进了院子，我们没太注意。他原在县里工作，是某局副局长，提前两年退下来，打算自己干点什么，却被派回村里当了村支书。

“从小在村里长大，乡亲们也信任我。”他简单介绍了后沟村发展规划，因为没有其他资源，古村落旅游是最好的选择。他指着院外的空地，说准备扩建观音堂，要盖一座大殿，地方都腾出来，明年就能动工。

“过两年你们再来，肯定会大吃一惊。”他显得无比兴奋。

我称赞村里古建筑保存得好，他笑了，说这可是冯骥才的功劳。据他介绍，2002年，中国民间文艺家协会主席冯骥才带领国内多位学者、专家（包括辽宁省著名民俗学家乌内安教授）来到村里，进行中国民间文化遗产抢救工程实地考察，2003年至2005年，经过对村里庙宇、古街、古民居、古作坊等的抢救性修复，也包括

▼院里热气腾腾，几个工匠模样的人正在蒸馏罐前忙碌，攀谈了几句，我了解到，他们仍用原始工艺酿酒，酒的度数为62度。我自诩酒量还行，听了也吓了一跳

农耕文化博物馆的筹建，使得后沟村“古貌一新”，向世人昭示出历史的久远和岁月的留痕，从而被确定为我国民间文化遗产抢救工程唯一的古村落样板。

难怪刚才和村民闲聊时，他们张口便说冯骥才，像常来走动的亲戚。一个卖梨的老妇还告诉我：“去年还见他来过。”

出了观音堂，东行便是进村的龙门河石桥。过桥后，上了一个斜坡，是一个高高垒起的小广场，四周几株苍老的古树，边沿砌有石礅式矮墙，可供人歇息闲坐。广场东侧坐落着古戏台，砖木结构，前棚后殿，吊柱暗悬，卷棚顶弧线极美，整体造型稳重大气。古戏台为清代乾隆年间建造，“文革”时部分损坏，2005年予以重修。广场上人气很旺，应是村里的“信息中心”，除了少数游人，大多坐着村民，或聊天或卖呆，身旁卧着老老实实的黄狗，几个孩童在戏台上玩耍，蹿上蹦下，场面喧哗热闹。我走到戏台前，看到墙壁上贴着布告，上前细瞧，竟是20世纪50年代戏班演出的节目单，纸张故意做旧，以勾起人们对从前的回忆。戏台对面是一座菩萨殿，屋顶铺盖琉璃瓦，色彩依然艳丽。

▼ 农耕文化博物馆的筹建，使得后沟村“古貌一新”，向世人昭示出历史的久远和岁月的留痕，从而被确定为我国民间文化遗产抢救工程唯一的古村落样板

▶ 广场东侧坐落着古戏台，砖木结构，前棚后殿，吊柱暗悬，卷棚顶弧线极美，整体造型稳重大气

村里的主要建筑都挂有图版说明，而且式样统一，有的还印着后沟村的一些传说，我看了觉得有趣，便抄录下两则：

——社仓古风。后沟村一件很了不起的事情就是社谷。所谓社谷，是指村里公有的一些粮食，保存在观音堂东厢房的社仓里，用于百姓救急。比如青黄不接时，有粮食断顿的人家，可来借用，待秋收后归还。社谷最初是如何形成的，村里没人说得清楚。这项举措一直延续到新中国成立以后。多少年来，从未发生一例借而不还或借多还少的现象。当然，如今富裕起来的村民不再需要社谷了，但村里厚道诚信的古风仍被后人传颂和效仿，潜移默化地影响着后沟村人。

——姑姑裤。村口的老槐树上，经常见到一群群斑鸠，村里人叫它们“姑姑裤”，因为叫声类似“姑姑——裤”。这里有一个传说：过去有个女孩儿，和姑姑一块儿去洗衣裳，姑姑累了，就让女孩儿帮着洗，并说洗完给她买条红裤子。结果山洪下来，淹死了女孩儿。女孩儿死后变成了鸟，还不忘向姑姑要红裤子，一直追着喊“姑姑——裤”。

我站在广场上，看着四周场景，恍惚间，感觉自己也变成了后沟人。

“我在村口等你回来”—— 离开村子时，我看到了这句话，它写在巨额横幅上，悬挂在村口的道路中央。

我有些疑惑：是说给当年走西口的后生？是欢迎游客们再来？忽然，我明白了，是乡亲们对冯骥才的期盼！

一个充满亲情的小山村，好像有自己的亲人住在这儿，以后我还会来的。

第四章 天涯海角寻古村

2016年12月中旬，我们来到海南岛猫冬，避开东北的严寒和雾霾，尝试一下候鸟生活。

海南岛历史悠久，我们查阅相关资料，选定了三个要探寻的古村落。

兄弟同心

十八行村，初看村名时，我还在想，咋这么怪？实地游览后，确实名副其实，此外，心里又多了几分敬佩之情。

我独自驾车，从居住的官塘村出发，一个小时的车程就到了十八行村。

十八行村地处文昌市会文镇，村民多为林姓，据说其祖先为躲避倭寇袭扰，从福建迁居于此，至今已有560多年。所谓十八行，是指村里的民居格局，一共十八行，坐南朝北，呈辐射状扇形排列，每行多则七八户，少则二三户，为多进封闭式院落。按十八行建房，寓意为“兄弟同心，邻里不欺”。每行都是兄弟辈直系亲属，纵向中轴上下对齐，即正厅前后大门在一条线，以示“兄弟同心”；行间横向房屋

▶ 我到村口时，刚好中午，海南人有午睡习惯，村里异常寂静，听不到任何声音

▲ 村里建筑整齐有序，一行行排列，每行之间留有相当间距，形成一条条街巷，为各家各户出入的通道

高度相等，有“邻里不欺”之意。

我到村口时，刚好中午，海南人有午睡习惯，村里异常寂静，听不到任何声音。村口是一片空地，有一块上马石和石制花池，周身乌黑，底部覆着青苔，好像长在那里，如同古村落的标识。屋荫下坐着一个少年，我走过问他：“老房子在哪儿？”他正在玩手机，没说话，往脑后一指。我见他很不耐烦，没有再问，顺着街巷往村里走。

正如我事先所了解的，村里建筑整齐有序，一行行排列，每行之间留有相当间距，形成一条条街巷，为各家各户出入的通道。我似乎驾轻就熟，随意走进一条巷子。

巷道狭窄，宽不到3米，地面铺了水泥，已看不出原来的路基。两旁是整齐的院墙，抬头往墙里看，可见嵌有兽头图案的屋脊，如同统一的天际线，而且高度一致，“邻里不欺”一目了然。各家院门都建在靠路这一侧，门楼高大，门槛很高。

老屋大都保存完好，院门大开，我探头进去，不见一个人影，估计都在屋内睡觉，不便贸然闯入。也有

▲ 果然，各家正厅前后房门洞开，视线通透，可以一直看到底端，这便是奇特的“兄弟同心”

废弃的旧屋，我小心翼翼地走进去，屋里散落着旧家具，破旧不堪，东倒西歪，落满了灰尘。站在正厅的庭院里，前后看过去，果然，各家正厅前后房门洞开，视线通透，可以一直看到底端，这便是奇特的“兄弟同心”。

村民大多都在睡觉，狗也睡，躺在院里树荫下，头和身子紧贴地面，我从旁边走过它也没醒。也有没睡的狗，见了我，喉咙里呜噜噜响，我历来怕狗，捡了一根木棍拿着，心里多少有了底气。

没能和村民交流，我也能想象得出，住在这些老屋里的人们，氛围该是多么融洽。各家行走无碍，可以穿堂过户，到其他任何一家。彼此暴露无遗，毫无隐私可言，如果没有浓浓的亲情维系，是绝对不可能做到的。

十八行村的亲情，是一种大爱，更是一种美德，是我们中华民族的传统美德。

既然是十八行，我就挨个儿巷子走，一条走到头了，再折返到另一条巷子。两个多小时，我把村子全走遍了。清一色的民居，青砖灰瓦，庄重典雅，房檐、屋脊、窗前等部位，大量的木雕和砖雕，使古朴的老屋活泼跳跃起来。早在清代，这里就出了不少官员，衣锦还乡后，他们大兴土木盖新房，由此算来，这些房屋大多都有百余年的历史。

听说不少村民家挂有“九牧堂”牌匾，我没有找到，因为是中午，也找不到人来问。关于“九牧堂”，有这样一则故事：这支林姓的始祖有九个儿子，都官居州刺史，州刺史又称牧，兄弟九人合在一起，正好是

“九牧”，因此，几百年来，村民遂以“九牧堂”为其堂号，一直延续至今。

每行老屋中间穿插着少许新房，或是新建或是改造，显得极不协调，和老房相比，气势上就矮了半截。

2010年，十八行村获国家住房和城乡建设部、国家文物局授予的“中国历史文化名村”称号。尽管如此，随着时代的快速变化，老屋留不住人了，如今，村里只有66户，人口不到300。

我走出村子时，村口没了那个少年，倒有一位老媪，面若干核桃，四肢如柴，守着坐在童车里的幼童。幼童见了生人，咧嘴哭了，老人拿起棍子，比画要打我的样子，孩子便不哭了。她说的话我听不懂，我和她说话她也听不懂。我向她伸出大拇指，她竟笑了。旁边又有一女孩儿，她告诉我，老人90岁了，男童是她的重孙子。

我转身离开时，顺嘴说了“拜拜”，没想到，老人也“拜拜”了一声，这回我听懂了，因为她说得很清晰。

▼ 我走出村子时，村口没了那个少年，倒有一位老媪，面若干核桃，四肢如柴，守着坐在童车里的幼童

天涯古村

难以置信，这个保平村始建于唐代，比较起来，附近的三亚市就太年轻了。

海南人午睡时间长，好在我午前进了村子，可以有机会接触到村民了。村口有一棵古树，估计六个人才能合抱，一群城市来的小学生围着照相。我问旁边的老师，他说这是一棵千年酸梅树。古树旁是小诊所，门前粉色塑料椅上坐着挂滴流的村民。村委会也在这里，一排五间平房，屋里有工作人员，我见房门开着，探头问她："村里还有老房子吗？"她走出来，手指着村里说："很多，你自己去看吧。"

保平村，中国最南端的千年古村落，位于三亚市崖城镇，古称"毕兰村"。这里远在唐代便是贬谪官员之地，因此扬名于世。后因河水冲了村子，村民移居外地，此后又有民众不断迁来，取名"保平村"，意为保世代平安。我查过资料，唐代宰相李德裕就曾被贬逐到此，他是唐代杰出的政治家，被贬为崖州司马，一家八口历尽艰辛来到毕兰村，过着穷困潦倒的生活。当时，他留下很多诗篇，其中有《寄家书》一首："琼与中原隔，自然音信疏。天涯无去雁，船上有回书。"可见"天涯"一说自古有之。

刚进村，迎面几间老屋，残垣断壁，大半已塌陷，几乎变成一堆废墟。墙上钉有一小木牌，红地白字写着"历史文化遗产—保护建筑—三亚市人民政府公布—2012年8月立"。旁边站着一位戴眼镜的老者，见我在拍照，拉我进屋指给我看。屋里境况更惨，山墙倒了半截，房梁和柱子歪倒着，上面悬挂着几根檩子，门窗已不成形，散乱在地上，上面浮着硬币厚的灰尘。老者显然误会了，以为我是上边来考察的人员。

他自我介绍说姓符，老屋有200多年了。他在这里出生，后来去闯世界，现在定居三亚，听说故居要塌了，连忙赶回来。他现在很纠结，不忍心让老屋倒塌，但自己又维修不起，政府应该支持一下。见此情况，我装模作样地说（也是安慰他）：“你自己花点钱，先把梁柱支起来，别让它塌倒了，这些都是文物，只要房子在，政府肯定不会不管。”说完，我指了指外墙上三亚市政府立的木牌，他似信非信，还是点了点头。

再往里走，村道纵横，巷道幽深，一处巷口挂有路牌，我上前近看，是“符家巷”，想到刚才的符先生，他们符家应该是村里的大户吧，便抬脚走了进去。村里保存完好的古宅，最早建于明代，大部分建于清代，少量建于民国，是海南规模最大的明清民居建筑群，又和近现代仿古民居连成一片，从而形成保平村独有的乡村面貌。

史料记载，保平村原有建筑，按其功能分为学堂、庙宇、宗祠和古民居四大类，其中前三类的公共建筑，20世纪70年代以前全被破坏了，古民居因为住着人，所

◀ 村里保存完好的古宅，最早建于明代，大部分建于清代，少量建于民国，是海南规模最大的明清民居建筑群，又和近现代仿古民居连成一片，从而形成保平村独有的乡村面貌

以保留下来。这些民居多为单进结构，也有三合、四合院落，由门楼、照壁、左右厢房、堂屋等构成，青砖灰瓦，古色古香，承载着悠悠岁月镌刻的记忆。目前，村里人口3800多，仍是规模较大的古村落。

在三间村巷，路旁一座高门楼，顶部的瓦已呈黑色，我走进去，铺着方砖的小院，东侧和南侧两排老屋形成对角，东侧房屋留有廊檐，可遮阳避雨，南侧老屋中间为两层，窗口砌成拱形，颇具南洋风貌，整座建筑中西融合，古朴典雅。廊檐下站立一位老汉，朝我张嘴笑，我便放心走过去。老汉自称姓张，今年72岁，知道我比他小，他就叫我小孟。他告诉我，张姓是村里大户，全村几十户本家，都是从这几间老屋繁衍出去。

听说我从东北过来看老房子，他便领我来到张家巷。这条巷子里有几幢张家老屋，现在仍住着人，因而保存得较好，我也得以拍了很多照片。村里的狗很多，特别是趴在院门口的，见到生人特别凶，不停地狂吠，不让我靠近。有老张在身边，没等狗叫，他先大声呵斥，还说“狗和我都好”，我也就安全多了。

快歇晌了，地里劳作的人们纷纷回来，有几个妇

▶ 路旁一座高门楼，顶部的瓦已呈黑色，我走进去，铺着方砖的小院，东侧和南侧两排老屋形成对角，东侧房屋留有廊檐，可遮阳避雨，南侧老屋中间为两层，窗口砌成拱形，颇具南洋风貌，整座建筑中西融合，古朴典雅

▲ 倒是一位老妇，我夸她长得慈祥，她似乎听明白了，走过后又转过脸，冲我一笑，被我摄入了镜头

女，头戴圆形竹斗笠（据说叫“东坡笠”，当年苏东坡贬谪儋州时发明的式样），脚穿长筒靴子，一路说个不停，看到我的镜头，她们突然变了样，或低头或捂脸。是啊，毕竟是女人，满脸的汗污，当然不愿让生人看到。倒是一位老妇，我夸她长得慈祥，她似乎听明白了，走过后又转过脸，冲我一笑，被我摄入了镜头。

村里的儿童羞涩，看到我端起相机，转身就跑开。一间简陋的老屋里，一个男孩儿正在写作业，我要给他拍照，他扭过头不配合。这时，一个中年男人从旁边屋里走出来，板着脸对男孩儿说着什么，我猜想应该是孩子的父亲，但听不懂他在说啥，却见他拽着儿子，一本正经地走到我面前。我端稳相机，给这对父子拍了几张合影，还没忘让他俩看看拍照效果。

保平村历史悠久，文化必然深厚，自古以来文教昌盛、耕读传家、人才辈出，历史上曾有“保平多贡生”的美誉。崖州民歌的主要发源地即是保平村，千百年来传唱不衰，已被评为国家级非物质文化遗产。

古村的人们，一代又一代，陪伴着老屋，过着平静的日子，不管世事如何变幻，他们仍在这里。

探花故里

高林村，位于海南省定安县龙湖镇，是清代己巳（1809）科探花张岳崧的故乡。

◀ 右侧一条木栈道，曲折通向村中，有路标提示：张岳崧故居

海南省有两个高林村，探花郎好像有意和我们捉迷藏，我们找到海口市美兰区的高林村，进村后发现不是，村里人指点：定安县还有个高林村，那里才是张岳崧故里。

我们掉转车头，来到真正要找的高林村。村口处一片空地，花草灌木丛，植成园林式景观，迎面竖立一块巨石，上面刻着“中国历史文化名村高林村”，几株高高的椰树列成一排，似巨人在护佑，又像为古村撑着一片蓝天。民居以白墙居多，大都坐北朝南，在浓郁的绿色掩映下若隐若现，呈现出原始的田园景色。

右侧一条木栈道，曲折通向村中，有路标提示：张岳崧故居。我们没有走栈道，而是沿着石板路走进去。张岳崧故居在村子西头，共有两处，一处是他出生的祖居，他在此住到赴省城读书而离开，现仅存正屋一间，为一厅两房，悬山式建筑，可以看得出来，房屋近期重

▲ 这是张岳崧晚年的住所，由他的次子张钟彦修建，从规模上看，为张氏家族老屋更合适

新修缮过，里面空荡荡，基本上没有物品。

另一处故居距此10米，门前宽敞，两级台阶，石板铺设的甬道，坐北朝南一座四合院，颇具书香门第风范。这是张岳崧晚年的住所，由他的次子张钟彦修建，从规模上看，为张氏家族老屋更合适。正房庭门敞开，游人随便参观。我们走进去，见到张岳崧的后人，直系第八代，一个精瘦朴实的汉子，名叫张党权，政府每月给些补贴，由他看护老屋并兼作解说。张岳崧后代都在外地，村中仅留他一人，据他讲，原有建筑大多被破坏，现存正屋一间、后屋一间，两侧各有一间横房。他带我们走进正屋，厅堂不算太大，全部用木板装饰，简朴的屏风前，一个原木供桌，一套老式方桌木椅，都已陈旧破损。从屏风侧面穿过去便是后院，四周有围墙，一正两横，也为悬山式建筑。正屋较为宽敞，波罗蜜木柱，当年的富贵可见一斑。两侧的横屋，辟为张岳崧史料展示馆，里面置挂展板，介绍主人的生平等，没有特别之处。倒是西侧横屋门旁多了一块“柏香山馆”门

匾，引起我注意，细读旁边的说明，不禁大为惊叹，深为不俗的女主人而感慨。

原来，张钟彦中进士后，带家人赴外地任官，将此房产留给长嫂和她的儿媳许小韫等人居住。长嫂早年丧夫，许小韫27岁守寡，婆媳俩相依为命。许小韫45岁时，婆母病亡，她随之绝食而殉。许小韫出身名门望族，“工诗画能文，善刺绣”，为琼州五才女之一，她将住所命名为“柏香山馆”，平生著有《柏香山馆诗稿》一卷，现有22首存于《光绪定安县志》，2006年出版的《定安县志》仍有她的3首诗作（回家后，我上网查阅，未果）。许小韫20岁嫁到张家，27岁守寡，在眼前这间狭小的房屋里，度过了她凄凉的一生。可以想象，在无数个悲痛的日子里，她只能以写诗吟唱来寄托自己的哀思，也成就了她不朽的短暂人生。

家有梧桐树，自然引来金凤凰。在那个时代，虽说婚姻嫁娶必讲门当户对，但许小韫从番禺远嫁这海隅之地，与张家的书香门第不无关系。当时，张岳崧家族享有“一方水土，三代功名”的美誉，在他的影响和教育下，次子登进士，四子中举人，孙子中举人，至于张岳崧本人，堪为海南历史上一位奇才。

张岳崧之前的明清两代，海南人登进士第的很多，却没有高中探花者，所以，清代嘉庆年间，恩科评卷，张岳崧为一甲第三名，皇帝乃大喜：神州大地，“何地无才”！张岳崧官至湖北布政使（从二品），为政清廉，尽职尽责，一生著有《筠心堂文集》10卷、《筠心堂诗集》4卷、《运河北行记》1卷、《训士录》1卷、《公牍偶存》1卷等，1838年辞官回归故里后，又主持编纂了44卷的《琼州府志》，这些著作收藏在今天的广东中山图书馆。

张党权带我们从故居出来，绕过一株百年大榕树，来到张氏宗祠。宗祠由张岳崧晚年主持筹建，原有建筑大部分损毁，现存的前殿、正殿、后殿、两侧廊庑等已经修复一新。这座建筑从整体看，是在中原四合院式样的基础上，适应海南自然环境，改成既封闭又通畅的天井式结构，悬山式屋顶，利于防雨水，两侧砌有防火山墙。前殿筑有七级台阶，拾级而上，一米宽的前廊，圆石檐柱，颇具大家风范。正殿也配有前廊，门楣上高挂一块“进士”木匾，清代道光乙巳年（1845）的原物，由张岳崧次子张钟彦所立。进入正堂，抬头观望，又是高悬一块“探花及第”木匾，张党权解释：这是20世纪80年代仿制的，由村里族人书写。我们依序来到后殿，正堂里有供桌和张岳崧画像，两侧廊庑墙壁上，挂着几幅张岳崧书写的楹联和条幅，笔力遒劲，功底深厚。难怪海南人把他誉为“海南四大才子”之一，是“四绝”中的“书绝”（丘濬为“著绝”、海瑞为“忠绝”、王桐乡为“诗绝”），清代的《国朝画征录》中，将他列为广东四大书法家之一。

据史书记载，张岳崧还是一个有民族气节的人。他与林则徐平生志同道合、交谊深厚。鸦片战争前夕，他奔母丧回家，路经广州，林则徐委托他代为协理琼州、雷州禁烟事宜，他尽力而为，为禁烟运动做了大量工作，至今为人们所称颂。

张岳崧于道光二十二年（1842）在家乡病逝，享年70岁，其墓地在“文革”时期遭受破坏，早已荡然无存。

离开张氏祠堂，因为喜欢古村落，我又请张党权带路，深入全村各个角落，边走边听他的讲述。

高林村建村已200多年，完整保存了清代时期的始

▶ 张党权带我们从故居出来，绕过一株百年大榕树，来到张氏宗祠

◀ 有月井，肯定也有日井——我自问自答。他笑着说，那是自然，便带我去百米之外，果然有一圆口井，井口比月井稍大，水质清冽。他告诉我，这口井原为村民饮用，现在安上自来水，便闲置起来了

建格局，七纵三横巷道，路面用青石铺设，岁月更迭，风雨侵蚀，仍然坚固严实，承受着人们出行的脚步。民居新老混杂，老屋颜色灰暗，却不失古朴之韵，新房多为旧时模式，少有现代符号，整个村子浑然天成。据张党权讲，古代的海南，极少有如此建设规划的村庄。

走到村口处，张党权指着一口井，说叫月井，我上前观瞧，井口为半圆形，直径近两米，整体用青石砌筑，上面覆满了青苔，他说以前为日常盥洗、饮畜之用。有月井，肯定也有日井——我自问自答。他笑着说，那是自然，便带我去百米之外，果然有一圆口井，井口比月井稍大，水质清冽。他告诉我，这口井原为村民饮用，现在安上自来水，便闲置起来了。

日月同辉，感召天地，才使得高林村人杰地灵，延续至今。

离开之前，张党权又对我说，高林村人口不到300人，自从1978年恢复高考以来，出了70多名大学生，虽然都没回来，也算是光宗耀祖吧。我点头表示赞同，不管他们走到哪里，大概都不会忘记家乡，不会忘记先人张岳崧，因为正是有了这位探花郎，高林村的好学之风才会世代相传。

第五章 湘西四月天

转眼之间，2017年的春天就来了。4月的南国，暖风和煦，桃红柳绿，引人无限向往，和几个朋友相约去游张家界，然后再顺路寻访湘西的古村落。

在张家界下飞机，租了一辆吉普车。不巧，游完张家界，便阴雨绵绵，山路湿滑，我们只好调整行程，先去路况平坦的凤凰古城，如果天气转好，便向南去洪江古商城，然后东行进入湖南腹地，前往大托、滩头古村落；如果继续下雨，从凤凰出来，向北去德夯、里耶、芙蓉古镇，尽快返回张家界。

重游凤凰

凤凰古城，因西南方向有山，形状如凤凰而得名。说它是古城，名副其实，远在先秦时代，这里便是楚国黔中之地，秦始皇统一中国时，分天下为三十六郡，凤凰当时属黔中郡。以后经过历代沿革，到清代康熙年间，已成为政治和军事上的一座重镇。自古以来，这里居住着两个古老民族——土家族先民和苗族先民，在近3000年的岁月中，繁衍生息至今。

▶ 凤凰古城，因西南方向有山，形状如凤凰而得名。说它是古城，名副其实，远在先秦时代，这里便是楚国黔中之地

▶ 自古以来，这里居住着两个古老民族——土家族先民和苗族先民，在近3000年的岁月中，繁衍生息至今

我曾来过凤凰。2003年在长沙参加全国会议，会议结束后，尽管张家界美景如画，我还是选择了凤凰——因为，我崇拜黄永玉和沈从文，他们是当代中国的文化大家。记得那次，仅停留一个白天，记忆里只有两个情景：我和同伴坐在沱江边简陋的农家小店，呷着冰镇啤酒，沉默不语，陶醉在梦幻般的意境之中；参观黄永玉艺术馆，第一次近距离欣赏大师的作品，久久不想离开。之外，再无更多印象。此次故地重游，行前我就计划好，住进江边的吊脚楼，和沱江零距离相拥，弥补当年留下的遗憾。

凤凰是凤凰县城的所在地，由新城和老城组成，两城无缝相连，老城即是凤凰古城。开车刚进外围的新城区便开始堵车，不敢再往老城行驶。在沱江上游处，我们住进一家临江客栈，虽然不是吊脚楼，却也在江边。推开方格木窗，远处青山如黛、云气缭绕，近前碧绿江水、波光粼粼、倒影袅袅，令人心旷神怡。

休息片刻，窗外暮色渐浓，为拍摄古城夜景，我们挎上照相机，起身走出客栈。

古城的夜色美丽无比。沿江的酒肆客栈鳞次栉比，横跨江面的各式过桥，布满斑斓灯火，五颜六色，亮如白昼，这些所有的光亮，全被宽阔的江面

▲ 横跨江面的各式过桥，布满斑斓灯火，五颜六色，亮如白昼，这些所有的光亮，全被宽阔的江面接纳，又变幻出更奇妙的色彩，反映在人的视觉里，倍加赏心悦目

接纳，又变幻出更奇妙的色彩，反映在人的视觉里，倍加赏心悦目。然而，如此通明绚丽的灯火，却被人影绰绰所遮掩，两岸和桥面上满是蠕动的人群，几乎看不到空隙，用摩肩接踵形容恰如其分。有些较窄的路段，甚至出现了拥堵，如同商场排队购物。更何况，嘈杂声不绝于耳，使得原本清幽的夜色，变得更加“热闹非凡”。

我们放弃拍照的念头，走进江畔的酒家，登上二楼，坐在栏边的桌旁，目光避开楼下的人流，投向五彩斑斓的江面，尽情欣赏这仙境般的迷人景色。我虽然没有喝酒，轻风拂面，不知不觉中也有了少许醉意。

第二天早晨6点多，我扛起相机，独自走出客栈，为了拍摄凤凰的清晨，也为享受古城特有的宁静。

果然，正如周星驰在电影《喜剧之王》的那句台词：“天亮后便会很美的。”古城卸去昨夜的盛装，恢复了本来面目。游客还在睡梦中，沱江两岸寥寥几个人。环卫人员在清扫街路，统一的橘红色马甲，扫帚掠过石板地面，发出唰唰的声响。江上漂荡着一条小木船，

▲游客还在睡梦中，沱江两岸寥寥几个人

船上坐着的男人手持长木杆网兜，清理着水面杂物。我沿江顺流而下，脚步既慢又轻，不想惊醒仍在沉眠的古城。沱江两岸全为木结构建筑，以两层吊脚楼居多。在江面的转弯处，是一排紧紧相连的吊脚楼，粗大的圆木桩，密匝匝斜插在水里，形成奇异的倒影，晨光映在上面，金光灿灿，几缕清风吹过，轻轻摇曳着光晕。中国摄影家协会把凤凰列为“最美的古镇”之首，我想，只有在此时的清晨，才能领略到它独有的魅力。

凤凰的美，除了山水之美，更具人文之美。地处湘西大山深处的小城，山清水秀，人杰地灵，历史上孕育了众多精英，他们崇文尚武，享誉神州大地。如抗英名将郑国鸿，民国时期首位内阁总理熊希龄，著名作家沈从文，著名画家黄永玉，都是从这里走向了世界。

早饭后我们一致决定去拜访沈从文故居。相对而言，湘西诸多名人中，要数沈从文的影响大，由此可见文学传播力的普遍和强势。

沈从文故居在老城深处，去到那里先要经过虹桥。虹桥是凤凰老城标志性建筑之一，原名叫“卧虹桥”，是一座古老的廊桥，上下两层，桥面宽阔，一层摆满商柜，略显拥挤；二层藏有关于虹桥的书画作品，亦可观光和喝茶。桥楣上方，“虹桥”两个遒劲大字出自黄永玉之手。

白天的老城游人更为稠密，超过昨夜的沱江两岸。那年我来，时间所限，没能深入老城游览，所以此行不能再留下遗憾。尽管被人流簇拥着，如在潮水中穿行，我仍然兴致盎然，如同儿时逛庙会的心境。

凤凰老城，始建于清代康熙四十三年（1704），虽经300多年，古韵风貌犹存。老城以回龙阁古街为中轴，连接数条石板小巷，遍布全城。沿古街前行，一条青石板路，宽不足5米，自古便是热闹的集市，商铺相连，货品琳琅满目，多为凤凰自产的姜糖、腊肉等食品，还有土家织锦、苗家绣品等传统工艺品。中途遇古城东门，红砂条石砌筑的城楼仍然坚固无比，遥想古代，真乃铁铸般的屏障。听说北门城楼也保存完好，我们急于去沈从文故居，只好放弃前去观瞧的念头，继续沿着石板路观赏。迎面的路中央竖立着一座青砖影壁，粉墙上是朱

▶ 中途遇古城东门，红砂条石砌筑的城楼仍然坚固无比，遥想古代，真乃铁铸般的屏障

◀ 迎面的路中央竖立着一座青砖影壁，粉墙上是朱镕基书写的“凤凰城”三个字，我恍然大悟：“他是湖南人。”

镕基书写的“凤凰城”三个大字，我恍然大悟：“他是湖南人。”进入影壁一侧的巷道，没走几步便是沈从文故居。

沈从文故居建于清代同治五年（1866），是一座典型的四合院，小巧又别致，门庭古色古香。待我们要进去参观，才得知需要门票，还是那种联票，包括老城内的朝阳宫、古城博物馆、熊希龄故居、天王庙、大成殿、万寿宫等景点，而且要到游客服务中心去购买。我们只想看沈从文，对其他那些了解不多，也兴趣不大，只好再一次放弃，在故居门前拍照留念。

2001年12月，国务院批准凤凰为国家历史文化名城。目前，老城内存有古建筑68处，古遗址116处，明清时期古民居120多栋，各种庙祠馆阁30多座，古石板街道200多条，是中国西南现存文物建筑最多的县份——这些是我查阅相关资料所得知的，感叹之下，萌生一个奇想：待啥时古城清静无人，我还愿来多住几日。

开车离开，仍是一路拥堵，出了城区，路况才逐渐通畅。回头看了一眼，城内仍是熙攘的人群，我轻声说了句：“保重，凤凰，祝你好运！”

古商城

按照拟订的路线图，我们离开凤凰，前往70多公里处的洪江，行车不到两个小时。

为啥要来洪江？几年前，我曾看过一则报道——50米国画长卷《洪江古商城》亮相长沙，因为喜欢美术，当时，我对“洪江”“古商城”并没在意，只记住那幅令人震撼的画作。此次出行之前，查

▶ 进门处，竖立一座精巧的木牌坊，正面有“洪江古商城”几个行书大字

◀ 转到背面，同样是行书大字“中华商业文明第一都”

阅洪江的相关资料，我才将其与那幅50米长卷联系起来，随即决定，一定要去拜访这座古商城。

洪江古商城地处沅、巫两水汇合处，现已被怀化市市区所包围。历史上，得天独厚的水运条件，使得洪江逐渐发展成湘西南的商贸重镇。明清时期，湘、滇、黔、桂、蜀等地的物资，在这里集散转运，因而建起诸多商埠会馆。清代末期至民国，是这里的鼎盛时期，全国20多个省份的商业行会在此落脚，成为湘西南经济及文化、宗教中心，有“小南京”“西南大都会”之称。作家沈从文在《常德的船》中描写道：“在沅水流域行驶，表现得富丽堂皇，气象不凡，可称为巨无霸的船只，应当数‘洪江油船’。这种船多方头高尾，颜色鲜明，间或且有一点金漆装饰……下行可载三四千桶桐油，上行可载两千件棉花，或一票食盐。用橹手二十六人到四十人，用纤手三十人到六七十人。”由此可见，当时的洪江该是多么繁荣！

这里是湖南省的摄影基地，凭省以上摄影协会会员证可免票进入，我们省了钱，当然高兴。这里设有导游人员，提供免费讲解，更让我们欣喜。

进门处，竖立一座精巧的木牌坊，正面有“洪江古商城”几个行书大字。转到背面，同样是行书大字“中华商业文明第一都”。一条石板路蜿蜒着，伸向神秘的古城内。从牌坊下走进去，我原以为应该是热闹的商埠景象，然而映入眼帘的，却是一派冷清，不免让人失望。不过，听了导游介绍，我们随即释然了。

这座500多年历史的商城，很早就成为民居区，长期被社会所忽视，也正因为如此，300多栋明清古建筑得以完好保存，堪称我国江南商埠古建筑的经典。这些建筑包括钱庄、商号、镖局、洋行、作坊、店铺、报社等商埠必需的各类场所，一应俱全，功能完备。最近几年，经过政府的努力工作，住户陆续搬迁出来，复原了里外陈设，建成一座古商城博物馆。

或许因为不是节假日，来旅游的人不多，我们跟随女导游，踏着黝黑乌亮的石板路，在古巷里穿行。可以看出，两侧房屋失修过久，墙面斑驳，多半已经脱落。石板路却平展如初，可能为防打滑，石板表面凿成浅浅的纹理，鞋底在上面摩擦，沙沙作响，极易让人产生幻觉，似乎穿越了时空，走进遥远的年代。比如我，走着走着，眼前一阵恍惚，呈现出那幅国画长卷……导游在解说，声音清晰可辨：如此众多的作坊和店铺，完全是一幅反映我国明清社会市井全貌的“清明上河图”……猛一个激灵，我又回到现实。

听了导游详细介绍，我对古商城开始有了认识。这里代表性的建筑物，以明清时代的窨子房为主。此类建筑全国所存不多，洪江却有380多栋，可谓弥足珍贵。窨子房原为侗族所创造的民居建筑，湘、黔、赣等地区居多，总体结构独特，外面高墙环绕，用来防火防盗，里面是木制房舍，屋顶最有特点，四周向中间低斜，在屋内形成天井，吸纳阳光和空气。古城内建筑物密集，窨子房按“井”字排列，错落有致，高墙相连，屋檐相搭，巷道显得极为狭窄。古屋陈旧灰暗，仍可识辨出门楣、窗格、楹柱等处的砖木雕刻，云纹动物等图案，雕

▲ 古城内建筑物密集，窨子房按“井”字排列，错落有致，高墙相连，屋檐相搭，巷道显得极为狭窄

工精湛，风格各异。有几处门庭前放置粗壮的石水缸，古城人称为“太平缸”，用于储水防火或养鱼观赏。

每幢建筑的门楣上方，全都悬挂旧时木牌匾，如“顺发油号”“盛业木行”“长沙会馆”“美孚洋行”，等等。待走进里面，场面更是新颖独特：装扮成古人模样，服饰道具逼真，模仿当时的情景，演绎给游人观看。这些“演员”虽属业余，但看他们严肃认真的表演，别开生面，确有亲临其境的感觉，不得不佩服洪江人的聪明创意。

几个重要场所，给我留下深刻印象，遂记述如下：

◀ 桌案后坐着清代官员，身着长袍马褂的商人站在桌前，官员一番计算，告知应纳税额度。两人的表演像模像样，丝毫不逊于影剧里的画面

◀ 汛把总署为清代朝廷基层军事组织，始建于雍正六年（1728），主要担负当地的治安职责

厘金局。清代朝廷在洪江设立的税收机构。厘金又叫“厘捐”或“厘金税”，是对水陆运输货物征收的一种捐税。厘金局始建于咸丰五年（1855），是一栋三开间木制穿斗式建筑，面积620平方米，为全国重

点文物保护单位。大厅上方悬挂着一块镶“金”匾额，上书“替天护税”。厅中央摆放着办公桌案，两侧竖立招牌，分别写着“奉旨抽厘”“纳厘助饷”，表明该税种的政策依据和使用方向。桌案后坐着清代官员，身着长袍马褂的商人站在桌前，官员一番计算，告知应纳税额度。两人的表演像模像样，丝毫不逊于影剧里的画面。

汛把总署。为清代朝廷基层军事组织，始建于雍正六年（1728），主要担负当地的治安职责。兵丁实行募兵制，一般招募世家兵籍的子弟，入伍后即终身服役。雍正年间，清政府为巩固其统治，将全国军事机构分为省、镇、协、营、汛、唐等级别，汛的长官为把总。因此，这座建筑是把总的办公场所。进入里面，正中摆一条案，上方悬挂“镇戍疆域”牌匾，下面是“云海日出”图，两侧楹联为“片言九鼎威信源于清政，一公百眼声望始于廉明”，正气凛然，不怒自威。

绍兴班。国家重点文物保护单位，始建于清代咸丰末年，是清代高级妓院“堂班”之一，专供豪商巨贾、达官贵人声色娱乐。妓女多为高级艺伎，才貌俱佳，尤以琴、棋、诗、画遐迩闻名。此建筑为三进三层，各楼层走廊封闭，均设单独出入口和楼梯，隐蔽性强，为前来享乐人员提供方便。岁月久远，仍能看出当时的奢华。装饰富丽堂皇，尽显鲜明的行业特征。我们进去时，楼下大厅正有表演，隔着纱幔，几个“清代仕女”在弹奏乐器，听得出来，是二胡和琵琶的声音。

历史资料显示，民国二十三年（1934），洪江城3.7万人中，经商者达1.3万人。据民国十九年（1930）统计和民国二十二年（1933）《中国实业志》记载，当时洪江的货币流通量居湖南省第二位，仅次于省会长沙。更为重要的是，它所形成的社会和历史背景，所承载的丰富文化内涵，使其堪称中国资本主义萌芽时期的“活化石”。它是中国近代商业发展不可多得的标本，在世界商业和建筑史上也具有一定的地位。

2006年6月，国务院颁布的第六批全国重点文物保护单位名单中，洪江古商城以“洪江古建筑群”名义入榜。

我对洪江古商城的认识完全是理性的，超出喜爱古建筑的范畴，一辈子从事经济工作的我，向它致以深深的敬意！

雨夜宿苗寨

天空仍不见晴，我们不敢贸然去大托和滩头古村落，只好转头折返，前往德夯苗寨。

以德夯苗寨为中心，是矮寨国家级风景名胜区。这里是典型的喀斯特岩溶地貌峡谷，谷深幽长，周围绝壁高耸，雄浑壮观。进入景区，必经矮寨大桥，大桥在矮寨镇范围内，故以此命名。虽然沾了“矮”字，

▶ 进入景区，必经矮寨大桥，大桥在矮寨镇范围内，故以此命名。虽然沾了“矮”字，但此桥不可小觑，它是目前世界上跨越峡谷最长的钢铁悬索桥

但此桥不可小觑，它是目前世界上跨越峡谷最长的钢铁悬索桥，颇有“一夫当关，万夫莫开”之势。

▲ 桥体漆成红色，犹如天降巨龙，横卧在两侧崖壁上

矮寨大桥为两层结构，上层为高速公路，下层两侧是观光大道，可购票上去游览。桥体漆成红色，犹如天降巨龙，横卧在两侧崖壁上。我们买了票，乘坐景区大巴到大桥入口处，又乘垂直电梯到下层。沿着步道前行，头顶车轮声轰鸣，桥下是矮寨民居和田园风光，远山云雾笼罩，犹如巨大的淡彩水墨画，悬挂在天幕之下。此桥之所以成为“世界之最”，有数据为证：桥面距谷底350多米，采用71对吊索钢丝绳，跨度达到1176米。另外，首次采用塔、梁分离的结构设计；采用岩锚吊索结构，并用碳纤维作为预应力筋材；采用“轨索滑移法”架设钢桁梁，均创世界第一。行走在观光道上，我有种置身云端、漫步空中的感觉，恐高症也消失了，唯有静静地观赏和拍照。

矮寨景区内还有天问台和吉斗寨，也颇有情趣，路过绝不可错过。

天问台是一个岩石小山岗，通过一段狭长的石阶，伸向绝壁壑谷中，四周山涧深不见底。山冈的顶端，是一个5平方米左右的石台，即为天问台。据说，国际地质界称之为“金针子”剖面，是世界地质奇观。我们登上平台，张开双臂，面对四周巍峨群山，不禁惊叹：屈原当年是否在此，对天地、自然和人世昂首发问！

“吉斗寨”是苗语的音译。崇山峻岭之中，隐约浮现一只展翅欲飞的岩鹰，村寨刚好在鹰背上，绿树环绕，雾气升腾，一条细长的水泥路，蜿蜒如蛇伸向寨中。路边零星的梯田，像打碎了的镜子散落在山坡，白光闪亮，远远望去，似有“远上寒山石径斜，白云生处有人家”的意境。身穿土布黑衣的苗家人，见我们走进

◀ 桥下是矮寨民居和田园风光，远山云雾笼罩，犹如巨大的淡彩水墨画，悬挂在天幕之下

▲ 我们登上平台，张开双臂，面对四周巍峨群山，不禁惊叹：屈原当年是否在此，对天地、自然和人世昂首发问

寨子，迎上来打招呼，询问是否在这儿吃饭，他们有家养的土鸡等。还不到午饭时间，我们婉言谢绝，随意在寨子里游荡。村寨的路面可谓“豪华”，大块青石板铺设，方方正正，平整洁净。寨子方圆不大，四周古木参天，树冠茂密。苗家房屋顺坡而建，板墙黑瓦，板壁漆得发亮，房瓦黑得发乌，窗棂雕龙刻凤，工艺简单粗犷，不失原始的美感。敞开的房门里，可见地上的火塘，保持着传统的生活习俗。走到村寨后边，一块巨石形似鹰头，上面用铁栏杆围成观景台，站在台上，脚下悬崖绝壁，远处雾气氤氲，我忽然萌发展翅飞翔的欲望。

离开矮寨景区，前往德夯苗寨。从矮寨大桥下来，开始了惊险刺激的行程。这段上百年的矮寨公路，地势险要，盘山曲折，是湘西公路上最险的关卡，堪称全国公路奇观：7公里的山路，有18个180度的大转弯，凭窗俯瞰，犹如弯曲盘旋的巨龙。此时，天空飘起牛毛细雨，路面异常湿滑，我集中精力，谨慎驾驶，不敢有丝毫的懈怠。下了盘山路，驶进幽静的峡谷，一侧是湍流溪涧，一侧是陡峭崖壁，如果不是雨天，打开车窗，呼吸清新空气，观赏沿途美景，该是多么惬意的旅程啊！

苗语中，德夯是“美丽的峡谷”之意。行至峡谷深处，便是德夯苗寨了。雨还没停，淅淅沥沥，天地间雾气迷茫。客栈集中在寨前的广场上，连排式吊脚楼。我们住下后，凭栏眺望，四周崖壁如削，山色迷蒙，如同一群羞涩的妙龄少女，蒙着面纱，隐藏在神秘之中。

德夯苗寨不大，只有80多户人家。一条清澈的溪水，名为“九龙溪”，静静地流过村寨。水上铺有石板桥，苗家吊脚楼的倒影一幢幢浮在水面，灰瓦木壁，造型各异，恬适幽静，一派田园诗情。这里的人们，日出而作，日落而息，千年以来很少与外界往来沟通，因而成为中国保存最完整、习俗最传统的苗寨。

山雨缠绵，越下越大，雾气更加浓重。听客栈店家说，顺着河水往寨里走，沿岸有筒车、水碾、古渡等。在寨子深处，还有一个流纱瀑布，高216米，是全国落差最大的瀑布之一。我问：“为啥叫流纱？”店家解释，枯水季节，水流减少，犹如空中飘曳的薄纱。我禁不住诱惑，冒雨跑到近处的石桥上，拍了几张照片，无法再往寨里走。

如此美丽的苗寨，已经到了近前，却不能一睹芳容，遗憾之情不必言说。

第二天醒来，雨还没停。我们不敢久留，更不能去大山深处的里耶村，因为一旦山洪暴发，堵塞道路，不知要待到多久。吃过早饭，带着惆怅的心绪匆匆离开，赶往山外的芙蓉镇。

路上，朋友发来微信，说堵在山里多好，租间房子，过几天神仙的日子——别说，是个好主意，日后选个好天气，住上一年半载的也不嫌。

谢晋的芙蓉镇

▲ 此次湘西之行，我最想去的地方，就是心仪已久的芙蓉镇

我对芙蓉镇的最初印象，是多年前的那部电影所留下的。“文革”结束后，谢晋导演青春焕发，佳作频出。1986年，继《牧马人》之后，在一个叫王村的古镇里，他又拍摄了《芙蓉镇》。电影上映后，“深居闺阁人未识”的王村被人们从地图上寻找出来，旅游业随之兴起。2007年，该村更名为“芙蓉镇”。从那时起，刘晓庆、姜文，还有电影里那条古街，长久地印在了我的脑海里。

毫无疑问，此次湘西之行，我最想去的地方，就是心仪已久的芙蓉镇。

芙蓉镇白天收费。镇门口设有售票处，卖票的说她家开客栈，临河的吊脚楼，观景位置极佳，如去住宿可免门票。我们随她过去，果然如她所说，便放心住下。客栈为两层吊脚楼，二楼在平地，是对外经营的饭店，一楼在下层，几间客房支在悬崖峭壁上。房间为板式结构，每屋都有半封闭露台，装饰成雅致的茶室，可遮阳挡雨，又可品茗观景。店家介绍，对面即是酉水河，长江支流沅水的最大支流（我想起来，流经洪江古商城的就是沅水），流域多为土家族和苗族聚居地区。我知道，沈从文《边城》里提到的“白河”就是酉水河。随即，我抬起头，目光投向那里：宽阔的河面，碧绿的水流，时有船舶经过，拖曳出一条漪澜，疑是白色的尾巴。对岸是山峦，白雾蒙蒙，隐约可见林间的农舍。店家又介绍，客栈楼下的溪流在右前方悬崖处形成瀑布，分两级倾泻而下，流入酉水河，声势浩大，方圆十里都可听得见。我问：“只闻其声，咋不见瀑布？”店主笑答：“观瀑要在崖下，酉水河码头那里最佳。”

芙蓉镇于酉水北面，古称“酉阳”，已有2000多年历史，史称“酉阳雄镇”。酉水河水运便利，上通川黔，下达洞庭，得天独厚的条件，使其成为货运通商的重要码头，也给当地带来富庶和安宁。据史书记载，清代乾隆、嘉庆、道光年间，芙蓉镇有店铺、客栈等几百家，商贾云集，人来人往，一派繁荣景象。芙蓉镇自古

▼ 悠久历史、自然景色、民族风情融为一体，使得这座千年古镇“青春永驻”，成为名扬四海的旅游胜地

▲ 这道湘西最壮观的瀑布，从60多米高的地方倾泻而下，水流如注，震耳欲聋，瞬间化为翻腾的水花。我驻足片刻，倏然想起沈从文笔下的酉水，河流仍在，码头依旧，唯不见故人

为土家族聚居地，至今仍基本保持着古镇的原貌，大量古民居保存完好。悠久历史、自然景色、民族风情融为一体，使得这座千年古镇“青春永驻”，成为名扬四海的旅游胜地。

我们早已等不及，撑起雨伞，挎上相机，走进绵绵细雨，走进悠悠古镇，去追寻历史的足迹。

镇内石板铺路，街巷曲折幽深。沿河的建筑全部是参差错落的吊脚楼，顺山坡而建，一半筑在岸上，一半悬在空中，由一根根木柱支撑，深深插进河床。土家族吊脚楼特色明显，黑瓦盖顶，飞檐翘角，通透的长廊，

古色古香，别具民族韵味。即使是近年新盖的房屋，式样和材料等也一如古建筑，我想，随着岁月沉淀，它们也同样会融入古镇悠久的历史。

我们没买门票，要想去古街，只能从瀑布底下穿过。循着轰鸣的水声，寻到一条石阶小路，高低凸凹，蜿蜒在翠绿山间。石路泥泞，青苔湿滑，几经曲折迂回，终于来到瀑布前。瀑布横宽约40米，水帘后面狭窄，侧身勉强走过去，衣服大半被淋湿。出了瀑布便是西水河码头，站在这里，我回头望去，瀑布全貌尽收眼中。这道湘西最壮观的瀑布，从60多米高的地方倾泻而下，水流如注，震耳欲聋，瞬间化为翻腾的水花。我驻足片刻，倏然想起沈从文笔下的酉水，河流仍在，码头依旧，唯不见故人。

最具古镇特色的非古街莫属。从码头开始，依山势，沿河道，蜿蜒而上，长达2.5公里。路面由青石板嵌成，街面狭窄，拾级而上，两边的吊脚木楼，鳞次栉比，密不透风，一层全部是商铺门面：开杂货店的，门板敞开，柜台摆满各类商品，湘西土特产应有尽有，琳琅满目，色彩艳丽，充满喜庆气氛；经营饭店的，以“刘晓庆米豆腐”居多，竟然有好几家，最正宗的在石

► 最具古镇特色的，非古街莫属。从码头开始，依山势，沿河道，蜿蜒而上，长达2.5公里。路面由青石板嵌成，街面狭窄，拾级而上，两边的吊脚木楼，鳞次栉比，密不透风

牌坊旁，就是电影《芙蓉镇》中的那家米豆腐店。阴雨天气，古街上游客熙攘，摩肩接踵，撑花伞的，穿雨衣的，人人笑逐颜开。时有吆喝声、讨价还价声，不绝于耳。唯有墙脚处的苔藓悄然无息，默默注视着过往的一切——历史定格在这一瞬间。

▲ 最具古镇特色的非古街莫属

感谢世代的王村人，他们为后人留下了这条古街，震古烁今，功德无量。

我们回到客栈，直奔二楼的饭店，坐在临窗的位置。此时，夜幕已经降临，品赏美景和佳肴，果然是人生的两大享受。当然先要品尝古镇特产：米豆腐，把大米磨浆煮熟，切成块状，拌上各种作料，味道酸辣麻咸香，颜色白黄红绿，还没动筷，口水便有了；螺蛳肉，加入辣椒等调料翻炒，吃的时候，用竹牙签把肉挑出来，味美无比，就是不能口太急了；土家自酿糯米酒，口味甜腻，后劲挺大——这几样搭配在一起，哪有不醉之理!

我还真没喝醉。回到客房，坐在露台木椅上，沏上自带的普洱茶，凭窗观望万家灯火。河畔崖壁上的吊脚楼亮起了串串红灯笼，雾霭蒙蒙之中忽闪忽闪，如同繁星下凡。蓦地，我心中激情澎湃，大有一吐为快之感，本不善作诗的我，竟然吟诵出一首：

山雨缠绵四月天，酉水河边暂停船。
芙蓉古镇酒不醉，土家客栈茶无眠。
谢氏大师音貌在，豆腐西施美名传。

尔今偶为过路客，西窗剪烛话神仙。

稍许，仍觉得没尽兴，又吟诵道：

听雨酉水边，远眺雾锁山。
土家寨楼宿，店家忙备餐。
米酒炉上煮，贪杯又狂言。
人生几何有，醉卧不知还。

不知不觉，我进入了诗的梦境。

第二天清晨，我挎上相机，独自出了客栈，直奔那条古街。商铺均上着门板，除了打扫卫生的，看不到一个人影。街路清静，脚步轻盈，自然不会惊扰熟睡的古镇人。昨夜淋湿的路面汪着少许雨水，衬着黝黑的石板，一暗一亮，形成强烈的对比。一路走着，拍摄了大量照片，我想，即使别无他用，将来翻看起来，也是一种甜美的回忆。

早饭后，我们坐在露台里，凝望晨雾迷漫的古镇，迟迟不肯上路。如此诗画般胜境，何不多享受几时。

▼ 河畔崖壁上的吊脚楼亮起了串串红灯笼，雾霭蒙蒙之中忽闪忽闪，如同繁星下凡。蓦地，我心中激情澎湃，大有一吐为快之感

第六章 黄土高原情

从湘西回来，休整一段时间，2017年的6月末，我驾车横穿晋西北，进入陕北大地，寻访那里尚存的古村落。陕北是我国黄土高原的一部分，这一地区的历史，我只对解放战争时期的情况有所了解，而且全是围绕毛主席转战陕北的经历，而对它更早些的岁月，则知之甚少。

工作期间，我多次出差到陕西省，作为我国文物大省之一，陕西文物主要是帝王陵墓，且大都埋藏在地下。而地上的古建筑，有西安古城巍然屹立，其他均属凤毛麟角，早已淡出人们的视野。尽管如此，这些古村灿若晨星，仍然闪亮在大山沟壑之中，世代陪伴着生活在那里的人们。

米脂古庄园

“米脂的婆姨，绥德的汉”，前半句是说米脂出美女，貂蝉就是这里的千古名片。走在大街上，我注意观察，漂亮俊美的女人虽不多，但她们的皮肤都很嫩白。我问了原因，据说米脂的小米煮成粥后，上面浮有一层油，特别养颜，女人肤色好了，自然就耐看。米脂也出好汉，闯王李自成便是，如今县城的盘龙山下还保存着他的行宫。

而我要寻找的，是藏匿于山野的姜氏庄园。

米脂县属典型的黄土高原丘陵沟壑区，地貌以峁、梁、沟、川为主，沟壑纵横，梁峁起伏，放眼四野，一望无际的支离破碎景象。开车出了县城，没走多远便开始爬坡上山。荒原野岭，山路崎岖，如一条土黄色的飘带，在荒原野岭上悬浮，路边坡陡沟深，长满灌木杂草，深不见底。越走山势越陡峭，车到山顶，四下望去，黄土高原景色尽收眼中。行至15公里处，从山脊下到谷底，迎面的山坡上耸立一座古堡式建筑，下方一堵碑墙，上面刻着“姜氏庄园”几个繁体汉字。

正午时分，我把汽车停在路旁树荫下，顶着炎炎烈日，走向这座全国最大的城堡式窑洞庄园。

一条向上坡度的条石甬道，右边紧贴庄园寨墙，墙高近10米，以块石砌垒，上部嵌有窗口，可监视到进寨的人等。顶部筑成女儿墙，固若城垣。甬道较平滑，中间是车马通道，也可排泄洪水，两侧用砖砌成台阶，供人上下行走。沿台阶走到甬道尽头，转过近乎直角的弯，同样又是向上的石铺甬道，通向庄园的大门。出乎我的意料，外观如此壮观的庄园，大门却很小气，形如古代城门，门洞极为狭窄，

◀ 甬道较平滑，中间是车马通道，也可排泄洪水，内侧用砖砌成台阶，供人上下行走

仅容两人并肩或一辆马车通过。大门上方，是主人姜耀祖的亲笔题词“大岳屏藩”。进入大门，面前出现一个石洞，俯身钻过去，才能进入庄园院内。

庄园主人是陕北大财主姜耀祖，清代光绪年间，他投入巨资，历时16年，完成了这一陕北地区罕见的建筑群。庄园占地40余亩，整体为窑洞院落形式，据说是从北京请来专家设计的，布局巧妙，工艺精湛，由下而上，相互通连，浑然一体，俨然一座威风凛凛的城堡。

由于整个建筑背倚山体，庄园由下而上为三个院落。我小心翼翼进入石洞，地面异常光滑，向上倾斜而且坡度大，犹如时光隧道，出去后即为第一层，也称为“下院”。

下院是典型的陕北窑洞四合院，硬山式大门，仍然保存完好，不减当年的威严。门道两侧放置抱鼓石，门楣上方“大夫第”木雕巨匾更是气势夺人。进到院内是三孔石窑，坐西北向东南，两厢各有三孔石窑。屋檐下闲坐着一农妇，我上前搭话，她说是姜氏后人，已经是第四代了。我问庄园还住有几户人家，她说都搬走了，只剩五户了，都是姜姓本家的，舍不得老房子。我又问："地势这么高，吃水咋办？"她领我到院外，靠寨墙那边有一石拱窑式井楼，里面有一口井，井壁用石块垒成，水深30多米，以前用手摇辘轳，现在安装了电机抽水。我问："这口井多少年了？"农妇说盖庄园时就打了，这么多年活水不断，水质甘甜爽口。我注意到，水房留有两个窗口，可以看到庄园外的情形，估计当年是为向外射击御敌而设计的吧。

▲ 下院是典型的陕北窑洞四合院，硬山式大门，仍然保存完好，不减当年的威严。门道两侧放置抱鼓石，门楣上方"大夫第"木雕巨匾更是气势夺人

沿着下院围墙外侧，同样穿过一个坡度向上的门洞，来到二层中院。院门建得精美，五脊六兽硬山顶，两侧有石鼓门墩。据我所知，石鼓是官宦人家的装饰，姜耀祖只是财主，无官无衔，门前不知为何也立有石鼓。门额悬挂"武魁"匾，大概祖上有人曾中武举，否则不会炫耀。走进院内，迎面青砖影壁月亮门，上面有琴棋书画砖雕。院内石板铺地，两侧各有三间厢房，又有存粮仓窑、碾磨坊等建筑。院子西南建有寨墙，高约8米，长10多米，又是一道坚固的屏障，将庄园紧紧围住。

从中院进入上院，还要穿过一座门楼，沿石阶上去。这座门楼虽小，但建得富丽堂皇。门旁设有护墙，里边的照壁为鹤鹿松竹浮雕，高贵气派。上院是庄园的主宅，正面五孔石窑，两侧又是对称的双院。不巧，这里正在维修，几名工人在房前屋后忙碌，无法上前仔细观赏，我只能站在高处俯瞰。三个院落背倚山壁，层层相依，窑洞房舍门楼，环环相套，呈

▲ 沿着下院围墙外侧，同样穿过一个坡度向上的门洞，来到二层中院

现出令人惊叹的美感。

两个多小时，我走遍庄园各角落，感触颇多。去年秋天，我走过山西的诸多古村落，山西富人以票号为业，遍布大江南北，财力雄厚不必说，见多识广的经历，使得王家大院、常家庄园等民居达到了我国北方建筑艺术的顶端。而陕北富人则不同，地处黄土高原，历史上荒凉闭塞，又极少达官显贵，全凭乡野村夫的身心修养，建造出如此辉煌的绝代建筑，令人折服称奇。我想，即便请来北京专家设计，如果主人没有鉴赏力，这座建筑也不会出现在如此山坳中。所以，在建筑艺术方面，要以深厚的文化内涵为根基。古都西安历史价值是多方面的，而姜氏庄园的价值内涵，是陕北人骨子里遗留的传统文化基因，赋予砖瓦石木以灵性，作为历史传承的有生命的载体。

是的，这座陕北大地唯一的古庄园，是应该全面修缮并加以保护了。

离开时，我挥手向他们道别，赶往十几公里外的杨家沟。我知道，那里不仅是革命圣地，更是一个历史悠久的古村落。

▶ 三个院落背倚山壁，层层相依，窑洞房舍门楼环环相套，呈现出令人惊叹的美感

无偿的奉献

看了电视剧《解放》，知道了杨家沟这个小村庄的概况，而要了解它的不朽价值，只有亲临其境，切身体验和感受。

车行路上我还在想，作为革命圣地的杨家沟，应该是个普通的山村，穷乡僻壤，人迹罕至——结果，大相径庭。

先来说说马氏家族。

明代万历末年，马氏先祖从山西迁居绥德，又于清代康熙年间迁到杨家沟，耕耘土地，发展商业，提倡子女教育，为家族兴旺奠定了基础。到清代后期，经几代经营，遵循儒教，耕读为本，成为当地的名门望族、陕北地区大地主之一。清代同治年间，马氏家族大兴土木，开始建造私宅，外砌寨墙寨门，内建石坡路、排水沟、水井等设施，以窑洞形式为主，依山就势而建，有单排式院落，也有窑洞式四合院，成为陕北最大的马氏庄园。1929年，在原有建筑群落基础上，马氏后人、曾留学日本的马醒民亲自设计、监修了新院，于1938年建成。新院设计奇特，构思精巧，用料考究，工艺精致，十一孔窑沿平面凸凹交错，飞檐雕梁，将西方建筑和陕北窑洞巧妙融为一体，整个建筑典雅雄浑，蔚为大观，堪称中华民族窑洞建筑的瑰宝，显示出陕北窑洞建筑艺术的博大而深邃。

就是这样一座庄园，1947年，主人将它无偿献给中国共产党——毛泽东、周恩来等率中共中央机关转战陕北，在此居住四个多月，指挥了西北和全国的解放战争，召开了著名的“十二月会议”，提出了《目前的形势和我们的任务》，这次捐献充分体现了陕北人豪迈无私的伟大品格。

▲ 清代同治年间，马氏家族大兴土木，开始建造私宅，外砌寨墙寨门，内建石坡路、排水沟、水井等设施，以窑洞形式为主，依山就势而建，有单排式院落，也有窑洞式四合院，成为陕北最大的马氏庄园

我进村时正当中午，骄阳似火烧。刚一下车，热浪扑面而来，头上瞬间冒出汗来。村口有摆摊卖山货的，其中卖山杏的农妇问我买不，并扬手扔过来一个。我伸手接住，尝了一口，酸甜可口，非常好吃，叮嘱她别走，等我走时买点。

1978年，这里被确定为杨家沟革命纪念馆，由毛泽东、周恩来旧居，十二月会议旧址及高级军事会议旧址

▲ 院里种植着花草，中央立着一尊毛泽东汉白玉全身雕像

等组成。按照村口村民的指引，沿着后铺的石板路，一路上坡，我先来到十二月会议旧址。

1947年夏秋，人民解放军从战略防御开始转入战略进攻，并迅速将战火推向国民党统治区，标志着“打倒蒋介石，解放全中国”的客观条件已经成熟。在这种形势下，为了制定新的行动纲领，夺取人民解放战争的胜利，中共中央于1947年12月在这里召开重要会议，讨论和通过了毛泽东在会上做的《目前形势和我们的任务》报告。这次会议为中国革命夺取全国胜利，在政治、思想和政策上做了充分的准备。

会议旧址是晚清古建筑，一座四合院窑洞。院里正中是七间砖木结构硬山式建筑，东西两侧六孔厢窑为叶子龙、汪东兴等人及后勤处办公室，整个院落保存完好。

再往上走，远远地看到石结构的门楼垛口，上面飘着一面红旗，在满目黄色的世界里分外耀眼。我走到近前，见门洞上方刻有“新院”二字，便知这是毛泽东、周恩来的旧居。院里种植着花草，中央立着一尊毛泽东汉白玉全身雕像，我让人帮忙拍照，郑重地和塑像合了一张影。

毛泽东旧居仍保持原貌，包括会客室、他和江青各自的办公室等。斯人已逝，空余旧居，令后人几多感慨。

高级军事会议旧址在山顶上，原是马氏宗祠大厅，也是晚清建筑，为陕北唯一保存完整的家族宗祠。上山的路是石阶，早已被

▼ 高级军事会议旧址在山顶上，原是马氏宗祠大厅，也是晚清建筑，为陕北唯一保存完整的家族宗祠

▲ 几个四合院的屋顶上，立着中共中央供销社旧址、中共中央通讯班旧址、中共中央新华社旧址等红色牌匾，可以想象出当时热闹的场景

岁月磨平。冒着酷热往前走，汗珠滴在地上，瞬间不见踪影，冒着36℃的高温，我都有点佩服自己了。山坡上还保留有任弼时、张闻天等人旧居。几个四合院的屋顶上，立着中共中央供销社旧址、中共中央通讯班旧址、中共中央新华社旧址等红色牌匾，可以想象出当时热闹的场景。

我从书上读过解放战争的历史，杨家沟这个地方，是西北战场取得胜利的标志点，是中央机关离开陕北走向全国胜利的出发点，人民解放军由此从战略防御转为战略进攻，它在中国革命史上占有重要的地位，是全国重点文物保护单位。

从山顶下来，神情有些恍惚，我估计是中暑了，赶忙走进路旁的农家饭店。进了窑洞，顿时感觉到凉意。窑洞冬暖夏凉，绝非传说。店主说有小米南瓜粥，我先要了一碗，尝了一下，微热，便几口喝下去，马上通身舒畅。吃完饭结了账，为了记住这里的村民，我给开店的农妇拍了一张照片。我说："当年你也是个大美女。"她未置可否，笑得很自然。

上车前，我没忘买了两袋山杏。卖杏的农妇告诉我，十天之内保证烂不了。果然，几天后回到家，吃起来正合适，随即想起那个叫杨家沟的小山村。

在《平凡的世界》里

偶遇郭家沟，该是我与路遥有缘吧，也要感谢那位“绥德的汉”。

早晨赶路凉爽，没吃早饭，我便离开米脂县城。上了高速公路，几个服务区都没早餐，上午9时，肚子咕咕叫，便在绥德县四十里铺下了高速，在路边小店打尖：一碗羊肉面，一盘西红柿炒鸡蛋。吃得正香，厨师小伙得了闲，搓着手从厨房出来。饭店不大，只有他和一个女服务员，看得出，他应该是老板。大清早，只有我一个客人，他便坐下和我闲聊。小伙大高个，五官清秀，应了“绥德的汉”那句民谚。听说我在寻访古村落，便问：“郭家沟去了吗？”我摇头，表示不知道这个地方。他解释：“电视剧《平凡的世界》看了吗？就在那个村子拍的。”我听了大喜，赶紧问他距离多远，他说开车一个小时。我快速吃完饭，和他道了别，直奔郭家沟。

郭家沟在绥德县城东边，沿307国道没走多远，便拐向进山的土路。山路蜿蜒，看不到一个人影，走了半个小时，手机信号不好，GPS导航出错了，无法指引方向。山上的岔道很多，两次开进去，因为越走越窄，又退了出来。拐过一个弯道，终于看到一个放牛的农妇。我开车过去，问她去郭家沟的路，她说的是陕北话，我摇头听不懂，她好像比我还着急，拍拍车头左边，又说了几句，我似乎明白了：山顶—下去—大道—左转。就这样，把车开到山顶，沿小路往坡下走，到一条稍宽的路，左转过去，手机导航提示：5公里到达郭家沟。悬着的心落下来，我心里说，路遥同志啊，瞧，我太痴情了吧，为寻找你的“平凡的世界”，险些迷失在荒山野岭中。

我喜欢陕西作家路遥、陈忠实、贾平凹等，除了拜读他们的作品，也关注改编的影视作品。特别是电视剧《平凡的世界》拍得真实，超出原著的魅力，让我如痴如醉。当时，我边看边想，剧组在哪儿找到外景地，简直就是孙少安他们生活的村落啊！所以，一听说这个郭家沟，便不顾一切赶来了。

郭家沟，普通的小村庄，一座三孔石桥与外界连接。我瞧着石桥眼熟，想了想，认出它是电视剧里的场景。过了桥是村口，顺着河边有一小块空地，摆着卖小吃的摊床，围坐着几个村民。我下车走过去，摊主是个农妇，和我打招呼："收费30元，可以当导游。"我想了想，也行，中午这么热的天，有个人给领道，省得自己多跑冤枉路。

谈妥后，我跟在导游后边，踏上通向村里的碎石小路。村子坐落在向阳的山坡上，房舍密布，院落层叠。导游常带人参观，轻车熟路，往坡上没走多远，来到一个院落前，外墙堆靠着玉米秸，她往里指了指说："这就是孙玉厚的家。"

我故意问她："谁是孙玉厚？"她说我肯定没看电视剧，跑这儿来白耽误工夫。看她满脸汗珠，憨厚诚实，我不好意思再骗她，就说这是孙少安、孙少平的家。她斜了我一眼，显出莫名其妙的表情。我随她走进院内，一孔破烂的窑洞，院里保留着旧炉灶、牲畜圈等。我掀开布门帘，走进黑洞洞的窑洞，屋里没点灯，借着从窗户透进来的光，我依然看清了电视剧里的场景：一铺土炕，小炕桌，纸糊的窗户，上面贴着剪纸，墙上的木版老年画。屋里很狭窄，除了靠墙的破柜子，地上只剩架设摄影机的小块空地，当时拍摄时，真不知导演是如何调度场景的。

郭家沟是典型的黄土高原村庄，坡上坡下，院落相连，沟沟岔岔，房舍套着窑洞，每家门前或院里都有鸡窝羊圈，或石碾石磨、石桌石凳，散发着浓郁的乡土生活气息，一条碎石小路随意蜿蜒着，树丫般伸向各个角落。多亏有人带路，我自己转来转去，肯定会迷路。一边走我一边和导游闲聊，她身形粗壮，走路结实有力。她说她是外村的，嫁过来20多年了。话题自然转到《平凡的世界》，她说，这几年又拍电影，又拍电视剧的，来了一拨又一拨，村里人开始还觉得新鲜，围前围后跟着看，后来习惯了，他拍他们的，俺过俺们日子，互不打扰。

我又问："村里人没参与电视剧的拍摄？"她摇了摇头说："群

众演员不好当，让人摆弄来拨弄去，一天就给60块，大伙儿嫌麻烦，只有少数人跟着瞎闹乎。”

从孙玉厚家出来，下了土坡，又是一个院落，门上挂着白色木牌，上面刻的小字是“原西县石圪节公社”，大字是“双水村党支部”。因为是生产队队部，选的院落很大，院里放置一盘石碾，被雨水冲刷得干干净净，袒露着青白色质地。正面几孔窑洞，下面砌着石阶。东面连着几孔厢窑，墙面贴着一些电影和电视剧的现场剧照，新的老的，可能舍不得撕掉，大都破损且褪了色。支部开会那孔窑敞着门，我便走了进去。炕上的小木桌还在，一盏煤油灯，一把普通白瓷壶，地柜上摆满农村的老物件，很像小型的旧式农家展览馆。

转过几个弯路，来到双水村小学。我记得电视剧中在这个院里拍摄的场景不多，只有几个批判大会的镜头。大门上学校牌子没了，院子当中只有篮球架子，上面没有篮筐，孤零零地立在那里。我站在院里，脑海里却是几十年的景象，无数个批判大会的场面刻骨铭心，永世难忘，眼前的只是其中一幕。

▼ 因为是生产队队部，选的院落很大，院里放置一盘石碾，被雨水冲刷得干干净净，袒露着青白色质地。正面几孔窑洞，下面砌着石阶。东面连着几孔厢窑，墙面贴着一些电影和电视剧的现场剧照，新的老的，可能舍不得撕掉，大都破损且褪了色

▲ 文学名著是一面镜子，历史生动形象，清晰可鉴。相比之下，那些枯燥的说教，该是多么苍白无力！路遥小说的意境和内涵所传递出的人文精神，超出肉眼凡胎的世界，这正是文学的魅力所在

学校旁边就是孙玉亭家。剧中他家的日子过得最清苦，所以窑洞也最破败。墙面抹的泥巴大都脱落，裸露出狰狞的条石。窗户纸戳满洞眼，门楣上残留着“革命到底”的横额。屋内陈设简单，不过，用“家徒四壁”形容，显然还不太恰当，因为墙上贴着几张奖状，看着特别醒目。我走近观瞧，是表彰孙玉亭在“革命运动”中的突出表现。说起《平凡的世界》，最让我同情的人物，不是自强不息的孙少安、孙少平兄弟，也不是那几个红颜薄命的女子，而是这个“革命者”孙玉亭。我对他的同情，并非“怒其不争”，而是“哀其不幸”。

村里最好的院落还数村支书田福堂的家，建在河边路基之上，独门独院，门楼高大。院前的碾盘还在，电视剧中，田福堂俯卧上面，不停地咳嗽，给我的印象太深了。院里几孔窑洞，墙面涂成土黄色，干净利落，地面铺了石板，一盘石磨置于中间，洗刷得不落一点污垢。院里办了农家乐小吃，墙上贴着广告，标注十几样

当地的主副食。

从田福堂家顺山坡下来，走了几步又回到村口，正好在村里绕了一圈。一览黄土高原民居风貌，原汁原味，虽然与它时空相隔甚远，却感同身受，难得的一次陕北文化之旅的享受。与其说是电视剧《平凡的世界》为郭家沟打上了文化烙印，并且迅速走红全国，不如说它自身独特的陕北乡村景观更具传统文化内涵。典型的黄土窑洞，古朴的自然风光，目前已不多见。雄浑厚重的黄土高原之上，山峁沟畔迭起之中，一个清秀脱俗的小村落，犹如一块璞玉，默不作声，你只有来到近前，亲手抚摸把玩，才能体会出它的别样价值。导演选择这里拍摄《平凡的世界》，说明他独具慧眼，不仅为郭家沟做了免费宣传，更是提升了村民保护老建筑的意识，不经意间做了一项社会公益善事。

我又听导游讲，郭家沟村属绥德县满堂川乡，之所以叫满堂川，因为宋代杨家将杨满堂曾在此把守过，而附近的三十里铺村，就是陕北民歌《三十里铺》的诞生地。为此，我对中国优秀的传统文化更为自信，没有厚重的历史积淀，何谈继承和发扬！

一条小河从村边流过，养育着郭家沟600多口村民，他们为路遥笔下的陕北乡村保留一片真实的“平凡世界”，让一代又一代人前来，追忆那个纯真朴实的改革年代。

村口的小河边长着一棵普通的柳树，孙少安和田润叶曾在树下诉说衷肠。导游告诉我：“很多年轻情侣来旅游，都跑过去合影留念。”我笑着纠正：“他们俩最终可没走到一起啊！”她却持反对意见：“现在的年轻人多幸福，只要有爱情，爹妈谁也管不了。”我看了她一眼，赞同这位纯朴农妇的话。文学名著是一面镜子，历史生动形象，清晰可鉴。相比之下，那些枯燥的说教，该是多么苍白无力！路遥小说的意境和内涵所传递出的人文精神，超出肉眼凡胎的世界，这正是文学的魅力所在。

来郭家沟，因为我喜欢文学，是追寻路遥的足迹来了。

郭家沟并不是我要寻访的古村落，来了却觉得不虚此行。

回到村口处，我坐在摊床旁稍作休息。一个抱着孩子的少妇听我说独走古村落，赞叹不已。我起身离开时，听到她在身后大声说：“叔叔一路顺利！”

黄土高原第一村

途中绕道郭家沟，耽误了一些时间，到达党家村已是傍晚。住进村口的“农家乐”客栈。

此次陕西古村落之旅，党家村是唯一的重点。行前查阅资料得知，由于历史的种种原因，该省古村落并不多，大概只有五个左右，数量虽少，却蕴藏丰富宝藏，其中韩城市的党家村是国内迄今保存最好的明清建筑村寨，称它为“黄土高原第一村”毫不为过。

▶ 党家村濒临黄河，至今已有660余年的历史。全村多为党、贾两姓，因党姓居此在前，故称“党家（贾）村”

▲ 清新的早晨，漫步在扑朔迷离的古村落，我心静如水，思绪随着脚步自由飞翔。看到有价值的景物，端起相机拍照；见到敞开的祠堂等建筑，便迈步进去，浏览内部装饰，欣赏雕梁画栋，阅读碑文楹联

所以，绕了一大圈，最终的目的地在这里。

第二天早晨，我没吃早饭，准备出去拍照，清晨的光线正适合。拿起相机走出客栈，抬头却见阴天，好在没有游人，四周幽静安谧，烘托出古村的神秘气息。

党家村濒临黄河，至今已有660余年的历史。全村多为党、贾两姓，因党姓居此在前，故称“党家（贾）村”。元代至顺年间，党姓先人定居在此，耕田务农为生。明代成化年间，党、贾两姓联姻，合伙经商，生意兴隆，成为一方巨贾富族。据党家家史记载，清代中期是党家村经济发展的黄金时代，号称“日进白银千两”。财富积累的同时，该村持续了百年大兴土木，修建起百余套四合院、几百座房屋，并筑有祠堂、庙宇、文星阁等配套建筑。清代咸丰初年，又在村东高地修筑了泌阳堡，形成村寨合一的格局，成为拥有300多户人家的村落。至此，党家村在广袤的陕北高原，以富甲一方遐迩闻名。

村里巷道纵横，行走其间，你不用担心迷路，每一个路口处都竖着精致的木桩，上面标明“游览路线”。河卵石路面，看着略显零乱，却坚固无比。清新的早晨，漫步在扑朔迷离的古村落，我心静如水，思绪随着脚步自由飞翔。看到有价值的景物，端起相机拍照；见到敞开的祠堂等建筑，便迈步进去，浏览内部装饰，欣赏雕梁画栋，阅读碑文楹联，不知不觉走过了几条街巷，游人也渐多起来。

党家村不枉盛名，旅游设施人性化。除了路口设置的导游路线指示，每座建筑的大门侧旁都挂有说明牌匾，蓝地白字，式样统一。无须有人讲解，便可看得明白，不用问路便能轻松自如游遍全村。在村

▲ “走马门楼”不同于北京、山西等地的四合院，是党家村的独有样式。门前放置上马石，墙上设有拴马环，或竖有拴马桩，才有资格称为“走马门楼”

里主要位置还有佩戴臂章的管理人员，更让游人增添了安全感。

在贾祖祠前，遇到几个摄影人，他们架着三脚架，正专心拍摄建筑物的细部。攀谈起来，他们是当地文物部门的，正着手把古建筑完整拍摄下来，建立影像档案，长期保存，供以后研究之用。那个中年男士告诉我，党家村的建筑，从总体结构看，最具特色的是四合院，还有文星塔、看家楼和节孝碑等建筑；从局部和细节看，石雕和砖雕艺术尤为精湛。我转身没走两步，又听见身后他那浓重的陕北口音：“别忘了去泌阳堡看看！”

四合院是党家村典型的民居，沿街巷整齐排列，集中紧凑又错落有致，门楼高大气派，以“走马门楼”居多，形成独特的人文景观。“走马门楼”不同于北京、山西等地的四合院，是党家村的独有样式。门前放置上马石，墙上设有拴马环，或竖有拴马桩，才有资格称为“走马门楼”。大门开在临街门房，大多偏左或偏右，中间开门的较少。据说，开中门的人家，必有出功名之人。不在中间开门，也有听信风水的原因：中门直，易泄气，偏门曲，可聚气。通常，大门缩进墙内几尺，门外这段叫“外门道”，外侧上方砌筑门楼，下垂木雕透花门楣，里侧墙壁镶嵌砖雕图案，临街各有一根半圆通柱，是悬挂楹联的地方。里面大门为黑色，配以红色或绿色门框，上方悬木制门匾，题有“致爱则存”“耕读世家”“庆有余”等，白地黑字或蓝地金字——何等庄重又暗藏玄奥！试想当年，走过这样门庭的人们，怎能不渴仰侧目。

我边走边欣赏，不时停下脚步，把各式“走马门楼”摄入相机。来到党家祠堂前，首先映入眼帘的是一对巨型石狮，一米多高的基座，上面蹲坐的石狮高大威武，形象生动。我上前细细观看，雕工精细，神态逼真，在我走过的北方古村落中，从没见过如此巨大的石雕精品。这座家族祭祀场所不同于“走马门楼”，却另有一番气度：大门开在厅房正中，上下整体为木制，中间以下四扇门板，两扇敞开为门，两侧封死；歇檐深长，由立柱支撑出一块区域，供人纳凉休憩；檐下砖砌的高台，登上三级石阶，才可穿门进入祠堂；院内两侧是厢房，中间为祭祀厅，檐下悬挂一块横匾，上书“天下党姓一家”几个

▶ 里面大门为黑色，配以红色或绿色门框，上方悬木制门匾，题有“致爱则存”“耕读世家”“庆有余”等，白地黑字或蓝地金字——何等庄重又暗藏玄奥！试想当年，走过这样门庭的人们，怎能不渴仰侧目

鎏金大字。以我之见，此建筑当为党家村民居的经典。

除此之外，其他四合院也别有韵味。一般呈长方形，由厅房、两侧厢房和门房组成。大门开在厅房，院内厢房和门房为起居室，长辈兄弟居住有序。厅房歇檐两侧山墙，多嵌有大幅砖雕，内容为道德修养之类，还有琴棋书画、梅兰竹菊等，乡村传统文化气氛浓厚。

村内街巷20多条，沿街两侧的院落，每户门前都立有门墩石，吸引人们驻足欣赏。门墩石有方形、鼓形及兽形等，上面雕有人物、禽兽、花卉等，形态生动逼真。抬头仰视，有各类门额题字，不论是所题内容，还是书法艺术，都令人赞叹不已，过目难忘。徜徉其间，

▼ 来到党家祠堂前，首先映入眼帘的是一对巨型石狮，一米多高的基座，上面蹲坐的石狮高大威武，形象生动。我上前细细观看，雕工精细，神态逼真，在我走过的北方古村落中，从没见过如此巨大的石雕精品

▶ 这是一座三层阁楼式建筑，青砖砌筑，整体为方形，二、三层留有窗口，为六角和圆形，边沿砖雕花纹，把整座建筑也衬得秀气了

不单单是艺术欣赏，更是难得的民间传统文化熏陶，中国儒家人文思想的教益。

北方古村落中大多建有文星阁，而且全部为阁楼式样，而党家村的文星阁却建成一座宝塔，颇让人费解。前一天我从村口坡顶下来时，便看到它巍然耸立在村东南大片民居之上，今天来到近前，却觉得它挺拔秀丽，给灰色调的村庄增添了少许妩媚。这座文星阁塔高37.5米，建于清代雍正三年（1725），六层且呈六角形。一层门额上题字“文星阁”，两侧悬挂楹联，蓝地白字题的是：“配地配天洋洋圣道超千古，在左在右耀耀神灵保万民。”从塔顶牵下六根细铁索，分别系在六角飞檐上，檐端各拴一挂铁铃，风吹铃摆，发出叮当声响，恰似声声鸟鸣。铁栅栏大门上了锁，不能入内登塔，门前竖立说明牌，标明各层供奉的牌位，包括孔子、颜渊、孟轲等，当然不能缺少文昌帝和文曲星。我阅完后理解到：党村人借助文星阁宝塔，意在表达他们向往的理想境地，寄托修身治家的豪迈情怀。也许文星阁确有灵气，明清两代全村出了进士1名、举人5名、秀才44名，几乎半数人家都取得了功名。离开了一段路，我又回过头，向它投去恭敬的一瞥。

远远望见看家楼，转了半天，走进一条窄巷，才看到它竖立在尽头处。由于被房舍包围，不能走到近前，我只能仰头眺望。这是一座三层阁楼式建筑，青砖砌筑，整体为方形，二、三层留有窗口，为

六角和圆形，边沿砖雕花纹，把整座建筑也衬得秀气了。我估计，登上这座小楼，可以瞭望全村，所以修建它的初衷，肯定是为了看家护院。可以设想，兵匪祸乱时期，各家抽派青壮人丁，轮流登楼值勤放哨，遇有敌情便能即刻发现，号令全村民众共同抵御。

有路标指引，我径直来到泌阳堡下。这里是一片高地，碎石铺设的上坡路，转过一个大弯，便是黑洞洞的堡门。堡门筑得高大威严，与十几米高的围墙相连。从堡门进去，是一段宽阔的门洞，坡度向上，黑暗悠长，地面的方石已经龟裂。我原以为，泌阳堡只是一个城堡，独立于村头而已，钻出门洞，眼界豁然开朗：原来是一个山寨，真是别有洞天！

泌阳堡建于清代咸丰三年（1853），当时太平天国运动兴起，社会动荡，朝廷号召民间建寨自保，党家村人采取预付银两购买宅基的方式，筹资修建了此堡。我漫步全堡，感叹其间建筑比村内更为精美，街巷设置规范，几十套四合院排列整齐。堡门旁侧建有一座小庙宇，可别小觑此庙，名为“双神庙”，供奉的是关羽和观音。我想，关羽应是激励村民御敌守城，而观音菩萨则是保佑村内平安无事、人丁兴旺。

从泌阳堡下来，回村里的路上，经过党家村唯一由朝廷修建的建筑——节孝碑。清代光绪年间，一村民新婚不久便去参加科举，赶考途中病逝，夫人牛氏守节尽孝一生。皇帝闻知感动，下诏赐予牛氏这座节孝碑。来到碑前，观读碑文“旌表敕赠征仕郎党伟烈之妻牛孺人节孝碑”后，我凝神欣赏工艺卓绝的碑楼：青石基座，碑体两丈多高，顶部悬山两面坡式，层层叠起的斗拱，檐上五脊六兽，檐下为仿木砖雕，正中横额“巾帼芳型”，额框是游龙、麒麟、香炉等图案的透雕，额下的雕刻更为精美，集党家村砖雕之大成。两侧雕刻对联，“矢志靡他，克谐以孝”，“纶音伊迩，载锡其光”。其意为：上联，碑主早年丧夫，守节不二，对长辈孝顺，与邻里和睦友好；下联，皇帝表彰的话就在眼前，这是赐给碑主的无上光荣。在封建社会，这可是天大的荣耀，今天看来，那时妇女的地位是何等低下！如此堂皇的碑楼，碑主却只被称为“牛孺人”，不但有姓无名，反给丈夫追封了一个七品官位，真是不幸之人。

在一条巷子的尽头，我看到一堵山墙上由李瑞环题写的“民居瑰宝”几个大字。据村人说，三年困难时期和“文革”时期，村里一些厅房、哨门、戏楼被拆毁了，损失难以挽回。让人庆幸的是，改革开放后的农村建房高潮中，党家村采取另辟新村的做法，将新房一律建在古村之外，使得原貌能够完整保留。所以，今天我们来到这里，随处可见清代遗风，民居建筑古朴典雅，雕琢艺术巧夺天工，传统文化气息浓厚，让人触景生情、流连忘返。

早在2001年6月，党家村古建筑群就被列入国家重点文物保护单位。

回到客栈时已近中午，吃完饭，我依依不舍地开车离开。

告别党家村，便结束了此次陕西行程。陕西省还有一个著名的古村落，叫青木川古村，靠近四川省那边，待以后找机会再去吧。

▼青石基座，碑体两丈多高，顶部悬山两面坡式，层层叠起的斗拱，檐上五脊六兽，檐下为仿木砖雕，正中横额“巾帼芳型”，额框是游龙、麒麟、香炉等图案的透雕，额下的雕刻更为精美，集党家村砖雕之大成

第七章 江南水乡秀

去过同里和周庄，作为著名古镇，众人蜂拥而至，如同闹市街头，没有了那种悠然的味道。所以，此次江苏之行，我避开那几个热门旅游景点，选择相对闭塞、游客罕至的古村落，也许会别有一番情趣。

名人礼社村

从山东一进入江苏，心里便诚惶诚恐。不为别的，只因该省古村落众多、历史悠久，而且名家辈出、才子荟萃。

果然，刚到无锡，路过孙冶方、薛暮桥的故乡，多年从事经济工作的我当然要停车驻足，拜谒这两位当代著名的经济学家。

礼社村，始建于南宋，已有700多年历史，2010年，国家相关部门将其列入“中国历史文化名村”名单。

车行至无锡惠山区，街市繁华，天色已黑，只能先住下，明日再寻古村踪影。

第二天，寻着路标，我走进一条老街。询问路边老者，他费力地说着能让我听懂的普通话：以这条街为中心，周边的一大片区域就是礼社村。

第一印象：慈祥的古村人，一如他们的先辈，乐于助人。

▶ 询问路边老者，他费力地说着能让我听懂的普通话：以这条街为中心，周边的一大片区域就是礼社村

▲ 古村最原汁原味的当数这条老街，长200余米，宽3米多，青砖铺设，一排排整齐有序，中间为“人”字形

许是年代太久远了，古村老屋所剩不多，几处晚清和民国时期的宅院，主要集中在老街上，尽管挤在现代建筑之间，尽管修旧如旧，但仍能辨认出原来的沧桑面目。白墙、灰砖、黑瓦，是江南建筑独有的基调；木栅和花窗，陈旧的门板，引发多少游子思乡之情；屋脊的彩绘，檐下的大红灯笼，彰显出古村的生命活力。房屋沿街整齐划一，普遍为二到三进，每栋房子都住着人，生活气息浓郁。

古村最原汁原味的当数这条老街，长200余米，宽3米多，青砖铺设，一排排整齐有序，中间为“人”字形。青砖不是平铺，而是竖立起来，斜向插进路基。由于是立砖，耐磨性更强，走在上面，相比石板路面，脚下柔软了许多。

孙冶方和薛暮桥两位前辈，同乡同族的兄弟，是中国经济学界泰斗级人物，在国家经济建设阶段，他们亲身参与设计，其巨大的影响力，在国内经济学家里恐怕少有人能及。说句实话，那些年里，我对他们的经济理论缺乏深入学习和研究，内疚而惭愧。今天看来，我们国家经济体制健康运行，离不开他们奠定的基础，实为功德无量。

从巷口进来，第一眼先是薛暮桥的故居，在古村最明显之处。隔着一方池塘，绕石栏过去，孤零零一间老屋，六块门板紧关，门楣上悬挂着“薛暮桥纪念馆”匾额。墙壁上有文字说明：建于1884年，现存一进廊屋和二进厅堂……

孙冶芳的故居则在老街深处，在砖路上走一段，过了古戏台，一抬头便是了，现已辟为“孙冶方纪念馆”，门上匾额由杨尚昆题写。门房里有工作人员，签了名即可进去参观。这是一座晚清时期的建筑，比薛暮桥故居略大，现存五进结构，每进有庭院或天井分隔。房间里的图片、实物、雕塑等，展示了孙冶方从大革命

▼ 从巷口进来，第一眼先是薛暮桥的故居，在古村最明显之处

▶ 近千年的古村，如今只剩下一个符号，或是一个名称，随着时间的推移，只能在历史文献记载中去查找它的踪影

时期到改革开放年代的灿烂人生。古村有良心，把两位先辈祖屋保存至今，可以昂首拍胸脯了。

礼社村已完全脱胎为现代社会面貌，近千年的古村如今只剩下一个符号，或是一个名称，随着时间的推移，只能在历史文献记载中去查找它的踪影。我有幸此时来过，目睹了它2017年9月时的面貌。

◀ 孙冶芳的故居则在老街深处，在砖路上走一段，过了古戏台，一抬头便是了，现已辟为“孙冶方纪念馆”，门上匾额由杨尚昆题写

▲ 我几次想停车下来，坐在湖边，静静欣赏这迷人的湖光山色

一弯明月映太湖

去明月湾村的路上，就是一种美的视觉享受。从地图上看，村子坐落在太湖中的西山岛上，犹如“白银盘里一青螺”，三座现代化的大桥，贯通中间的两个小岛，把西山岛与陆地连接起来。开车过了桥，沿着弯弯的太湖岸畔向纵深方向驶去，可以看到，湖面云烟氤氲，一碧万顷，远山雾气茫茫，天水相交，淡泊又宁静。我几次想停车下来，坐在湖边，静静地欣赏这迷人的湖光山色。

经过几个小村落，越走越见人稀，四周也愈加静谧。到了路的尽头，一片开阔的林地，树木茂密，葱绿苍翠，便是明月湾村了。

村口就在路边，开阔的停车场设有游客服务中心。旁边立一石碑，碑题为“明月湾修治街埠碑记”，清代乾隆三十七年（1772），由明月湾民众公立，记载了当年村里整修街道、河埠等公共设施的经过。

购票入村，迎面一株古樟树，高约25米，枝叶茂盛，树冠如盖，覆荫近半亩地。相传，此树为唐代诗人刘长卿到此访友时所植，如此计算，树龄应为1200多年。走到古树前，我抬头仰望，树身向村子方向倾斜，我想，它是在感谢村民千年来对它的精心呵护吧。古树旁边竖一高高旗杆，上面悬挂大红灯笼。看了介绍我得知，古代的明月湾村，对外交通工具主要是船，为使船只安全回村，南宋时期开始，便在夜间点亮灯笼，如同今天的航标灯。原旗杆于1939年被日本侵略军砍断，2005年又重新立起现在的旗杆。

绕过古树，一条绿荫遮蔽的石板路引我向村里走去。路宽不到两米，仅能供人行走，两侧的房舍高低错

◀ 购票入村，迎面一株古樟树，高约25米，枝叶茂盛，树冠如盖，覆荫近半亩地

落，院墙斑驳。明月湾自古有“无处不栽花，有地皆种橘”的习俗，每家的房前屋后，大多栽种柑橘、石榴等花卉果木，绿荫掩墙，更有调皮的花枝从墙头探伸出来，行人经过时，不得不侧身避让。清代诗人凌如焕诗称“水抱青山山抱花，花木深处有人家”，正是这座古村妙境天成的真实写照。

明月湾三面环山，濒临太湖，形如一钩明月，古村故而得名。相传春秋战国时期，这里就已形成村落。《苏州府志》记载：吴王夫差和美女西施曾在此共赏明月，村后的石排上仍保留西施当年洗妆的画眉泉遗址。到了唐代，这里更是遐迩闻名，白居易、刘长卿等诗人纷纷慕名而来，留下大量赞美诗作，成为古村历史的重要佐证。经考证，最早来的是刘长卿，时间为唐代至德二年，即公元757年，距今已1200多年，据此，明月湾村落成应该不晚于那个年代。

殊不知，我脚下的石板路是最具明月湾特色的石板街。石街修建于清代乾隆三十五年（1770），总长1140米，由花岗岩条石铺设，走在上面，不仅平坦踏实，更让我觉得有一种历史的厚重感。村内有两条主要街路，南北走向，其间多条小巷，纵横交叉，曲折舒展，村民俗称“棋盘街”。街路两侧古宅虽为少数，但新建的房屋因皆为黑瓦白墙，江南民居式样，彼此完全融合在一起。村里人告诉我，要想分辨出是否为古宅，主要看墙的砌法，古代砌墙时，上面第一块砖往外

▶ 殊不知，我脚下的石板路是最具明月湾特色的石板街

▲ 裕耕堂建于清代嘉庆四年（1799），民国年间由邓氏人家买下，改名为裕耕堂。原建筑大部分毁于20世纪70年代，仅存留照壁、门楼及厅堂等遗址，2005年由当地政府在原址重建，基本恢复了原状

倾斜，依次排列下来，使墙面成倒阶梯形，以防雨水浸渍。我听了，仔细观察，果然如是，更佩服古人造房的细致周全。

清代乾隆、嘉庆年间，明月湾达到了鼎盛时期，古建筑就是那个时期修建的，包括宅第、祠堂等，其中规模最大保存最完好的，是黄氏的郭和堂和邓氏的裕耕堂。郭和堂没有找到，路过裕耕堂时，我当然不能错过，跨过高门槛走进去。裕耕堂建于清代嘉庆四年（1799），民国年间由邓氏人家买下，改名为裕耕堂。邓氏祖籍河南南阳，始祖为南宋左正言邓肃，六世孙邓迁于南宋末年迁居明月湾村，在此世代繁衍，现为村里的大族之一，清代两广总督邓廷桢为邓迁之后，曾于嘉庆八年（1803）回来寻根问祖。原建筑大部分毁于20世纪70年代，仅存留照壁、门楼及厅堂等遗址，2005年由当地政府在原址重建，基本恢复了原状。整座建筑坐北朝南，占地744平方米，大厅面阔三间，厅前整排落地长窗，辟有一天井花园，植有假山树木，大厅内有一正屏，上面悬挂隶书体的堂匾。大厅为二层楼，楼下用于待客，楼上明间摆放着祭祖牌位。东西并列的两个院落，我分别走了一圈，看到门厅、庭园、书房等俱全，彼此有腰门相通，两厅前皆有檐廊，以石块砌成台，与室内形成空间隔离。据介绍，裕耕堂基本按原貌复建，整座建筑装饰简约，不仅外观古朴，内部也不滥施装潢，只是在梁架及门楼等处稍加雕饰，作为点睛传神之笔，既显示了崇尚简朴格调，又不失风雅的文化风尚。

走了一段路，来到明月寺前。此时，我肚子已经饿了，见路旁有卖萝卜丝饼的，弥漫着油香味。我见标明古村特产，还是现做现卖，掏钱买了两个，边吃边和卖主农妇闲聊。据她讲，明月寺建于清代，民国时期又重修，后为村集体用房，包产到户后成了柴草仓库，近年才有居民来此烧香。

石板路沿着村中小河延续到太湖岸边，一座石桥呈现在前方，这便是大名鼎鼎的明月桥。桥身用花岗石砌筑，始建年代不详，为民国年间重建。相传2500多年前，吴王夫差和西施曾在桥上共赏明月，故得名为“明月桥”。

明月桥连接着古码头，256块花岗条石层层铺垫而成，长58米，宽4.6米。我走上码头，表面虽凸凹不平，却坚固如整块磐石，石缝中长出几株大树，足有合抱粗，颇为神奇，不知是当年有意植入，还是天然生成。码头的尽头有几个男女青年在拍照，迟迟不肯离开，我耐心等待，直到他们散去才端起了相机。史料记载，古码头建于清代康熙年间，遥想那些年代里，陆路交通不便，明月湾村与外面世界往来，只有依靠它的牵系，船来帆去，该是何等热闹的场面！如今，它已完成自己的使命，静卧在太湖之畔，陪伴潮涨潮落，见证古村的岁月更迭。

千年历史长河，明月湾村名依旧，村址依旧，村落格局依旧，文化传承绵延不绝，此乃我国古村落历史的一个奇迹。有人整理过，唐代诗歌中有关明月湾的，有白居易的“掩映橘林千点火，泓澄潭水一盆油”，皮日休的“晓培橘栽去，暮作鱼梁还”，陆龟蒙的“择此二明月，洞庭看最奇”，等等。可以想象，当时，诗人们一定是陶醉其间，流连忘返，否则，他们不会为一个小小村落留下如此美好的赞美。这种情形，在浩瀚的唐代诗歌中并不多见，可谓明月湾村最为珍

◀ 我走上码头，表面虽凸凹不平，却坚固如整块磐石，石缝中长出几株大树，足有合抱粗，颇为神奇，不知是当年有意植入，还是天然生成

▲ 离开时，看到村口悬挂的横匾，上面书有“最幽处”几个大字，让我不忍和它告别

贵的财富！

游客不多，没见旅游团队，只有三五成群，多是红裙绿衣的年轻人。万籁俱寂，偶尔的几声欢笑，并没吵醒古村千年的沉寂。

古村现有百余户居民、近400口人，以邓、秦、黄、吴姓为主，多为南宋退隐贵族繁衍的后裔。他们靠种植果树、碧螺春茶和在太湖捕捞、养殖为生，世世代代尽享大自然的慷慨馈赠。

两个多小时，沿着石板路在村里走了一圈，我又回到那株古樟树下。明代顾炎武曾说：明月湾村落，皆得益于太湖山水，其环境大多美不胜收，非同寻常。想必这位大儒一定来此游历过，否则不会有身临其境的感慨。今天吾辈前来，任何赞誉之词都嫌多余，只能在心里默默祝福，祝福这个人间仙境般的古村落，与太湖长相伴，与明月久同辉。

离开时，看到村口悬挂的横匾，上面书有“最幽处”几个大字，让我不忍和它告别……

园林古镇

乾隆皇帝六下江南，每次都在此系船登岸，亲临“虹饮山房”品茗观戏。仅凭此典，说木渎为古镇，不为过吧。

苏州地区经济发达，木渎镇的规模和繁华堪比辽宁的县城。开车在街上转了几圈，却找不到一处老房子，最后我只好停车路旁，询问小卖部主人。按她的指引，在镇内的一角，我果然看到高大的“木渎古镇”牌坊。现代闹市里保留有一片古建筑，沉甸甸的历史厚重感，平抑了当下人们的浮躁。

与苏州古城同龄的木渎镇已有2500多年的历史。相传春秋末年，吴王夫差为取悦西施，在灵岩山顶建造“馆娃宫”，水运过来大批木材，聚集三年，堵塞了河道，“积木塞渎”，“木渎”由此得名。三国时期，这里即为三吴重镇，宋代时已是苏州城西的中心，到了明代，为吴县六镇之一，清代中叶发展成吴中著名商埠。

古镇为敞开式，不售门票，游人可随便进出。随着熙攘的人群，我漫步进去。一条笔直的河道，两侧老街幽巷，垂柳依依，如秀女临

◀ 古镇为敞开式，不售门票，游人可随便进出

水梳妆；若干石拱小桥，造型各异，连通两岸石街。河道内侧石壁，石桥外侧栏下，爬满老藤绿叶，野趣横生；河上橹声欸乃，载着游人的木船摇摇晃晃，往来穿行；岸上明清古建筑粉饰如新，一眼不见尽头；深宅大院掩映于古树之后，幽深莫测，近水亭阁与水中倒影俯仰相望；路旁的店铺饭店，牌匾灯饰，古色古香，簇拥着兴奋的人们——好一幅小桥流水人家的江南水乡画卷。

我边走边看，陶醉其中，忘记了手中的相机。

木渎镇毗邻太湖，又被灵岩等名山环抱，真山真水之情，小桥流水之趣，园林庭院之幽，难怪让六下江南的乾隆每次都在此系舟登岸。木渎是我国唯一的园林古镇，明清时期有园林30多处，如今仍保留10余处，其中最为著名的有严家花园、虹饮山房、古松园、榜眼府第等。

我去过苏州，游览过那几个名园，所以，对这里的园林，我只选择了严家花园和虹饮山房，一睹颇有古镇风韵的古建筑。

严家花园是乾隆的老师、诗人沈德潜的故居。整个园林布局精妙，疏密得当，高低错落，雅致婉约，显示了主人及当时工匠们高超的造园艺术。据说，现代建筑学家刘敦桢、梁思成等人曾数次到此考察，对严家花园倍加推崇赞誉。

◄ 一条笔直的河道，两侧老街幽巷，垂柳依依，如秀女临水梳妆

▲ 好一幅小桥流水人家的江南水乡画卷

虹饮山房位于严家花园东面，是文人徐士元的故宅，为乾隆年间苏州近郊的著名园林。乾隆每到木渎必游此园，在这里看戏、品茗、吟诗，因而又被称为乾隆的“民间行宫”。门前有御碑亭和御码头，物是人非，难觅当年威严热闹的情景。虹饮山房为典型的清代早期江南宅第园林建筑风格，因面对香溪、背靠灵岩，享有“溪山风月之美，池亭花木之胜”之誉。整体为前宅后园结构，前宅有门厅、大厅和书楼等。花园以水池为中心，其间堆砌着奇石假山，散落着亭、轩、廊、榭、桥等。只因天色已晚，还要赶到甪直镇住宿，我脚步匆匆，只能走马观花般浏览。

今天不是节假日，仍然游人如织。是啊，当年皇帝常来，如今平民百姓凭啥不能来？

甪端的护佑

甪直，难以捉摸的名字，全国人大常委会原副委员长费孝通“神州水乡第一镇”的题词更增添它的神秘色彩。带着诸多悬念，我来到了这座古镇。

甪直原名甫里，据《甫里志》记载，唐代诗人陆龟蒙（号甫里先生）曾隐居于此，故而得名，后因镇东有直港，通向六处，水流形如“甪”字，又改为“甪直”。如今的甪直镇，已是颇具规模的卫星城，原来的古镇居于中间，被稠密的商厦、民居所包裹，如同贝壳里的珍珠，依旧闪烁着熠熠光泽。

古镇入口处矗立着一尊奇异的石兽，石基座上嵌有说明：它叫甪端，是中国神话传说中的一种神兽，外形与麒麟相似，头上长角，可

▶ 甪端，是中国神话传说中的一种神兽，外形与麒麟相似，头上长角，可日行一万八千里，专为英明帝王护驾

日行一万八千里，专为英明帝王护驾。甪直将它作为镇标，还有一美好的传说：甪端陪伴明君巡察时，路经甪直，见是一块风水宝地，便长期留下来，从此这里风调雨顺，人们丰衣足食。

▲ 镇内河道纵横，桥梁星罗棋布，据说，甪直古桥的密度超过意大利水城威尼斯

难怪甪端垂青此地，就连我这外乡人乍一走进来，立刻便有一种归属感，好像回到童年的老家。河道纵横，水面清清，桥街相连，生长在北方的我，多次梦中的故乡，就是这般幽雅的景象。

甪直水多且桥多，估计“神州水乡第一镇”之美誉应该与此有关吧。2500年的历史长河中，古镇建桥无数，早有“桥都”之美称，现存的40多座石桥，囊括了宋、元、明、清各个时期。我沿河道前行，每不过百米，便有石桥横跨河面，让人目不暇接。桥有拱形的、平顶的，有单孔的、多孔的。桥身映在水面更为奇妙，仿佛一对情侣紧紧相拥，一方岿然不动，一方微微摆动，互诉着心声。欣赏它们的婀娜多姿，更让我惊叹其坚固结实。如果没有匠心设计和精细施工，不可能历经千余年，仍然守候在此，陪伴着古镇，默默承载着地久天长。每经过一座古桥，我都会停下脚步，抚摸粗糙坚硬的桥身，感受丝丝凉意的柔情。镇内河道纵横，桥梁星罗棋布，据说，甪直古桥的密度超过意大利水城威尼斯。

古镇的格局以河道为枢纽，街巷交织成网状，50多条巷子，路面皆用卵石或花岗石铺成。街巷两侧，房屋多为明清时期所建，黛瓦白墙，深檐翘脊，如同影视剧中的场景。最为迷人之处是前街后河的民居，妙在临河

西汇上塘街

◀ 桥身映在水面更为奇妙，仿佛一对情侣紧紧相拥，一方岿然不动，一方微微摆动，互诉着心声

▲ 每家都建有小码头，条石砌筑，延伸进水中，用于洗涮果蔬等。偶有小船往来，泛起涟漪，一波波涌向房基石壁上，瞬间就消失了

这面，窗户开得宽敞，窗口悬吊着食材等物品，也有系挂葫芦或饰物的，倒映在水中，相映成趣。每家都建有小码头，条石砌筑，延伸进水中，用于洗涮果蔬等。偶有小船往来，泛起涟漪，一波波涌向房基石壁上，瞬间就消失了。

走过两条街路，在一条窄巷的尽头，耸立着一座高大门楼，整体青砖砌筑，式样威严肃穆，两侧衔接黄色围墙。我走到近前，见门楼上刻着“保圣寺”三个大字，再看墙上牌匾，不禁吃惊：国家重点文物保护单位——保圣寺罗汉塑像！一个弹丸小镇，竟然藏身如此“大家伙”，令人难以置信——这样想着，我不自觉加快脚步，穿过门楼，进入寺内一探究竟。

偌大的庭院里，苍松翠柏，古朴幽深，二山门、天王殿、古物馆等古建筑气宇轩昂、古色古香。这座保圣寺始建于公元503年，历经多次兴废，直至明代成化年

▲ 让保圣寺傲然天下的，是古物馆里的九尊泥罗汉，为唐代著名雕塑家杨惠之所塑，雕刻之精美为国内罕见

间规模始达到鼎盛，成为当时江南四大寺院之一。现存的天王殿，就是明代崇祯年间在宋代殿基上重建起来的，完全是江南佛殿式风格。殿内原有泥塑的四大金刚，抗战期间被日本侵略者所毁，现在摆放着当地出土的文物。让保圣寺傲然天下的，是古物馆里的九尊泥罗汉，为唐代著名雕塑家杨惠之所塑，雕刻之精美为国内罕见。为了保护文物，馆内没有灯光，也不允许拍照，借助微弱光线，隔着木栅栏，面对模糊的泥塑身影，我内心一阵颤抖，仿佛来到盛唐，走进了众罗汉的群体。这组唐代泥塑，历经千年沧桑，能够保存至今，该有多少不为人知的故事啊！郭沫若曾经来过，观看后说道："保圣寺的罗汉塑像，筋骨见胸，脉络在手，尽管受着宗教题材的束缚，而现实感却以无限的迫力向人逼来，使人不能不感到一种崇高的美。"如此高的评价，他人不能再形容了。

庭院内还有两大文物：一是青石经幢，二是铁钟。

青石经幢立于天王殿西侧，全称"尊胜陀罗尼经咒石幢"。经幢为我国佛教石刻的一种，创始于唐代，凿石为柱，上覆盖，下附座，

▲ 青石经幢立于天王殿西侧，全称“尊胜陀罗尼经咒石幢”

柱体刻佛像或经咒。现存的这座经幢，为唐代大中八年（854）所造，南宋绍兴十五年（1145）重立，上面刻有陀罗尼经咒，由于年代久远，字迹无法清晰辨认。

铁钟铸于明末清初，是佛寺的镇山之宝，也是佛寺的历史见证。佛经上有“闻钟声，烦恼清，智慧长，菩提生”的说法，足见铁钟于佛寺之重要。铁钟上铸有铭文“风调雨顺”“五谷丰登”等，几百年的风吹雨打，铁钟表面锈迹斑斑，但钟体仍然完好无损，与青石经幢相对而立。

古银杏树是角直镇古老的象征之一，与古建筑相映增辉。全镇现存七株，其中四株在保圣寺内，最大的一株，树龄已有1300年，高度达50米，历经千年风霜，仍然挺拔健壮。著名作家、教育家叶圣陶曾在此执教，其间所写的《高高的银杏树》，评价其“形象高大，意志坚强，气魄宏伟”。叶圣陶先生酷爱银杏，临终时嘱咐家属，要将他的骨灰安葬在这四株银杏树旁。

除了保圣寺，镇内还保存有大量其他人文遗迹，如叶圣陶纪念馆、万盛米行、陆龟蒙遗址、沈宅、萧宅等。为了银杏树下那个高尚的灵魂，我选择去拜访叶圣陶纪念馆。

叶圣陶纪念馆在保圣寺西侧，歇山式砖雕门楼，门额刻着赵朴初题写的“叶圣陶纪念馆”。纪念馆位置原是一所小学，1917年至1921年，叶圣陶和夫人曾在此任教，并创作了大量的文学作品。1988年2月，叶圣陶在北京逝世，角直人为表达对他的崇敬和怀念，把当年的学校重新修建，辟为叶圣陶纪念馆。纪念馆布局仍保持原貌，为一幢七开间的平房。进门是大厅，正中立着叶圣陶的青铜头像。两侧是陈列室，以大量的图片和文字介绍叶圣陶非凡的一生。我进来时，里面已有很多游客，他们装束纯朴，面容严肃，想必和我一样，也是叶圣陶先生的崇拜者。

本来是要往回走，忽然想起万盛米行，我又转身回去。万盛米行是一家老字号店铺，始建于民国初年，曾是那时吴东地区首屈一指的大米行，叶圣陶的名作《多收了三五斗》就是以它为原型写成，该文曾被选进中学语文课本，万盛米行也随之闻名。现在的万盛米行是1998年由镇政府重建的，基本再现了民国时期江南的米市风貌。我进去转了一圈，也算是了却了一份心愿。

镇内其他几处名人故址，我没能前去参观，心有不舍，回家后查阅了资料，现记述如下：

沈宅。建于清代同治十二年（1873），清末留日学生、同盟会会员沈柏寒的故居，是甪直镇保存较完好的豪华宅第，建筑布局具有前店后宅、左坊右铺的特点，四进院落，面积3500平方米。

萧宅。建于清代光绪十五年（1889），典型的江南水乡民居建筑，坐西朝东，背园面街，占地1000多平方米，原为镇内杨姓武举人所建，后来卖给里中望族萧冰黎，故称萧宅。

王韬纪念馆。宅地建于清代道光年间，原是金融界人士沈再先老宅，面积760平方米，二进结构。1998年，镇政府为纪念近代思想家王韬，弘扬他的爱国思想和开放意识，把该宅开设为王韬纪念馆。

走出古镇，甪端又映入眼帘，我发现，我有些喜欢它了。

◀ 走出古镇，甪端又映入眼帘，我发现，我有些喜欢它了

博物馆之乡

江南水乡古镇，看似大体相同，但你走进去就会发现，其内在千差万别、各有千秋。比如这个锦溪镇，竟然拥有十几座私人博物馆。

锦溪之名，取自当地一条溪水。相传，古时两岸种植大量桃李；朝霞和夕晖使得水面金光闪烁，灿若锦带，因而得名“锦溪”。

锦溪镇历史悠久，5000多年前的新石器时代，就有人在此生存繁衍。春秋末年伍子胥修筑苏州古城时，这里已成为集镇。三国时，孙吴重臣张昭死后便葬于此。唐代大文学家陆龟蒙晚年在此隐居，镇上如今仍留有陆氏三贤祠堂。

我刚走进古镇，便下起蒙蒙细雨，雨中漫游诗画般的水乡，别有一番情调。

水乡自然桥多，锦溪也不例外，而且星罗棋布。古镇区现保存26座古桥，大多为明清时期所建。据说著名的有8座，所以每每经过，我都跨上桥面，孩子似的四下张望，然后跑下来，俯身察看桥头石碑上刻的桥名。数了数，我经过了其中的4座：天水桥，单孔拱桥，桥身为花岗石，始建于明代永乐五年（1407），清代顺治九年（1652）重建；十眼桥，九墩十孔，桥墩用条石叠砌；普庆桥，也是单孔拱桥，始建于清代雍正十一年（1733），乾隆年间重修；里

▲朝霞和夕晖时，水面金光闪烁，灿若锦带，因而得名“锦溪”

和桥，建于南宋，至今仍然异常坚固。

古镇现存的民居多为明清和民国时期所建，一层或两层砖木结构，青瓦白墙，背水开门，临水开窗，典型的江南建筑风格。镇内最宏大的古建筑是建于南宋的莲池禅院，因为正在维修，四周围着网布，我望而却步，叹息与它无缘。

该说说古镇的博物馆了。

锦溪素有“中国民间博物馆之乡”的美誉，14座或精致或微型的

▲ 水乡自然桥多，锦溪也不例外，而且星罗棋布。古镇区现保存26座古桥，大多为明清时期所建

博物馆，几乎都是私人创办的。馆址散落镇内各处，我不可能全部走遍，只是路过时，挑选自己感兴趣的进去参观浏览。

古董博物馆。为苏州古玩收藏家薛仁生开设，展品种类繁多，分布在三个楼层，包括漆器、木雕、明清家具、瓷器、书画、玉器等，令人惊奇的是，三楼的水盂陈列室，展示了3000多年来的水盂、笔筒、笔洗、笔架等800多件，着实让我大开眼界。

张省美术馆。我不了解张省，本不想进去，看到馆名为启功所题写，想必是名家，便改变了主意。果然，生于苏州昆山，成长在锦溪的张省，是艺术大师刘海粟的关门弟子，现为广州大学松田学院艺术系顾问，作品誉满中外，其巨幅长卷《烟雨江南图》（长73米、宽0.77米）被列入吉尼斯世界纪录。美术馆分两层，均为展示大厅，全部是张省30年来各时期的作品，还有他收藏的刘海粟、陈大羽、张继馨等当代书画大师的部分佳作，总计200多幅。2002年，张省将这些画卷捐赠给家乡，锦溪镇为此筹建了这座博物馆。我浏览着每幅画作，欣赏艺术呈现的美感，更敬佩艺术家的高尚人格。

“文革”藏品博物馆。我这个年龄的人对“文革”物件颇感兴趣，况且从未见过此类展馆，所以毫不犹豫走了进去。馆内展品数以万计，包罗万象，全都似曾相识：有“文革”时期的报刊、商标、传单、宣传画、招贴画、课本、艺术品、门票；那个时期出版的《毛泽东选集》及各种版本的语录本，相关的注释、讲解和辅导材料；“造反派”的传单、小字报、通令、布告、声明、通牒；工作证、会员证、出席证、荣誉证、户口簿、毕业证、奖状、介绍信；粮票、布票、油票、饭票，以及烟、盐、酱、糖、肥皂、火柴、肉、鱼、蛋、豆制品票；各款式的毛泽东像章、纪念章、革命样板戏脚本、革命样板戏塑像等。转了一圈，看得我啼笑皆非，细想一想，在那个特殊年代，不正是这些物品陪伴我们走过来的吗？所以，还是正视它们吧。

沿路又经过几个博物馆，如宜兴紫砂博物馆、金石人家篆刻艺术馆、锦溪杰出人物馆、中国古砖瓦博物馆等。购了古镇门票，所有展馆一律免费，让人心情舒畅，只因时间不充裕，我只在门口往里张望一下，没有进去，却也感受到古镇文博的规模和风采。

离开锦溪的路上我还在想，也许很久以后，想起江南的诸多水乡，首先映入脑海的，仍是那几座博物馆，它传递出的乡土人文精神，承载的现代社会元素，同样载入古镇的悠久历史。

◀ 购了古镇门票，所有展馆一律免费，让人心情舒畅，只因时间不充裕，我只在门口往里张望一下，没有进去，却也感受到古镇文博的规模和风采

昆曲故里

▼ 一个地方，值得骄傲的人或事不在多，比如千灯古镇，只有两例：一是昆曲，二是顾炎武，便足以名扬天下

查阅资料，没找到千灯镇的名字由来，不过，有昆曲的根在这里，名声自然响亮。

那天，从锦溪镇赶到这里已近黄昏，入口处的延禅寺已停止了售票。好在进了古镇，顺着老街往里走，不会迷路。

一个地方，值得骄傲的人或事不在多，比如千灯古镇，只有两例：一是昆曲，二是顾炎武，便足以名扬天下。

先说昆曲。昆曲是中国最古老的剧种之一，有“中国戏曲之母”的美誉，《牡丹亭》《长生殿》《桃花扇》等剧目，以及梁辰鱼、汤显祖、洪昇、孔尚任等昆曲作家和音乐家，皆为国人所熟知，堪称中国戏曲和文学史上的不朽之作和杰出代表。自明代中叶始，昆曲独领中国剧坛近300年，2001年，被联合国教科文组织列为“人类口述和非物质遗产代表作”。昆曲创始人顾坚，元末明初著名戏曲家，他的家乡就在这里，因此，千灯镇即是昆曲的发源地毋庸置疑。如今，镇内仍保留着顾坚纪念馆，我路过时，里面的演出已经结束，台阶前的节目栏上写着上演的昆曲剧目。余秋雨先生将昆曲誉为中国的三个“极端之美”之一（另两个是书法和普洱

▲ 万万没想到，今天竟然误打误撞来到昆曲的发源地

茶），他的论述引起我对昆曲的兴趣，万万没想到，今天竟然误打误撞来到昆曲的发源地。

再说顾炎武这位明末清初的爱国主义思想家，恐怕早已淡出今人的视野，但他的传世警句“天下兴亡，匹夫有责”，相信没有人会忘记，它激励着无数仁人志士报效祖国。走到老街尽头，一座五进的明清建筑，就是顾炎武故居。里面再现了顾炎武读书、生活的场景，正厅北侧是读书楼，展示着他的著作、手迹等珍贵文物。整个故居形成祠、厅、墓一体的园林格局，为千灯镇古宅之最。

除了人文遗产，镇内如此多的古建筑，在中国建筑史上也算得上屈指可数。

我行走的这条老街，是江南古镇中保存最完好的石板街。它始建于南宋，是镇里的主干道，两侧是顾坚纪念馆等主要建筑，全长1.5公里，用花岗岩石条铺成，贯穿全镇南北，又连接各巷道，下面是排水渠，与镇外河道相通，路面从不积水。

与老街平行走向的，是环抱千灯镇的方泾浜河，河面上的三座古桥称为“三桥邀月”，浓缩了2000多年的古镇精华。三座石桥联袂而筑，建造时代不同，各具浓郁的特色：东边的是方泾浜桥，为明代所建；中间为三孔的恒升桥，清代所建；西边的是鼋渡泾桥，宋代所建。我是跨过方泾浜桥进入古镇的，其他两座桥我没到近前，只是远远地投去敬仰的目光。

秦峰塔，一座千年古塔，屹立在古镇入口处。塔下是延禅寺和玉佛殿，我虽然没进去，但看了寺前的说明，知道玉佛殿里有尊世界上最大的玉卧佛，被载入吉尼斯世界纪录。

余氏典当，一座徽派风格的建筑群落，现存5进120多间，当地人称之为“迷楼”，堪称“中国第一当”，由余氏祖先在明代万历年间修建。

千灯，这座有着2500多年历史的古镇，因为有昆曲，因为有顾炎武，未来的日子里，还将延续它的独特光彩。

告别千灯古镇，天色渐暗，我回头望了一眼，已经有了少许灯火。我想，待到夜幕降临，不用数，一定是千灯闪烁。

▼ 河面上的三座古桥称为“三桥邀月”，浓缩了2000多年的古镇精华

古镇老街

早在唐代，这里就有了村落，宋、元时集市成镇，到了明、清时期，更是商市繁华，如今，它已发展为现代化卫星城，却仍然保留着完整的古镇格局，这便是沙溪镇。

沙溪古镇的格局，包括老街、戚浦河、三座古桥，典型的带形水乡古镇。镇里有七天快捷酒店，住在这里，距离老街步行五分钟，早饭后，我扛起相机直奔过去。

老街被马路分割为东西两部分。临街的商铺密集，如果没有石门楼标志，很难辨出里面就是古街巷。我先从东侧走进去。老街绵延1.5公里，两边建筑多为二层楼，清代或民国时的民居，粉墙黛瓦，也有底层是店铺的，挑梁出檐，斗拱齐全，梁拱上饰有云朵等图案。楼院间有条南向的弄堂，狭长幽深，穿过去便是戚浦河边。

▼ 临街的商铺密集，如果没有石门楼标志，很难辨出里面就是古街巷

戚浦河与老街并行，开凿于宋代，贯穿古镇东西，河道笔直宽阔，仍可以行船。我跨上石桥，向河道两边眺望，临水的一

▲ 最东边的是义兴桥，初建于明代嘉靖三年（1524），州府因当地乡绅曾彪重义，造桥予以表彰，故得名“义兴桥”，当时为木桥，清代康熙年间重建为石桥

侧，老屋错落有致，鳞次栉比，家家建有河棚，造型各异，有吊脚楼式的，有石头砌筑的。最迷人之处是河棚的窗户，有半扇的，有落地的，多配有栏杆或美人靠，窗格花型多样，把江南水乡的秀气点缀得淋漓尽致。河棚下的石阶精巧实用，既可系船，又可汲水和洗涤衣物。

戚浦河上横跨三座古桥，明清时期所建，全为单孔拱形，古朴而坚固，是古镇难得的遗产珍宝。从西往东，依次为新桥、庵桥、义兴桥。我所站立的即是新桥，始建于明代崇祯七年（1634），清代又重建，桥长15.3米，宽2米，桥身基本是原貌，桥栏经过修缮，仔细看，拱圈已有风化处，桥两侧均刻有桥联，我记下一侧：“印水回环看此地钟声古寺，娄江映带问何时潮接唯亭。”另一侧字迹模糊，不能读出全文。中间的庵桥始建于宋代，当时为木桥，清代康熙四十四年（1705）重建为石桥，光绪十年（1884）重修，桥身三分之一嵌

▲ 在老街上行走，很少见到游人，居民们悠闲自得，打理着自己的生活

入岸边民居中，桥头建有门洞，既可减轻房屋对桥身的压力，又可关闭桥门，具有防盗功能，在江南古桥中颇为少见。最东边的是义兴桥，初建于明代嘉靖三年（1524），州府因当地乡绅曾彪重义，造桥予以表彰，故得名“义兴桥”，当时为木桥，清代康熙年间重建为石桥。

在老街上行走，很少见到游人，居民们悠闲自得，打理着自己的生活。古镇重视文化传承，筹建了一些纪念性场馆，分列在老街两侧，如沙溪文史馆、连环画博物馆、江南民间现代诗歌馆、童趣馆、促织馆、“洪泾往事”展馆等。我知道，促织馆应该是斗蟋蟀，而对“洪泾往事”，似曾相识，便进馆参观。馆内讲述的是沙溪洪泾大队，由原来一个普通的村庄，一跃成为全国学“毛选”标兵单位的经过，在那个年代红遍大江南北。我对洪泾没有记忆，却对馆内展示的“文物”再熟悉不过了。同时，我更赞赏古镇的这种举动，因为过去不该忘记，记载下来，历史才会是完整的画卷。

我走到东侧的出口处，才见有旅游团队进来，大呼

小叫，拿着相机、手机一顿狂拍。

从东侧老街出来，横穿马路，我走进西侧老街。这边的街面更为幽静，老屋更为陈旧古朴，因为都有住户，看不到任何破落景象，更具古镇的原始味道。我走了一段，有些累了，坐在一家小店前，买了一碗绿豆粥，边喝边休息。旁边闲坐一老者，我和他攀谈，他说他出生在这里，几十年没离开过。我问路边老屋的年龄，他说都已300多年了，还好，都住着人家，谁也不愿意搬走。

老者还告诉我，镇里有座普济寺，千年古刹，如今已经修复，又开始有了香火；有前中国舞蹈家协会主席吴晓邦的故居，建于民国初年，欧式双层建筑，即使在上海也并不多见；还有乐荫园，由国画大师朱屺瞻题写的园名……

我耐心听着，也记在心里，却无暇去看了。古镇已将它们保存下来，如果可能，我下次再来时，一定前去尽数观赏。

戚浦河水长流，老街永驻，沙溪古镇一定会长存。

▼ 我走了一段，有些累了，坐在一家小店前，买了一碗绿豆粥，边喝边休息。旁边闲坐一老者，我和他攀谈

第八章 南粤古韵

2017年冬天，在海南避寒后，转过年，4月上旬，正是江南春暖花开时节，我们开始返程。路上经过广东、江西、安徽等省，拜访了二十几个古村镇。

岭南水乡

看到这座暗红色石桥，就知道水乡逢简村到了。

石桥用红色砂砾岩建造，名为“明远桥”，南宋宝庆年间，由村人李士修主持修建，据顺德文献记载，该桥是我国最早的三孔石桥之一。我们到村口时，正是中午，太阳当空，河水白亮如镜，明远桥高光反照。我并没立刻上桥，而是站在岸边，欣赏这座精致的古桥。桥长仅20多米，高有4米多，上下无阶，形成自然斜坡，该是当时方便马车通行吧，桥栏刻着如意图案，柱头端坐一个个小石狮，憨态可掬。

▼ 石桥用红色砂砾岩建造，名为“明远桥”，南宋宝庆年间，由村人李士修主持修建，据顺德文献记载，该桥是我国最早的三孔石桥之一

相比明远桥，逢简村的历史更为久远。逢简村位于广东省佛山市顺德区杏坛镇，自西汉起就有人居住在此，元代逢、简两姓迁入，繁衍生息，至唐代渐成村落。大自然恩赐，溪水环绕，又穿村而过，成就了这片秀美的岭南水乡。

跨过古老的明远桥，顺着环村河流，我们先去参观几处规模较大的古建筑。临河的步道，用麻石板铺成，行走其上，历史厚重感油然而生。

▶ 大自然恩赐，溪水环绕，又穿村而过，成就了这片秀美的岭南水乡

据逢简村史记载，南宋灭亡后，士大夫家族纷纷南下，隐居逢简村的不在少数，他们诗书传家，尊儒重教，蔚然成风，明清期间，很多人读书入仕，居官高就，从而留下诸多祠堂、私塾等，目前，村内有古祠堂17座，最完整且规模最大的两座，要数宋参政李公祠和刘氏大宗祠。

走到水口桥旁边，宋参政李公祠就坐落在这里。古时候，有河道穿过的村落，一般都在流入和流出处建水口桥，相传有镇锁水源的作用。祠堂坐南朝北，建于明代天启年间，清代康熙二十四年（1685）重修，但仍为明代建筑风格，龙舟房脊，青天映衬下威严肃穆，面宽约12米，门外四根石柱，上方用雕刻相连，支撑檐下通廊，两侧建有石护栏，栏首望柱各有一石狮，门楣悬挂黑地金字匾额“宋参政李公祠”。“李公”者，即李仕修，宋代庆元己未（1199）科进士，历任福建肃政廉访司佥事、浙江行省参政，嘉定末年退休归家，曾为村里建桥数座，村口那座明远桥就是其中最著名的。如今，祠堂设为“逢简村史馆”，里面三进结构，梁柱等木料均为铁木，我用手抚摸，坚固如初，墙壁镶有展板，介绍该村建置沿革等历史。

出了祠堂，我们沿河又西行，时而行走，时而驻足，两岸古榕、木棉、石榴等林木掩映着新宅和老屋，参差不齐，零零散散，显得朴实无华。宁静安详的韵味，只有在神情悠闲时方能体会得到。不知不觉中，抬头一看，河面又横跨一石桥。水乡主要的标志是桥梁，村内有石桥30多座，为各时期修建，其中的明远桥、巨济桥、金鳌桥是古村历史的见证者，也是当年繁华景象的缩影。明远桥和巨济桥，南宋时期所建造。眼前这座金鳌桥，梁式单孔拱形结构，则是清代康熙年间所建，材料与村口的明远桥相同，均为红色砂砾岩，桥长近15米，宽3米多，上下砌有石阶。登上桥面，我见桥栏外侧有篆书刻字，一面是阳文“金鳌”，一面是阴文“玉栋”，一桥两个名，我很少见到。据传，该桥修建者是村人刘云汉，清代康熙年间的进士，他是仿照北京紫禁城里的金鳌玉蝀桥而建。该桥位于两条河道分汊处，一条继续环村，一条转弯流入村内。我们也随之转弯，进入古村内部。石砌的河道，石壁挂满青苔，与深绿色的河水相映。两岸仍是石板路，古树遮天蔽日，每隔一段便竖有一组雕塑，表面涂抹金粉，与真人一般大小，反映的是过去时代人们日常劳作的场景。村内民居密集，多为新

▼ 走到水口桥旁边，宋参政李公祠就坐落在这里

▲ 水乡主要的标志是桥梁，村内有石桥30多座，为各时期修建，其中的明远桥、巨济桥、金鳌桥是古村历史的见证者，也是当年繁华景象的缩影

建的二层小楼，表面白色瓷砖，而临水的一个个小码头，看石条的颜色，绝非近年所砌筑，应与河道同样久远。

来到村落深处，临河的空地上可以看到一座典型的岭南建筑，我知道，这就是逢简村规模最大的刘氏大宗祠。据传，刘氏为汉中山靖王之后，与刘备同宗。祠堂建于明代永乐年间，比顺德设县还早。主建筑在五级台阶之上，宽敞的前廊，梁柱间斗拱处有精美的木雕，烘托出耕读传家的气势。正门两旁，分别有“阁道”和“台门”两个侧门，门上方镶有砖雕和绘画。走进祠堂内是三进的结构，进入中厅的追远堂，门下四级台阶，正面被几株古柏遮掩，树影婆娑，院中央的天井，宽敞明亮，几株开花的树木，散发着幽雅芬芳，四周石廊迂回，雕梁画栋。我细看了

▼ 进入中厅的追远堂，门下四级台阶，正面被几株古柏遮掩，树影婆娑

▲ 我们沿河又西行，时而行走，时而驻足，两岸古榕、木棉、石榴等林木掩映着新宅和老屋，参差不齐，零零散散

祠堂每个角落，仍舍不得离开。

三座古桥中的巨济桥，也是李仕修所建，据说是条石砌筑，雕花护栏，工艺甚为精美，也是岭南古桥中的精品，我们却没有寻到，算是留下的小小遗憾吧。

也许是因为临近中午，村中很少见人，更听不到一丝声息。人称逢简村为岭南周庄，我看未免牵强，逢简就是逢简，岭南的水乡，到此一游，会让人终生难忘。

乌衣世胄

东莞方向的高速公路，车辆密集，风驰电掣。下了高速，驶入市郊，眼前逐渐呈现诗画般的景象，连片的田园，起伏的山丘，种满了荔枝树，郁郁葱葱，又渺无人迹，南社村就坐落在这片土地上。

南宋末年，蒙古军队南侵，1275年，官宦之后谢尚仁为躲避战乱，迁至南社村，再没有离开，在此繁衍生息，至今已二十八代。这支江南绍兴谢氏家族是东晋著名政治家谢安的后裔，谢安之侄谢玄的孙子谢灵运，是南北朝时期的杰出诗人，为中国山水诗鼻祖，从他的诗词开始，山水成为独立的审美对象，如“池塘生春草”等诗句，意象清新，浑然天成，李白、杜甫等人深受其影响……说远了，还是回到南社村吧。

我们来到古村西门，简易的村门，门洞上方悬挂一面“谢”字旌旗，门前一排大理石刻碑，其中一座最为醒目，刻的是“全国重点文物保护单位南社村古建筑群 中华人民共和国国务院”。

南社村格局简单，进了村门便一目了然。四个水塘连成串，居于村子中央，呈一汪长形绿水，石栏杆护岸，古榕婆娑，垂柳依依，且祠堂林立，民居密布。古建筑群最为经典，自然是我们观赏的重点。沿水塘前行，祠堂依次排列，逐一参观便可。

第一座祠堂是任天公祠，谢氏第十四代传人谢任天的房祠，建于清代同治十二年（1873），1996年重修。祠堂的外观，三级台阶，条石墙基，青砖绿瓦，房脊绕角式样。里面二进结构，设有天井，两侧建围廊，现为南社村史陈列馆，介绍谢氏家族几百年的奋斗和发展历程。

再往里走，是国家级文物百岁祠，为纪念村中两位谢氏百岁老人，于明代万历二十年（1592）修建，清代同治年间遭火毁，光绪三年（1877）重建。外观与任天公祠相仿，台阶多了两级，整体砖木结构，红砂石的墙群，硬山屋顶，门两侧有楹联：祖泽传百世，宗德衍千秋。进到祠内，保存有神台基座和红石雕刻的碑座，颇似明代文物。走出祠堂，我不免惊叹，在那个年代里，如此蛮荒之地，竟有如此精美建筑，而且至今保存完好，堪为岭南一大奇观。据说，百岁祠对研究明清时期岭南地区的祠堂极有参考价值。

惊奇还在继续，走过简斋公祠，一座牌坊呈现眼前，是国家级文物建筑百岁坊。明代万历年间，东莞县

▼门洞上方，悬挂一面“谢”字旌旗，门前一排大理石刻碑，其中一座最为醒目，刻的是“全国重点文物保护单位南社村古建筑群中华人民共和国国务院”

令为纪念村中四位百岁老人而建，结构为前坊后祠式。正面的牌坊，整体土红色，四柱三间三楼，覆绿色琉璃瓦，檐下如意斗拱，坊后设影壁；后面的祠堂，三开间二进的院落，歇山屋顶，门厅的里面是一个天井，两侧回廊，梁架上保留有木雕，图案和工艺皆佳。坊祠结合的模式是传统建筑艺术的奇葩。而更让我惊奇的是，一个小小的村落，滋养了众多百岁老人，是他们深谙中国传统养生之道，抑或南社村自古就是风水宝地？

南社村保留的古建筑群，建筑类型多样。从百岁坊出来，我扭头一看，旁边是幢灰色小楼，两层结构，西式洋楼造型，给古村增添了异样的格调。楼前的标牌显示，这是村里保存较好的一幢民国特色民居，内部有中式天井，属于中西合璧风格。

再往前走便是云蟠公祠、照南公祠、念庵公祠等，均为清代乾隆年间建造，外观大致相同，红砂岩墙基，青砖砌筑，配置砖雕、木雕、灰塑等传统建筑构件，竞相显示历史厚重和艺术审美价值。我看到，有的祠堂曾经用于村供销社营业，20世纪90年代初予以重修。

来到村子中心，一棵530多年的古榕树立在道路中央，树冠遮天蔽日，荫覆横跨水塘的古石桥，是人们休息纳凉的好地方。走过石桥，来到水塘南岸，南社古戏台旁边，就是声名显赫的谢氏大宗祠。这座明代嘉靖三十四年（1555）的建筑是南社村谢氏的祖祠，也是谢氏一族中地位最高、权力最大的祠堂，曾改为南社村大队部

▶ 古建筑群最为经典，自然是我们观赏的重点。沿水塘前行，祠堂依次排列，逐一参观便可

▲ 这座明代嘉靖三十四年（1555）的建筑是南社村谢氏的祖祠，也是谢氏一族中地位最高、权力最大的祠堂，曾改为南社村大队部的办公场所

的办公场所。大门两侧悬挂着金字门联：乌衣世胄，玉树家风。祠内规模宏大，装饰华丽，三开三进院落，雕梁画栋。首进与二进之间是崇恩堂，为族人议事和聚会的场所。二进与三进间庭院较狭窄，第三进摆放着谢氏历代祖先的神位，密密匝匝，占据一面墙壁。中国封建社会的宗族血缘关系，除了延续血脉的需要，更是传承儒家文化的重要纽带，遥想几百年前，这里该是多么庄严而又亲切啊！

沿水塘南侧往村口方向折回，岸边排列着东园公祠、明翠公祠、应洛公祠等建筑。我们没有进去，直到晚节公祠前才停下了脚步。这里又是一个国家级文物建筑。建于明代万历年间的这座房祠，主人是谢氏七世祖谢晚节，里面保存了两通乾隆四十四年（1779）的重修碑，彩绘壁画也修复一新。房门敞开着，我往里望了望，仿佛当年的主人刚刚临时出门。

除了祠堂，村里的古民居以家庙最具特色。家庙属单户独房，相对封闭，有的还筑有围墙，各家自凿水

▲ 据史料记载，谢氏家族来之前，这里便已立村，原称“南畲”，因畲与蛇同音，蛇为民间所忌，故以音近字“社”代之，改名为“南社”

井、石铺小巷等。在某户院墙的角落，我看到一口古井，用铁条封着井口，旁边标牌显示：一号古井，全国重点文物保护单位。这口井建于明代，圆形井口，红砂岩井圈、井壁，至今仍可供村民使用。最为经典的家庙要数谢遇奇家庙，在一条小巷深处，我找到了它。主人是清代同治四年（1865）武进士，曾随左宗棠平定新疆叛乱，官至总兵，朝廷为表彰其功绩，于光绪二十四年（1898）给他建造了这座建筑，现为全国重点文物保护单位。遗憾的是，大门上了锁，不能入内参观，只有“荣膺一品，祀享千秋”的门联，留给你无尽的遐想。

据史料记载，谢氏家族来之前，这里便已立村，原称“南畲”，因“畲”与“蛇”同音，蛇为民间所忌，故以音近字“社”代之，改名为“南社”。迁居南社村

◀ 古榕树下坐着几个村民，他们悠然自得的表情，让我想起刘禹锡的诗篇："朱雀桥边野草花，乌衣巷口夕阳斜。旧时王谢堂前燕，飞入寻常百姓家。"

是谢氏家族改变命运的转折点，从而造就了数百年的辉煌。出身名门的谢氏先祖，极为重视子女教育，并将这一传统代代流传下来，明清时期，全村出了11名进士、16名举人、29名秀才。如今，全村尚存明清祠堂30座、庙宇3座、古民居250多间。众多明清古建筑，更有好几处国家级文物，聚集在一个村落里，估计在全国范围内也是屈指可数的，虽然没能全部走遍，也让我们陶醉其中了。

古榕树下坐着几个村民，他们悠然自得的表情，让我想起刘禹锡的诗篇："朱雀桥边野草花，乌衣巷口夕阳斜。旧时王谢堂前燕，飞入寻常百姓家。"诗句是身处唐代的刘禹锡凭吊南京秦淮河畔景物时所作，"王谢"中的"谢"，指的正是谢安家族。历史和现实的对比，让他感叹沧海桑田、世间多变。今天我有幸来到这里，所见所闻，仍然是历史和现实的对比，比起当年的刘禹锡，我可算是幸运多了，最起码，眼前的这些景物，仍然留存着800多年前的模样。

陆氏悲歌

钱岗村东口独立一座牌坊，高约6米，名为“灵秀坊”，四柱三门，青砖墙体，灰塑三重莲花托，燕尾飞檐，顶部铺黑瓦，造型玲珑秀丽，建筑工艺却粗糙，应该是近年所修复的。旁边立有石刻：中国传统古村落钱岗村。灵秀坊后面是进村的门楼，门楣刻有“启廷门”字样。环村共有四座门楼，除了我们面前的这座，

▶ 钱岗村东口独立一座牌坊，高约6米，名为“灵秀坊”，四柱三门，青砖墙体，灰塑三重莲花托，燕尾飞檐，顶部铺黑瓦，造型玲珑秀丽，建筑工艺却粗糙，应该是近年所修复的

还有村南的震明门、村西的镇华门、村北的迎龙门。一段旧围墙残骸与门楼相连接，可见当年是一个封闭的村落。

钱岗村地处广州从化，始建于宋代，距今已有800多年历史。古村先民为钱氏，后来的居民多为陆姓，是南宋名臣陆秀夫的后裔。宋代末年历史，我没有太多了解，只是从历史教科书上知道点滴，对陆氏家族情况以及为何迁居此地所知更少，所以，带着诸多疑问，我走进了这座古村落。

这座启廷门，实际上是一间门房，门洞通透，里面有石凳，可供村民出入时歇息。穿过门楼，是环绕全村的主路，用各种不规则的石头铺设，没用任何黏合材料，既美观又结实。前行几十米，路旁一排残旧老屋，正面尖形的房子，上面写着“东向人民食堂”，应该是20世纪“大跃进”的产物。紧挨着的“东向更楼”，在过去的年代里，是村里值更守夜的场所，如今门洞大开，里面空空如也。主路的另一侧是茂密的果园，以荔枝树为主，枝叶缝隙间隐约可见护村小河，让人赏心悦目。

再往村里走，却荒凉得让人不忍目睹。800多年间，钱岗村建了千余套民居，以明清建筑为主，如今除了几户老人家，全部迁到附近的新村，人去楼空很久，满目残垣断壁，遍地杂草丛生，俨然被世间抛弃的废墟。沿路继续南行，走到尽头，是村南的震明门，比启廷门略微高大，原设计为双重门，现只剩一个空洞。以前的钱岗村，震明门应该是正门，它连接政南巷，贯穿全村南北，是古村的中心路。路面明显宽了，仍是各种石头铺成，两边古建筑也较完整。“南向更楼”的位置，现改造为“钱岗村史馆”，大门却上了锁，不能进去参观。旁边的“古书院”“私塾”等，仅残留建筑物主体，难以窥见当年的规模。为了寻找陆氏家族踪迹，我离开了主路，钻进密匝的巷道之中。

钱岗村格局颇为杂乱，小巷纵横交错，迂回曲折，岔道重重，稍不留意，就会误入断头路。东闯西撞，看不到一个人影，没走一会儿，我便迷失方向了，好在四周老屋式样各异，边走边观赏，并不觉索然无趣。所有的房屋朝向不一，却也不显零乱，几百年的老宅，由于久无人居，风蚀雨浸，没有一座完整的，但高筑的院墙，悬山式、硬山式等各种风格，屋内厅堂居室等，仍然清晰可辨，残垣碎瓦、斜

▲ 人去楼空很久，满目残垣断壁，遍地杂草丛生，俨然被世间抛弃的废墟

梁塌垛中，散发着只有经过时间沉淀才能酝酿出的历史韵味，明清遗风犹存——我陶醉其中，停不下手里的相机。

在废墟中转来转去，猛一抬头，面前出现一块空地，西向更楼立在这里。我估计，这里该是村子西口。更楼里空无一物，却有一件无价之宝，为悬挂在封檐板上的木雕画，长约9米，宽近半米，名为《珠江江城图》，反映的是清代康乾年间广州珠江北岸20余公里的人文景观和自然风貌，雕工精湛，景物众多，活灵活现，被誉为“广州版的《清明上河图》”。当然，原物已由广州博物馆收藏，现在挂上去的是仿制品。我仰头看了看，粗糙得无法入眼，估计出自村里木匠之手。

侧面小巷闪出人影，我定睛一看，是个农家装束的老者。我和他搭讪，他家老宅在这儿，从小住到老，虽然搬到了新村，心里老想着，时常回来看看。我问陆家宗祠位置，他说自己就是陆姓人，担心我找不着，执意要带我过去。

陆家宗祠在古村中心位置，全称“陆氏广裕宗祠”，与北京故宫同期修建，至今有600年的历史了。祠堂坐北朝南，砖木结构，正面是柱廊，两根粗硕的石柱，柱基雕刻，深檐前探，前墙花岗岩基石，三开的朱漆大门，两侧门联为“诗书开越，忠孝传家”，陆氏家族的品行道德可见一斑。如此环境中，这样一座宏大的建筑，可谓巍峨雄伟、光彩四射。祠堂外墙嵌着两个标牌，分别是“联合国教科文组织亚太地区文化遗产保护杰出项目奖”和“国家重点文物保护单位”，有这两块牌子，其在全国古村落中的文物价值地位毋庸置疑。

祠堂里所供奉的是两位载入史书的陆氏名人：陆贾和陆秀夫。陆贾年代久远，无须赘述，而陆秀夫之人则不可小觑，中国的大宋王朝，就是随着他悲情一跳而宣告彻底灭亡的。

陆秀夫，江苏盐城人氏，和文天祥、张世杰被后人称为“宋末三杰”。公元1279年，元军攻至广东，与南宋最后决战，结果元军大胜。时为左丞相的陆秀夫宁死不降，先将自己的妻儿驱赶下海，然后背负年幼皇帝和玉玺投海殉国，谱写了一曲惊天地泣鬼神的壮丽悲歌，其大节大义，千秋敬仰。南宋灭亡后，陆氏一族的劫难并没有随之结束，元军为斩草除根，开始对他们追

▼ 在废墟中转来转去，猛一抬头，面前出现一块空地，西向更楼立在这里，我估计，这里该是村子西口

▼ 陆家宗祠在古村中心位置，全称“陆氏广裕宗祠”，与北京故宫同期修建，至今有600年的历史了

杀。陆秀夫第四子惊悉噩耗，为逃避追剿，亡命天涯，藏匿民间。多年以后，他第五代玄孙流落到钱岗村，见此地山清水秀、地饶粮丰，便定居下来，香火延续至今。

和老者追忆完祖先功绩，我们走进了祠堂。内部正在维修，陈设物品全都移走了，后殿的正中，只留一尊汉白玉雕像，黑色基座上刻着“先祖宋左丞相陆秀夫像”，并注明是第三十六代孙（三个）于2008年捐立。

我问老者他是陆氏第几代，老者没有直接回答，只说他们族中之人，无论长幼，都知道身为陆秀夫第几代传人，均以太公的爱国壮举为荣，牢记“忠孝传家”祖训，将先祖的民族气节世代传承。说毕，他脸上明显露出得意之态。是啊，让陆氏后人值得自豪的，不仅是他们生养之地的悠久历史，更是这个家族世代相传的民族气节。

告别老者，往村口走的路上，我的脑海里蓦地浮现出这样一幅图像：悬崖绝壁，波涛汹涌，一束身影飘然而至，顿时，白浪逐天、霞光红映……中

◀ 又经过村口的荔枝园，树丛中，两个放学归来的小学生正在玩耍嬉闹。我端起相机，把镜头移过去，她们落落大方，摆出胜利的手势

▲ 内部正在维修，陈设物品全都移走了，后殿的正中，只留一尊汉白玉雕像，黑色基座上刻着“先祖宋左丞相陆秀夫像”，并注明是第三十六代孙（三个）于2008年捐立

华五千年历史长河中，英烈无数，唯有陆秀夫用如此壮烈方式以身殉国，其爱国情怀、浩然正气永留天地之间。

又经过村口的荔枝园，树丛中，两个放学归来的小学生正在玩耍嬉闹。我端起相机，把镜头移过去，她们落落大方，摆出胜利的手势。也许，她们也是陆家后代，幸福而安逸地生活在祖先留下的这片土地上。

▲ “一门父子三词客，千古文章四大家”是清代的张鹏翮给眉州三苏祠的撰联

苏氏宗迹

敬仰苏东坡，除了欣赏他的词文和墨迹，还有他豁达的人生态度。凡是他居住过的地方，只要我经过那里，都要前去拜谒。游历海南期间，我到过儋州的东坡书院，那是苏东坡人生的最后驿站；早几年，我还去过宜兴的东坡书院，他在那儿买了田地，准备终

老。这次，从广州往梅州的途中，路经苏家围村，竟然是苏东坡后裔的聚居地，我喜出望外，当然要停车进去拜访了。

苏家围村在广东中部的河源市，是一个宁静秀美的小村落，如今已开发为苏家围客家乡村旅游区。

客家人是指古代汉族的移民群体，他们原籍北方，经历朝历代的迁徙，逐渐移居到广东、福建、江西等地，聚族而居，原住民称他们为“客”，便有“客家人”之称。称苏家围为客家村落，说明在民族习俗等方面，他们仍然沿袭汉人的诸多传统。

苏家围村入口处已打造成旅游景点的模式，停车场、服务中心、验票通道等一应俱全。进入景区，迎面一组四尊的塑像：苏洵、苏轼、苏辙以及传说中的苏小妹，下面镌刻的“一门父子三词客，千古文章四大家”是清代的张鹏翩给眉州三苏祠的撰联，苏家围人视他们为先祖，将其文脉在东江之畔世代相传。再往里走就是迎亲桥，20世纪70年代建造，采用民间传统工艺的石拱桥，按照客家传统，欢迎朋友如同迎接亲人，过了桥就成自家人了。站在桥面上，一览苏家围村全貌：久社河与东江在村外交汇，碧水村前环绕，背倚青山翠竹，好一幅南方的山水图画！我不禁在想，苏氏家族选择这里定居，非祖上独具慧眼所不能。

▼ 再往里走就是迎亲桥，20世纪70年代建造，采用民间传统工艺的石拱桥，按照客家传统，欢迎朋友如同迎接亲人，过了桥就成自家人了

的确如此。1312年，元代皇庆元年，苏东坡第七世孙苏天荣任番禺教谕（相当如今的县教育局局长）期间，曾乘船途经河源，夜宿东江边的合水（即苏家围村所在地），梦见五位老人指引他上岸，去观赏一棵茂盛的紫苏。苏天荣醒后，觉得紫苏与本姓有缘，便上岸观瞧，看见一棵大榕树，且周

围环境优美，认定是梦中老人指点他定居的地方。后来他升任四川富顺知县，还对此事念念不忘，嘱咐后人要落居此地。直到明代洪武十八年（1385），他的四世孙苏秀弘任东莞京山（今东莞茶山镇）巡检时，才携家眷落居在此，圆了苏天荣多年之梦，苏秀弘因此被视为苏家围苏氏后裔的始太祖。

这段故事颇为传奇，我宁愿信其有：村口种植的紫苏园，不正是寄托着苏家围人对先祖的怀念和敬慕吗？

过了迎亲桥，就是苏家围的围龙屋。围龙屋又称“客家围屋”，是传统客家民居三大样式（客家围屋、客家排屋、客家土楼）之一，从建筑风格到民风民俗，内涵丰富的客家文化，也是华夏传统文化的沿袭和传承。不过，苏家围的民居并非传统的圆形围龙屋，而是方形的府第式建筑，与中原官宦人家院落的屋型相似。明代万历年间，苏家围的围龙屋由七八座建筑组成，四周建有围墙，东、西、南、北四个围门，苏家围村名也由此而来。明末之后，随着人口增多，逐渐在周边扩建，久而久之，大部分围墙已拆除，现在只遗留一个西门。

▼ 中堂的屏门横额悬挂“文魁”牌匾，看落款处，为明代万历年间所立

◀ 村前的广场上，竖立一尊苏东坡大理石雕像，基座上刻的是“苏轼”二字，下面文字是他的生平

▲“汉室忠臣第，宋朝学士家”，苏氏家族历史渊源，一目了然

村前的广场上，竖立一尊苏东坡大理石雕像，基座上刻的是“苏轼”二字，下面文字是他的生平。目前村内保存有18座古民居，5座是明代建筑，其余为清代所建，规模最大的永思堂，是苏天荣的第八世孙苏东山于明代成化十七年（1481）为纪念他而建。苏东山曾任广西桂林府推官，永思堂又称“东山苏公祠”。原建筑大部分已损毁，现存三堂和照壁。头门的下方砌有五级台阶，两侧红砂岩石条墙基，前廊的两根石柱，也是红砂岩石材，砂砾岩门框，镶有石刻门联“汉室忠臣第，宋朝学士家”，苏氏家族历史渊源一目了然。上了台阶，走进祠堂，上堂为祭祀堂，绕过照壁往里，上堂和中堂之间设有一小天井，用以采光和排水。中堂面阔三间，为两进深，典型的六柱官厅，梁柱装饰木雕，中间屏门横额悬挂“文魁”牌匾，看落款处，为明代万历年间所

立。这里一直是族人举行祭祀和议事的主要场所。

永思堂的北面是义峰苏公祠，比永思堂晚建40年。苏义峰是苏东坡十六世孙，这座祠堂是后代为了纪念他，于明代嘉靖四十三年（1564）修建，故称“义峰苏公祠”。两侧门联为“眉山开奕叶，合水衍支流”，寓意源自眉山的苏氏血脉，世世代代传至合水。由于年代久远，难免天灾人祸，祠堂损毁又复修，体现着不同时代的特征：前幢为清代道光年间修复，檐廊花岗岩石板，石柱和梁木的雕刻，显示了当时精湛的工艺；中幢为明代遗存的建筑，红石墙基，大青砖墙体，墙面悬挂家族的重要文物，如皇帝御赐的官位、牌匾，家族族谱及地契等，不仅显示了苏家围曾经的显赫，也是苏氏家族宝贵的精神财富；后幢在1964年遭洪水冲毁，直到1996年才恢复重建，建筑质量及工艺水平等实在不敢恭维。

村内的古民居有百余间房舍，全部为中原汉民族建筑式样，几处规模较大的保存得完好，而且都有人居住，我问了一户，全是苏姓人家。几百年间，他们日出

▼ 出了西门，一条河卵石小路，沿东江弯向后山

◀ 后山的林木更繁茂，几株巨大的榕树冠如巨伞，雄姿挺拔，均为千年的古树，其中一株叫"五显榕"，就是当年苏天荣看见的那株

而作，日落而息，过着悠然自得的田园生活。

苏家围人素来崇文重教，明清期间，全村仅有300多人口，却办了11所学堂，其中的东山学堂，在清代道光年间的科举考试中，全县考取24名秀才，该堂就占了12名，被誉为"苏半县"。明清时期出现60多名朝廷命官，其中举人2人、贡生29人、秀才120多人，不愧为一代文豪苏东坡的后裔。

出了西门，一条河卵石小路沿东江弯向后山。苏东坡一生酷爱竹子，曾作诗称"宁可食无肉，不可居无竹"。不知是有意栽植，还是野生繁殖，江岸翠竹茂密，此时夕阳西下，逆光映衬下，竹影摇曳，玲珑剔透。后山的林木更繁茂，几株巨大的榕树冠如巨伞，雄姿挺拔，均为千年的古树，其中一株叫"五显榕"，就是当年苏天荣看见的那株。后来还在树下建了五显祠纪念那五位老人，可惜早已被毁，现在这里建成山歌台，据说常有客家妹子站在这里，面对悠悠东江水，放声心底的山歌。

离开苏家围时，炊烟渐起，东江水面薄雾弥漫，眼前如梦如幻，仿佛苏东坡就站在这广袤无垠的天地之间。

整理这篇小文时，我刚好看完林语堂的《苏东坡传》。苏东坡一生坎坷多舛，宋徽宗时获赦北归，途中于常州染病，客死他乡。倘若在天有灵，他肯定会知晓，今天的苏家围人，已经是他的第二十八代孙了。

侨乡客家屋

进了梅州市梅县区，便到了华侨之乡，我知道，距县城12公里处，就是著名的侨乡村，也被誉为中国最典型的客家围屋古村落。

我们到村口时已日上三竿，阳光和煦，注满清水的稻田亮如一片片镜面。农民们正在插植秧苗。侨乡村是新中国成立后的村名，以前叫啥我没查询出来。村子背靠一座小山丘，几条山脊延伸下来，客家民居坐落其间。一条清冽的小河从西边曲折而来，穿过村前这片稻田阡陌，向东边蜿蜒而去。

我们来侨乡村，当然是来观赏客家围屋的。稻田地的尽头，一条水泥路横贯，如同分界线，把房舍与农田隔开，温暖的斜阳里，一切都染上了金黄色。这里地处山区，人口多耕地少，百姓生活艰难，因此，清末民初时，村人兴起下南洋潮流，许多人漂洋过海，甚至去欧美等国谋生，“男丁16岁则出洋”便是当时的真实写照。在外挣钱发了财，落叶归根的传统理念让他们回到家乡，买地置田建房屋。如今，保留下来的客家民居，以那个时期的最为辉煌，主要包括33座完好的客家围屋，其中以“德馨堂”“毅成公家塾”“ 南华又庐”最具代表性。这些百年的建筑

▲ 村子背靠一座小山丘，几条山脊延伸下来，客家民居坐落其间

风格各异，既有单层围龙结构，也有双层或多层围龙结构，还有中西合璧的方形结构等，它们各自成幢，相互守望，绵延数里，仿佛一个天然的客家民居博物馆。

沿着水泥路，我们先去村子右边，行走50多米便是著名的德馨堂，标准的传统客家围龙屋。所谓传统围龙屋，由池塘、堂屋、围屋、横屋、化胎五部分组成。先是建造堂屋，或三堂（下堂、中堂、上堂）或两堂，然后在两侧建横屋，人口增加了，又在边上建第二横，依此类推，不断扩大，形成围屋，越往外辈分越小。整座建筑前面，必定要有半圆形池塘，后面是同样半圆形的围屋，合起来构成一个阴阳太极图，与中间堂屋方形结构相呼应，正是中国古代“天圆地方”哲学思想的体现，阴阳平衡也是家庭与自然的和谐统一。

德馨堂建筑在半山坡上，门前池塘已呈长方形，两堂四横两围的结构，始建于1905年，1917年完工，主人是印尼华侨潘立斋。整座建筑前低后高，引山泉水自用，上下水渠按“之”字形设计，流经各屋后汇聚于天井，再由天井排出，既科学又环保，难得建造者当时就有这种理念。内围和外围的横屋互通，共有60多间房屋，彼此为通廊，穿行其间，犹如闯入了迷宫，让人不知所措又叹为观止。有的门前卧着鸡群，估计有人还在居住，偶尔也有老人或孩童出入，并不理会我们，正常生活在他们的世界里。来到堂屋的后面，果然是半圆形的围屋，房屋破损不堪，早已无人居住。房前有片空地，铺满光滑的鹅卵石，形状微微隆起，犹如怀孕女人的肚子，这便是客家围屋最神秘的文化符号——俗称“化胎”，象征客家人子孙兴旺、生生不息。据说，这里在客家人心中颇为神圣，比如不许小孩儿在上面撒尿，也不能用铁器划痕，否则会伤了“胎气”。是的，我看到，虽然历经百余年，上面仍然平展如初。

从德馨堂下来，沿路向西，村内这一侧房屋建筑密集，多为民国初年的客家围屋，单层围龙结构，有的人家修建了围墙，屋前院外有水塘，也有菜园，田间小路直通家门口，满满的百年老家味道，可让游子归乡感油然而生。村里的设施也很超前，比如水泥村路是20世纪初修建的，随地势蜿蜒起伏，连接到全村的各幢围屋。

一处山坡上的建筑前围拢着很多人，我们顺坡走到近前，原来是座百年老校——毅成公家塾，清代光绪二十八年（1902）由村里两位

▲ 房前有片空地，铺满光滑的鹅卵石，形状微微隆起，犹如怀孕女人的肚子，这便是客家围屋最神秘的文化符号——俗称“化胎”，象征客家人子孙兴旺、生生不息

潘姓侨胞捐资建造。初为私塾，民国后改为全日制小学。这座建筑选址很巧妙，利用山坡就势而建。整体为双围龙结构，回字形单层瓦房，围住二层小楼，中间为花圃，建校时栽植的两株鸳鸯银杏树和一株白玉兰仍高耸挺拔、浓郁苍翠，后排房屋建在山坡上，彼此融为一体，环境庄严而静穆，是侨乡村崇文重教的历史见证。这座百年老校桃李芬芳、学子荟萃，近代一批知名的华侨企业家、科学家、经济学家、军政要人等，就是从这里走出，投身到世界大潮流之中。

从院子里走出来，门前的人群还没散去，听他们的话语，是当地教育系统的，好像要在这里筹划现场会。

南华又庐也在不远处，隔着一大片田地，便看到了它屹立的身影。但只有走到近前，才能真实感受到它宏伟不凡的气势。在梅县范围内，有几个大的客家围屋，南华又庐为其中之一，是著名华侨潘祥初建造的。据

▲ 跨石桥过去，是正面堂门，上方悬挂“南华又庐”匾额，款落“光绪三十年”，门联“南天开景运，华厦启文明”

说，清代光绪年间，他回乡要建一座围龙屋，苦于无合适地点，只好选择在平地田野上，从海外运回水泥、石灰、玻璃、铁艺等建材，建起壮观无比的方形围屋。

关于庐名，潘祥初当年的祖屋叫“南华庐”，再建此庐时，他遵循祖宗传统，起名“南华又庐”。庐前一条小溪流过，四面筑有围墙，跨石桥过去，是正面堂门，上方悬挂“南华又庐”匾额，款落“光绪三十年”，门联“南天开景运，华厦启文明”。堂门紧闭，两个村民闲坐在那里，询问他们，指向侧面敞开的门洞：从那边廊道进去。一万多平方米的建筑，规模宏大，百余间房屋，厅堂相连，廊道相通，组成若干庭院，刚走过两个院落，我就辨不出方向了。

这座有“十厅九井”之称的南华又庐，建筑布局严谨，中轴线上排列上、中、下三堂，左右两侧各有四堂，由潘祥初的八个儿子分居，每堂相对独立，为自成一体的围屋，彼此有庭院衔接，形成屋中屋的连体模式。在前后庭内，砌有花墙、鱼池等，充满生活情趣。各房间内雕梁画栋，工艺考究，有的墙面还镶嵌着壁画，精美绝伦，在那个年代该是极为少见，让人感受到主人当年的气派。中堂的显著位置供奉着潘祥初的灵位，资料显示，他的儿孙后裔多达百人，分布在海内外，其中多名博士、学者和企业家，世界著名量子化学家、中国科学院首批外籍院士之一的潘毓刚博士就是其后人。

带着钦佩之情，我们离开南华又庐，也离开了侨乡村。客家人独特的围龙屋让我惊奇又赞赏，而一代侨胞爱家乡、爱祖国的拳拳赤子之心，更让我无比敬重、不能忘怀。

汽车驶上公路前，稍远处的田野里，一栋“烂尾楼”单身孤影立着，望过去，外观为洋楼式样，据说，那是日本侵略中国时期，因海外建筑材料无法运来而导致停建。我们没有过去，因为留在心底里的，是客家人的美好，不想再让别的东西玷污。

▶ 每堂相对独立，为自成一体的围屋，彼此有庭院衔接，形成屋中屋的连体模式

桥溪古韵

传统村落和旅游景区的完美结合，桥溪村是最佳的样板。

桥溪村四面环山，禁止私家车上去（盘山路坡陡，弯度大，也很难开上去），游人必须乘坐景区的中巴。下了车，一段平缓的山路，可坐景区电瓶车，也可徒步前往，沿途栽满花木果树，鲜花盛开时节，五颜六色，千姿百态，一条从山上流淌下来的溪水，清冽湍急，哗哗作响，会让人蓦然想起童年时光。

桥溪村，普通的客家山村，却因一个神秘的传说，让这里亦真亦幻，蒙上扑朔迷离的色彩，颇耐人寻味。明代末年，朱氏皇族为逃避满门诛杀，四处躲藏，其中一支辗转至此，与陈氏联姻，从而繁衍生息，成为村里主姓居民。也许是不甘沉寂，天下太平后，他们走出山村，到外面闯荡世界，成就事业后返回故里，在清代晚期，陆续兴建了继善楼、世德楼、宝善楼、世安居、宝庆居、祖德居等建筑，营造出客家人这一方绿洲，成就了桥溪村400多年历史。如今，这些客家传统围屋，成为古村最具魅力的标志符号。

村口处的五彩林，红楠、桂树、檀木等五棵珍稀古树，均有上千年的树龄，挺拔繁茂，苍虬有力，叶片和花的颜色也不尽相同，红的、黄的、绿的、粉的、白的，真是色彩斑斓、花团锦簇，我们没等进村，就有醉卧丛林的欲望了。

走过五彩林，溪水变得平缓，涧面也宽了许多，有小石桥架在上面，通向村子另外一侧。水流像一条游动的蛇，把山谷蜿蜒成优美的曲线，桥溪村就坐落在这狭长的河谷地带。仰望四周，翠绿的山峰环绕，与天际相交处，勾画出断断续续的优美曲线，喧嚣尘世被阻隔在

▶ 桥溪村，普通的客家山村，却因一个神秘的传说，让这里亦真亦幻，蒙上扑朔迷离的色彩，颇耐人寻味

▲ 一段平缓的山路，可坐景区电瓶车，也可徒步前往，沿途栽满花木果树，鲜花盛开时节，五颜六色，千姿百态

外，幽谷空寂，不免让人惊叹：大自然原本就是这般宁静吗？村里的客家民居从溪畔两岸建起，沿山坡顺山势逐层建造，高低错落，有的掩映在万绿丛中，时隐时现，有的独立巨岩之上，傲视大千世界，整个山村犹如童话般的世界。

景区导游图绘制得精美详细，按照上面的标识，我们离开村口小溪，登上石头垒砌的阶梯，向山坡进发。拐过“之”字形弯路，石基高台之上，坐落着清代晚期修建的“守庆公祠”。主人是村中朱氏十三世祖，悬山式的大门，四周筑石墙，一堂两横布局，装饰朴素无华，仍有人居住在里面，他们热情好客，邀请游人随便参观。继续登石阶前行，蜿蜒曲折，越往高处越赏心悦目。午后的蓝天，洁净透明，白云浮动，柔和的阳光下，漫山遍野的暖色调里，柑橘、芭蕉、龙眼，还有许多我叫不出名的果树，枝头蓓蕾初绽，争奇斗艳，几块零星的田地里，嫩黄色油菜花映衬着白墙灰瓦，描绘出客家世界的悠悠古韵。

行至半山腰处，在村子的中心地带，一段条石垒砌的台阶伸向高高夯筑的平台，上面坐落着继善楼，此乃桥溪村的最大骄傲，也是客家民居又一经典。正面的台阶两旁各有一水井，一方一圆，寓意“天圆地方”。拾级而上，穿过精致的门楼，来到院落里，四周围花瓶状的栏杆，表面涂青绿色釉彩，居高临下，犹如一个空中大阳台。这座建筑为两层杠式围楼，是村中宝善楼朱氏后裔（印尼华侨）秉承父志而兴建，故名“继善楼”，于清代光绪二十八年（1902）动工，历时十二年才落成。

▼ 这座建筑为两层杠式围楼，是村中宝善楼朱氏后裔（印尼华侨）秉承父志而兴建，故名“继善楼”，于清代光绪二十八年（1902）动工，历时十二年才落成

所称杠式围楼，是客家民居较为简单的一种类型，横屋纵向排列，如同轿子两侧的杠杆，山墙朝前，堂屋在杠与杠之间，因而得名。根据经济条件等，一般最少为两杠，多则八杠，继善楼为六杠建筑，包括其附属建筑，称为“七杠屋”，应该算是规模较大的。如此闭塞的小山村，竟然有如此华丽的建筑，倘若不是眼见，说出来没有人会相信的。

先看正面堂门，凹式轩廊大门，两层楼高，檐下一排巨幅木雕由两根石柱支撑，木雕图案富贵吉祥，石柱雕刻技艺精湛，彼此相得益彰，把堂门凸显得高大阔气。堂门上方是斑驳而遒劲的“继善堂”匾额，四周镶嵌彩塑壁画，虽多有凿痕，仍不失往日风采。两侧门联为“继志述事”和“善邻亲仁”。再看正面整体，白色墙壁，青瓦覆顶，六面硬山

▶ 村里的客家民居从溪畔两岸建起，沿山坡顺山势逐层建造，高低错落，有的掩映在万绿丛中，时隐时现，有的独立巨岩之上，傲视大千世界，整个山村犹如童话般的世界

式山墙，镂空砖雕窗口，两侧披檐式小门，飞兽檐刻，典型的旧时贵族风范。从堂门走进去，让人眼前豁然一亮：宽敞通透，装饰精致。楼上楼下共70个房间，大小堂厅32个，通过回廊相互连接，中部为9个天井，建筑样式为传统风格，一些局部却带有清末时兴的西洋符号。一楼偌大的厅堂，一张条几，放置着朱氏先祖的图像，两壁摆放宫廷镜，墙面彩绘的花鸟虫鱼图案仍然清晰可见。登上二楼，正厅两面樟木墙板，上面刻满《朱子家训》，金碧辉煌，显然是重新粉饰过，木廊木柱，古色古香，而几扇窗户却镶着舶来的彩色玻璃，标明建造者的华侨身份，也可想象出当年的兴旺景象。如今人去楼空，整座建筑显得空空荡荡。目前居住在此的是楼主亲属，他们说主人虽在印尼，也常回来看望这座祖屋。

从继善楼出来，顺山势继续往上，石梯辗转迂回，穿梭在一个个景点间，依次可看到世安居、宝庆楼、善庆楼，这些客家围屋，虽然规模小于继善堂，但风格各异，独具特色。来到山顶最高处，是村内陈氏家族所建的仕德堂，也是村中现存建造年代最早的客家民居建筑。仕德堂为两层，外墙用黄土夯成，属于反围龙

▼ 沿着几十级条石台阶登到坡顶，燕诒楼、慎安居、宝善楼、世德楼并排坐落在这里，临溪而建，石基高筑，犹如一座座白色城堡

式结构，外周呈一个巨大弧形，由于是建在山坡，从旁边的侧门进去就是二楼，外侧有通廊连接各屋，一楼各屋则房门朝外，方便出入。我上下转了一圈，几十间房屋不见有人居住，而且已破损严重，令人惋惜。站在这里，可以俯瞰整个桥溪村，明净高远的天空下，山峦呈现出墨绿色剪影，高低错落的客家民居，在花草树丛中半裸着灰色屋脊，不肯露出全部面目。而河谷的对面，几座大型客家围屋则面朝阳光，背靠原始状的茂密竹林，分外耀眼夺目。

沿溪水再往里走，一条木栈道向山后纵深延伸过去，曲径幽幽，水雾氤氲，山穷水尽不见去路……我们便折返回来，又走到五彩林，跨过小石桥，爬上河谷对面的山坡。

沿着几十级条石台阶登到坡顶，燕诒楼、慎安居、宝善楼、世德楼并排坐落在这里，临溪而建，石基高筑，犹如一座座白色城堡。这几幢客家围屋，建筑年代稍早一些，较为朴实简洁，墙上大大的“公”“忠”字，是过去年代留下的印迹。我们走近燕诒楼，披檐式的门楼，里面居住的村民刚刚吃完晚饭，闲坐在天井纳凉，从桌上的碗筷数量看，应该是在一起生活的大家庭。左后方的慎安居，“三堂一围”的楼房，结合了“合杠楼”和“围龙屋”的结构特点，是另一种客家围屋的式样。最高处的宝善楼，与河谷对面的继善楼遥相呼应，可谓一脉相承。

夕阳渐落，遍布溪水旁的圆石，岸边的各色野花，开始染上淡淡的金黄，一路走过去，花香四溢，颜色也越发浓厚，就连我们各自的身上，也像换了服装似的。溪水清澈见底，见不到任何垃圾杂物，导游说，原来村里建了很多“农家乐”，生态环境破坏严重，后来便全部关停了。是的，我也注意看了，全村连卖食品的小店铺都见不到。

桥溪村目前人口500多，旅居海外的侨胞达6000多人，是一个名副其实的侨乡。天然景致和人工设施的结合，不仅没有破坏原有生态，反而成就了一座巨型的立体花园，耸立在梅州阴那山中，让喜欢它的人前来游历观赏，来了，便是万般的欣喜，不舍离去。

不知不觉中，黄昏降临了。坐着中巴车下山，隔着车窗，我向桥溪村望过去，绿荫浓郁，云雾缭绕，竟然看不到它的身影。噢，我明白了，古韵悠然的桥溪村，原本不在人间，而是隐匿在大山的云端深处。

第九章 婺源，油菜花开时

早春时节，油菜花盛开，正是婺源的黄金季节。全国各地的赏花人慕名前来，如同蜜蜂遍布江岭、江湾等景区的花丛。从海南返回沈阳，选择经过这里，不单单是因为顺路，主要还是观赏油菜花。况且，婺源不仅有自然之美，还有人文之幽，县城周边，星罗棋布，散落着诸多古村落，走进去，那种历史的厚重感，相比黄花之艳，又是另一种精神震撼。

千年李坑

村口几棵苍劲的古樟树，虬枝盘曲，绿叶如盖，簇拥着一座高大的石牌楼，上面镌刻“李坑”两个大字。我观察，石料尚新，应为近期所立，工艺略显粗糙，若干年后，也将融入古村历史。一条清澈的溪水恰好经过牌楼旁，伴着斑驳的石板路，向村子方向蜿蜒过去。

李坑村，毫无疑问，以李姓为主的村落，至于“坑”，我不解其意，四处查询都无明确说法，却让我了解到，该村建于北宋大中祥符年间，至今已有千年历史。

走过石牌楼，是开阔的油菜田地，早春时节，千万朵蓓蕾竞相开放，石板路与溪水并行，从这片嫩黄色花海中穿过，游人行走其间，纷纷驻足拍照。有农民赶着水牛过来，因为路面狭窄，人们都侧身让行。溪水在田地尽头与另一条溪水相遇，汇成更为清澈的小河流，汩汩流向左边的村里。两水交汇处，一座石桥横架其上，名曰“通济桥”，据说是村内历史最久的石桥，村人称此处为“双龙戏珠”，“双龙”为横竖相交的两条溪水，“珠”即为桥拱及水面的倒影。

过了通济桥，就进入村里了。李坑村四面环山，村内布局简单明了，以溪水为中线，建筑物分列两岸。历史上，婺源曾隶属安徽，所以这里的建筑均为徽派风格，粉墙黛瓦，勾勒出墨色般线条，特别是马头墙，最具徽派建筑神韵，高低错落，两叠或三叠式不等，“马头”有“鹊尾式”“印斗式”“坐吻式”等各类，极富动态美感，又兼有节奏之韵律。我喜欢徽派建筑，以前多从图片中欣赏，这回眼见为实，让我目不暇接，刚一入眼，立刻陶醉其中了。

建筑物和溪水之间，是青石铺就的步行道，有多座石板桥连接两岸。两岸商铺林立，除了祠堂等公共建筑，可谓家家经商、户户开店。店内以经营当地樟木制品的铺面居多，然后是饭店，门脸装饰得古色古香，从溪中捞上来网养的活鱼，现杀现做，食客盈门，大快朵颐，享受难得的乡野古村美味。

赏花季节，游人众多，小桥流水人家，本应是宁静

▼走过石牌楼，是开阔的油菜田地，早春时节，千万朵蓓蕾竞相开放

▲ 过了通济桥，就进入村里了。李坑村四面环山，村内布局简单明了，以溪水为中线，建筑物分列两岸

祥和的景象，却被闹市般喧哗所笼罩，不过，我游兴正浓，丝毫没受影响，漫步熙攘人流中，静心品味古村的往昔。

李坑村人杰地灵，历代英才辈出，自宋至清，仕官富贾达百人，其中最杰出者当数南宋乾道年间的武状元李知诚。这些先人建造了多座精美的建筑，为古村留下大量物质财富，兼有不可多得的文物价值。如大夫第、李其高故居、铜绿第等，其中的大夫第堪为村内建筑的经典。现今保留下来的大夫第，一般都是明清时期所建。所谓大夫，均是五品以上官员，其私宅称作“大夫第”。的确，这座府第的主人，官居从五品。清代咸丰年间的建筑，大门为青砖石门枋，水磨石青砖门面，庄重而不奢华，进到里面观赏，挑高的大厅，木雕、砖雕比比皆是，精湛夺目，令人称绝。

河道里，几条游船停泊，船夫见暂时没人雇用，端着碗在吃饭，旁边的船娘和他搭着话。看他们悠然自得的神情，想必生活是安逸闲散的吧。

再往里走，来到村中心位置，一座木制的古亭横在石路中央。这座建于明代末年的木亭，两层结构，由十根木柱支撑，飞檐翘角，轻盈活泼，形如飞鸟展翅。古时，每月的朔、望日（即农历初一和十五），宗祠的锣声一响，村民便聚会于此，由族长主持，处理邻里纠纷之事，赏善罚恶，惩办违反村规民约者，故名“申明亭”。据说，凡有过错之人，不能从亭中经过，要从旁边石路低头绕过，以思悔悟。我从此经过时，亭内坐满休憩的游客，东张西望，指指点点，迟迟不愿离去。

在丁字路口，我拐向右侧，沿街仍然是商铺、客栈，再走不到50米就到了村子尽头。一幢民居的门洞里坐着几位老妇，我把相机对过去，遭到她们的反对。我猜想，可能不愿让外人带走这里的一切，包括她们自己的身影。

原路返回，脚步沉甸甸的，我知道，是被思绪拖住了，不想让自己这么快就离开。

袖珍李坑，宛如一颗明珠，千年过后依然灿烂如故。路过此地，和你相遇相识，算是咱们今生有缘吧。

▼据说，凡有过错之人，不能从亭中经过，要从旁边石路低头绕过，以思悔悟

古村汪汪

汪口村，距景德镇84公里，两条清溪在村南汇合，白净如练，碧水汪汪，因而得其村名。村落建于宋代大观三年（1109），以俞姓为主聚族而居，祖上为朝议大夫（正三品）俞杲。“大观”是宋徽宗赵佶的年号，北宋时期仅使用四年，即1107—1110年。

汪口村北靠青山，南临汪溪，可谓枕高山面流水，尽得山水之灵气。明清时期，作为徽州重要水路交通的物资集散地，这里“沿

▼汪口村北靠青山，南临汪溪，可谓枕高山面流水，尽得山水之灵气

水而兴”，商业景象繁华，店铺林立，商贾云集，建有18个码头供商货转运。

我们沿河来到村口，河面呈“U”形弯曲，使得村头三面环水，形似半岛状。水口处横卧的宽宽堰坝，是清代雍正年间为便于商船通行和码头建设而建造的“平渡堰”。据说在当时，堰体为曲尺形，长边拦河蓄水，短边与河道成夹角，为通船航道，绝对是水利设施建筑的一个杰作。我看到，虽经多年洪水冲击，如今堰坝依然片石无损。

因为是沿河建村，所以村落布局虽似网状，却由一条长街统领。这条长街东西走向，青石板铺设，名为“官路正街”，亦称“千年古街”，两侧建筑多为商铺式样，二层结构，门脸敞开，镶嵌可装卸的长排木板。南北连接长街的是18条狭长的巷道，直通河埠那18个码头，给当年货运调配提供了方便。千载沧桑，留下60多幢商铺建筑，虽然早已改为民居，仍保留着历史遗迹的原貌。

沿官路正街游览，便可观古村全貌。曾经的繁华远去，现代商业尚未兴起，村民没被外界过多干扰，生活平静而安逸。长街两旁，少许的小商铺也以卖杂货为主，供村内人家所需。如此环境下，放松身心，一路走着，时有惊叹接踵而至，品味建筑之古朴，咀嚼历史之厚重，乃是一种难得的精神享受。

俞氏宗祠自然是村里最权威的建筑，清代乾隆年间，在京为官的族人俞应纶回乡省亲时带头捐资兴建的。祠堂占地600多平方米，整体为歇山式建筑，由山门、享堂和寝堂组成。山门采用“五凤门楼”形制，檐角飞扬，如大鹏展翅，并由马头墙相拥，气势优雅又雄伟。凡斗拱、脊吻、梁枋等木制构件均琢雕饰，雕刻包括深雕、浅雕、透雕、圆雕等技法，细腻繁复，让人眼花缭乱。进到祠内，悬挂的多组木雕，图案更为精美，花鸟鱼虫、亭台楼阁、民间典故等，构图新颖，栩栩如生，其中的《三英战吕布》，让我有一种他乡遇故知的感觉。游人簇拥这里，和我们一样都仰着头，细细地观赏，然后感叹连声。2006年，此建筑被列为国家级历史文物保护单位。

从俞氏宗祠出来，正对着一条巷道，我向河边望过去，见河面水平如镜，反射着耀眼的光泽。走过去观看，原来这里有座滚水坝，坝上溪水碧绿，一群白鸭在戏水，几个村妇蹲在河边洗着衣物；坝下则水浪翻滚，顺势流向更远的地方。

▼ 水口处横卧的宽宽堰坝，是清代雍正年间为便于商船通行和码头建设而建造的“平渡堰”

从河边返回官路正街，见一座建筑的门楣上挂着“乡约所”的牌子，便饶有兴趣地走进去。我知道，乡约所是我国明清时期在农村设立的基层管理组织，是邻里乡人劝善习礼、相互协助救济的场所，也是族人宣讲圣谕、进行伦理说教的地方。进入里面，抬头可见悬挂的“明太祖圣谕”：孝顺父母，尊敬长上，和睦乡里，教训子孙，各安生理，毋作非为。厅室里还有“俞氏家训文化展示”，一块展板上面写的“疾相抚、患相极、贫相赒、死相葬，老弱废残相养，婚嫁丧灾相助”等，是这个家族写入宗谱里的警句，留给其后人，作为礼规及家训的总则。族人根据自身特点，引申成各自的家训，规范子女思想行为与观念习俗，达到培养良好家风、兴旺家族的目的。另一块展板上，摘录了几个家庭的家训：急公好义，亲群亲上；惧法朝朝乐，欺公日日忧；仰事父母，俯育妻儿，不使之饥饿离散；光明磊落便是好人。

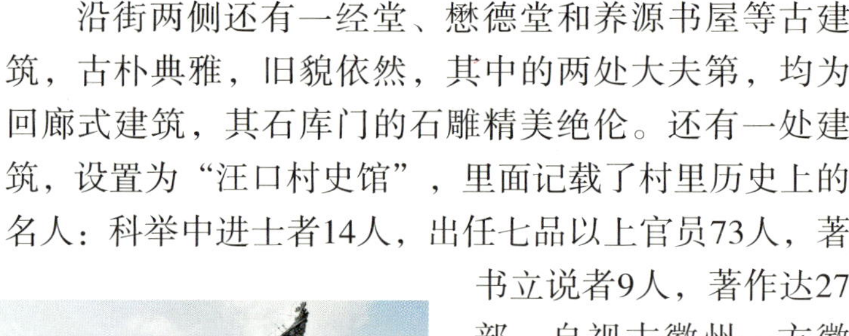

沿街两侧还有一经堂、懋德堂和养源书屋等古建筑，古朴典雅，旧貌依然，其中的两处大夫第，均为回廊式建筑，其石库门的石雕精美绝伦。还有一处建筑，设置为“汪口村史馆”，里面记载了村里历史上的名人：科举中进士者14人，出任七品以上官员73人，著书立说者9人，著作达27部，自视古徽州一方徽秀钟灵之地。

古街长600多米，纵向的巷道幽深寂静，光影斑驳，我走进两条，体验“身居其境”，虽然茫然不知所措，却能让心完全静下来。两个多小时，我们慢慢走到尽头，又返回村口处。

▼ 俞氏宗祠自然是村里最权威的建筑，清代乾隆年间，在京为官的族人俞应纶回乡省亲时带头捐资兴建的

▲ 光阴荏苒，昨日繁华不再，然古村余韵悠悠，历史已经铭刻，再久的岁月，也抹不去它曾经的印迹

心有不舍，不禁回头望去，青山绿水中，出现了漂流的竹筏，荡起条条波纹，许久不能散去，好一幅水乡倩影图画！

离开汪口村，走了一段，公路旁有块高地，上面建有观景台。停车登上去，遥望汪口村全貌，我不禁感叹：光阴荏苒，昨日繁华不再，然古村余韵悠悠，历史已经铭刻，再久的岁月，也抹不去它曾经的印迹。

上、下晓起村

来到婺源，首先让我颇感兴趣的，是这里的古村落村名，似乎非典不取。比如这个晓起村，听着像女孩儿名，却也有典故可查。往那儿去的路上，我还在念叨：该村始居者为汪姓人氏，据《汪氏宗谱》记载，唐代乾符年间，他携家人逃难到此，恰好天刚破晓，四周景色宜人，便立村取名“晓起”，后又有人在附近建村，也称“晓起”，便有了上、下晓起之分……这样想着，下晓起村先到了。

下晓起在两溪汇合处，村口有座“居安亭”，立在一道坡岗之上。沿石阶穿亭而过，才能进入村里。村人多为汪姓，明清时期，他们以茶谋生，种茶、制茶、贩茶，因茶兴旺发达，建屋置室，传承下来这千年古村。村内小巷密布，青石板铺路，曲曲折折，似乎故意设置的迷宫。没走多远，路旁的“双井印月”让我停下了脚步。这是大小两口水井，开凿于唐末及宋初，大井饮用，小井洗涤，古人的卫生意识令人感叹。我上前探身观瞧，仍见井水清澈，深不可测。

村里留下的古建筑，多为明清时期的民宅，无太大观赏价值，倒是两座家族祠堂，尚可见证古村曾经的辉煌。一是礼耕堂，汪氏家族的祠堂，清代光绪年间所建，主持建造的族人是当时的茶业巨商，垄断着广州府的茶叶出口。祠堂建筑技艺精湛，麻石门枋，门罩砖雕，厅堂典雅，不必具体描述，因为我的目光已投向了正厅里的抱柱对联：“退一步海阔天空，让三分心平气和。”是啊，在汪氏富商的眼里，圣贤和祖先的教诲，超过万贯家财的价值，这种豁达的创业思维、谦逊的处世心态，正是他们能够富甲一方、生生不息的传家瑰宝。二是睦顺堂，为汪氏八代裔孙为母亲所建的家祠。此人曾任明代嘉庆年间的大理寺卿，正三品，掌握全国刑狱的最高长官。大门门罩为御赐砖制牌楼，两层飞檐，可见当时显赫的地位。只可惜大门紧锁，不能入内参观。

下晓起村落里，沿袭祖上经商传统，到处弥漫着商业味道，除了许多店铺，还有搭建的简易市场，里面摆满铺面，出售当地的土特产品。我们无意购买，走进旁边的古樟树林。一株千年樟树，高耸入云，亭亭如盖。树前立一石碑，上面刻有“晓起神樟”，几十株古樟树和江南红豆杉呈扇形围在四周，也给这里增添了灵气。据说，这片生机勃勃的“活化石”，即使在

▼ 村里留下的古建筑，多为明清时期的民宅，无太大观赏价值，倒是两座家族祠堂，尚可见证古村曾经的辉煌

古树遍布的婺源，也并不多见了。

出了下晓起村，一公里之外，一条石板路相连，便是上晓起村。相距咫尺，哪有不去之理？别小看这条石路，它可是徽州古驿道，留下的车辙，至今未能磨灭，难怪走在上面，脚下坑洼不平。路曲如蛇行，一条溪水相伴，两侧山林葱郁，路边的古树掩映着油菜花海，行走其间，我故意放缓脚步，让身心填满这诗画般的气息。

上晓起的村头是溪流的水口，几棵百年以上的樟树俯临水面，浓阴蔽日，树下簇拥着烂漫山花，粉红色，淡黄色，娇娇嫩嫩，让人顿生亲近之感。走到近前，水口端有一亭，名为“晓和亭”，我猜想，是取“晓理而和睦”之意吧。

上晓起居民以江氏为主，历史上曾有多名高官显宦，官居最高者首推清代两淮盐务使江人镜，朝廷的一品大员，足见这方土地钟灵毓秀。如当地俗语说：“下

▼ 树下簇拥着烂漫山花，粉红色，淡黄色，娇娇嫩嫩，让人顿生亲近之感

晓起多商宅，上晓起多官第。”因此，今天保存下来的几十幢古建筑，多系明清时期的官宅，气派堂皇，风格鲜明，无不显示着主人当年高贵的身份。

我们先去看江氏宗祠。这座明显苍老的古建筑，是江人镜为祭祀祖先而修建。祠堂面开三间，深檐阔廊，檐下横梁镶嵌的巨幅木雕，给原本朴实的外观增添了少许威严。不过，风雨剥蚀，年久失修，建筑物内外已陈破不堪。我迟疑片刻，还是踏上三级高阶。祠堂结构为三进，中规中矩，两侧有廊道连接天井。正堂有“敦彝堂”横匾，字体苍劲。我虽不解其意，却惊叹是林则徐的笔墨。墙壁有贴图，介绍江人镜的生平功业：长期在山西为官，颇有政绩。光绪十六年（1890）升任两淮盐运使，任职扬州，革除积弊，减免苛捐杂税，使国税年年递增，被光绪皇帝赏赐一品顶戴花翎。光绪二十六年（1900）病逝于扬州，送回故乡安葬，享年77岁。

江氏宗祠旁边是江人镜的府第光禄公祠。其后人均定居外地，房屋闲置，也呈残破不堪面目。村内还遗存大夫第、进士第等古建筑。大夫第建于明末，主人为扬州巡检，清代光绪年间光禄大夫。所幸部分木雕尚好，刻镂精细，称得上艺术精品。进士第的主人是江人镜的祖父，清代嘉庆四年（1799）举人，丙戌年进士。这座建筑结构独特，门罩在院墙内，墙面转折处镶嵌着精美砖雕，却已残缺不全。

曾经一位有识之士叹息：“古村落的消失，可能比我们想象的还要快。”看了这几处古建筑，我亦感同身受。古村落能够存世，除了史料记载，主要由沉甸甸的实物承载。古老的生态是脆弱的，如不能及时修葺、维护、保存，“不知何处是家乡”将很快成为残酷的现实，到了那时再施抢救之策，岂不悔之晚矣！

除了古建筑，村里还有座“江上青希望小学”，让我倍感欣喜。江上青是革命烈士，让家乡人缅怀先烈，激励青少年勤奋学习，报效祖国，应该是一项慈善之举。

阳春三月是这里最美的季节。告别晓起村，重又踏上徽州古道，心情顿时舒畅起来，缘由何在？该不是受陶渊明诗句所感染吧：“种豆南山下，草盛豆苗稀。晨兴理荒秽，带月荷锄归。道狭草木长，夕露沾我衣。衣沾不足惜，但使愿无违。”我恍惚觉得，他就是在此地写下的这首《归园田居》。

思溪 · 延村

延村和思溪村相距一公里，从婺源县城过来，延村在外，思溪村在里。旅游部门将其打造成一个景区，名

▲ 转瞬之间，盛开的油菜花丛已淹没了他们的身影

为“思溪·延村”。

刚到延村村口，几个青年学生身背画夹，相互招呼着向村里奔跑过去。爱好美术的我顿生好感：能入画的地方，一定有异常怡人之处。随即紧跟其后，转瞬之间，盛开的油菜花丛已淹没了他们的身影。

据《婺源县地名志》记载，延村建于北宋元丰年间，因背倚青山，面临清溪，处于山水怀抱之中，故名“延川”，取“子孙绵延”之意，后来改俗称“延村”沿用至今。据说，始建村时，先开凿了一口井，然后拓出两条“人”字形的村路，全村围着路而扩展延伸，形成的基本格局，千年来未曾有大的改变。

穿过那片油菜花丛，眼前的景象一下子让我惊呆了，难怪学生都过来写生。延村的建筑，不论是近年新建，还是历史遗留的，全部是徽派风格。粉墙黛瓦，黑白相间，马头墙户户相连，隔巷相对。而最为耀眼的，是房舍之间、墙外墙内，一块块油菜田园，大大小小，似乎随意点缀，青绿色的叶片，黄灿灿的花瓣，衬托着徽派建筑，合成一幅素雅的山水国画，而此时的我，仿佛就在画中举步漫游。

历史上，延村以商贾闻名。明清时期，同属徽商的延村人以经营茶叶和木材起家，积累财富后，便在家乡买田建屋，以此光宗耀祖。至今留下的50多幢古建筑基本保存完整，是婺源域内的清代商宅群。这些房屋，多数为清代乾隆、嘉庆年间建造，少量是明代的。婺源的古建筑有其自身独特之处，比如，官第与商宅，建筑风格差别很大，官第讲究气魄，商宅则注重财运，在延村这里体现得最为明显。封建社会，商人富而不贵，社会地位不高，按当时朝廷的规定，商宅不能在临街开大门，也不能面朝正南。如此一来，许多富商就把银子

▼ 在一条窄巷里，我看见几个村民对面坐在屋檐下，笑容满面，而他们的脚下，就是亘古至今的石板

花在屋里，大肆装饰内宅，各种珍稀材料、精湛工艺，极尽豪奢之能事。因此，要想欣赏延村古建筑的精华，必须走进其内部。与别的古村不同，如今的延村人大都居住在祖屋之中，只要屋门没上锁，游人尽可以随意出入参观。

村里规模较大的商宅，如明训堂、聪听堂、余庆堂等，从外观看，简洁朴素，顶多把大门略加修饰，水磨青砖门面，门罩翘角飞檐，门头上简单的砖雕。一旦走进里面，如同雕刻的展示馆，雕梁画栋，顿时满目生辉。厅堂设置为典型的清代徽商模式，中间太师板壁，上方悬匾额，下方挂中堂画卷，两边则为楹联。案桌之上，摆放着长鸣钟、花瓶、玻璃镜等老物件，让我想起童年时，咱们北方大多数人的家里也是这种相似的陈设。

延村的商宅还有一个特点，就是以天井为中心来构建。所谓天井，就是露天的小院落。我注意到其功能：一是方便采光。由于四面高墙，阳光射入很少，而正房朝向天井，又是完全敞开，可见一方天日。二是解决排水。雨水受高墙所阻，不能从前后屋檐排下，可沿天井四周的围檐，汇入下面的明塘，然后再排出户外。至于“四水归堂”“肥水不外流”等，则是取“吉利”之意。三是防晒通风。这里炎热多雨，为防过度潮湿，天井兼有通风透气作用。另外，天井采光柔和，避免直接照射，有静谧舒适之感。天井的诸多之妙，竟让我这北方人着迷了，试想，夏日傍晚，沏一壶普洱，端坐天井之中，品茗赏月。“浮生若梦，为欢几何？”

村里还有座“万福门”，位于村委会旁边，用方形大石块砌成，上面刻着“泰山石敢当”五个大字，这是古时候民间较为流行的一种崇拜，意思是可镇一切不祥之邪。该门建于明末清初，是当时的村门，两边有“万派归真宗朝江汉虎踞龙盘金宝地，福星集荫轴卷岚纱山明水秀延凝村”对联，从中可以看出，当时的延村人建设家园的美好心愿。

村路原为青石板，虽经无数次修补，仍然可见始建时的路面。在一条窄巷里，我看见几个村民对面坐在屋檐下，笑容满面，而他们的脚下，就是亘古至今的石板。我把镜头对准他们，留下这一历史瞬间。

走出延村，我回过头去，又深深地望了一眼，只见村子上空，屋脊四周的马头墙，轮廓线鲜明，勾画出阶梯状的韵律之美。

思溪村探首可望，有旅游电瓶车乘坐，我们却坚持步行过去。路上景色宜人，一大片盛开的油菜花，重叠在路旁错落有致的田野里，就像铺上了巨大的金色地毯。

思溪村口有座廊桥，为进村的必经之路。我们没有急着进去，也是走累了，便坐在桥边小饭店，要了两盘炒米粉，边吃边观赏廊桥。思溪村比延村建村晚，由俞姓人于南宋庆元五年（1199）始建，虽然两村相距不远，这里又是一番景色：背依秀峰峻岭，一条清溪绕前，景色如诗如画，估计村名便是由此而得的吧。廊桥就架在溪水之上，桥长22米，宽不到4米，桥墩呈船头形，民间称“燕嘴”，可以缓解水流的冲击。我注意到，燕嘴上端立有一石柱，问了店家，她说叫“如来佛柱”，保佑村民万世安康。有史料记载，廊桥名为“通济桥”，明代景泰年间，由俞氏家族集资建成，是婺源古桥中的精华之作。

廊桥里有村民闲坐，歇凉聊天，悠然自得。从他们中间穿过，才算是进入村内。相比延村，思溪村官第较多，保存得更为完整，以敬序堂最有代表性。

敬序堂建于清代雍正年间，面积达664平方米，由于主人贡举出身，又是朝廷命官，自然比商宅更气派。大门朝北，门前开阔，走进大门，又有中堂门，过了这道门才进入正厅。厅堂高悬“敬序堂”匾额，下挂中堂画，两侧有楹联。顶部长方形藻井，木构件

▶ 路上景色宜人，一大片盛开的油菜花，重叠在路旁错落有致的田野里，就像铺上了巨大的金色地毯

虽不奢华，倒也古色古香。两厢是楼阁，有回廊环绕，显得幽静而神秘。由于有人居住，不便仔细参观，只是往里面的房间探了探头，匆匆浏览了几眼。

俞氏客馆，其独特之处却在内部，馆内的格扇门上，除了雕刻八仙、花卉等吉祥图案，还用96个不同字体的“寿”字组成一幅“百寿图”，堪称罕见的木雕精品，让人惊叹不已。

村内建筑密度大，街巷狭窄，石板路平滑，路面缝隙中生满绿茸

▲ 有史料记载，廊桥名为“通济桥”，明代景泰年间，由俞氏家族集资建成，是婺源古桥中的精华之作

茸的青苔，又延伸到斑驳的墙脚，顽强的生命力，也是沧桑岁月的鲜明写照。

曲径通幽，老墙斜阳，偶尔遇到写生的学生，给古村增添了活泼的气息。转了几条小巷，来到“继志堂”前。简单的石条门枋，门前坐一老汉，问他可否进去参观，他不点头，也不摇头。待我们走进堂屋，才知道有人居住，桌上地下堆满过日子的家什。看似陋室寒屋，却掩饰不住其富贵之气：屋顶的月梁，弯曲如月，气势恢宏，梁下“鲤鱼跳龙门”木雕，神韵活现；两侧板壁上，雕刻各种名花，争奇斗艳，生机盎然。一个老妇正在忙碌，有人进来她视而不见，任凭我们东看西瞧。也许是习以为常，也许是无可奈何，也许，他们的人生态度就是如此淡泊缄默。

思溪村也有商宅，余庆堂就是典型的一例。主人年少时随父经商，收获颇丰，于清代乾隆年间建成此屋。

按照当时的朝廷规定，商宅大门不能朝正南开，余庆堂当然不能例外。不过，主人要了个小聪明，将朝南开的房门用院墙围挡起来，院门则开在房屋左角。里面的门楼颇为炫耀，是徽派建筑中典型的石库门，由“楼”和“罩”两部分组成，门罩重瓦铺盖，翘角飞檐，美观而有气势，下面的门枋，雕刻着精美吉祥的锦文图案。仔细观瞧你会发现，整个门面恰似一个“商”字，徽商的傲气可见一斑。

20世纪80年代，电视剧《聊斋》曾在此拍摄，以后便有多部影视剧来此取景，因此思溪村又被冠以“影视文化名村”之美称。

今天的思溪村，共170多户人家，村民们守着老屋，每年播种着希望，收获着成熟，日子慢慢过来又过去了。

告别思溪村，也告别了婺源。去往安徽的路上，我还沉浸在余音缭绕的梦境之中。是啊，“黄花梦”已圆，应该惬意离开了，可心里却有一丝不安，担心梦醒之后，再也寻不到它的影子了。

◀ 今天的思溪村，共170多户人家，村民们守着老屋，每年播种着希望，收获着成熟，日子慢慢过来又过去了

第十章 徽商故里

终于来到皖南。宋代以来，特别是明清时期，徽商称雄国内商界近300年。以他们投资为主体，众多古村落遍及皖南地区，从而诞生了中国传统建筑最重要的流派之一——徽派建筑，成为徽文化的重要组成部分。徽派建筑集山川风景之灵气，融传统风俗文化之精华，尤以民居、祠堂和牌坊最为典型。

我对徽派建筑向往已久，对其中几个著名古村早已耳熟能详，甚至“梦里寻他千百度”，今日一游，颇有此生无憾之感叹。

廊桥古梦

“天下牌坊数徽州”，果然，许村入口就立着两座石牌楼，一前一后，如同两道高大的村门。前面的“薇省坊”，是明代嘉靖年间为布政使（从二品，相当于现在的副省长）许琯而立。“薇省”即唐、宋“中书省”之雅称。楼高11米，宽约9米，四柱三间五楼，上面缀满雕刻图案，威严又具艺术性。后面是“三朝典翰坊”，建于明代崇祯年间，为中书舍人（宫中五品书记官）汪伯爵和他的儿子所立（父子同获封赠，古代称为“奕世”），规模和工艺略逊于薇省坊。这两位朝廷命官，都是从许村走出的国家栋梁之材。

据我所知，古代牌坊的设立有其严格的规定。比如在规格上，只有帝王神庙、陵寝才可用“六柱五间十一楼”，而臣民最多只能用“四柱三间七楼”。等级森严，不可逾越。

看了这两座牌楼，以为许村始于明代，其实，早在南朝梁时期，新安太守任昉看中此地风水，便辞官隐居这里。因为他常到村边溪水垂钓，故称“昉溪”。到了唐代末年，朝廷户部尚书许儒为躲避战乱，迁居于此，繁衍成大族，遂更名为“许村”。所以，追溯许村历史，应该始于唐末。

一条石板路从两座牌楼下穿过，引我们走进村里。路面铺设的青石板与老屋墙基衔接，显然为同时代建造，却依旧光滑整齐，看不出岁月留下的痕迹。沿路的民居大多为近年新建，白墙灰瓦，仍是徽派建筑式样，几幢黯淡的古建筑与之比肩相邻，墙院相连，稍不留意，就会视而不见走过去。不过，俗称“大宅祠”的云溪堂则别有洞天，分外醒目，它开间12.7米，宽大阔气，门楣悬挂匾额，上书“大宅世家”，为宋仁

▲“天下牌坊数徽州”，果然，许村入口就立着两座石牌楼，一前一后，如同两道高大的村门

宗所赐。史料记载，宋代庆历朝，西夏来犯，宋军一时战败，许村富商许克复为国分忧，捐资军饷，宋军得胜后，皇帝为嘉其义举，钦赐其匾。原为三进格局，现仅存门楼、前堂和后进部分。进入厅堂，一幅横匾耀眼夺目，上面“古歙巨族”，竟然是董其昌的墨宝。堂壁上方，又是一幅匾额“云溪堂”。据说，后进山墙上嵌有“云溪堂贴”刻石，上面有申时行、许国、董其昌等名家手迹，如今已无任何痕迹。待我进去时，空空如也，唯见雕花木门窗，图案精美，优雅不俗，还可让人联想曾经的富豪气派。

这条老街上还遗有“大郡伯第”门楼，明代万历年间所建（后面的祠堂已毁），四柱三间五楼，高8.6米，宽9.6米，用清水砖石砌筑，上面的梁枋、雀替等部位，雕刻细腻，花团锦簇，三层檐皆四角翘起，周身布满沧桑痕迹，却也活泼俏丽。我驻足欣赏，又走到近前，品读上面的字迹“赐进士第湖广武昌府推官唐中楫晖为中宪大夫福建汀州府知府许伯升重立”。据了解，唐晖，字中楫，明代崇祯朝任湖广巡抚。原建筑不知何时被毁，此为时任福建汀州府知府的许伯升重立。

南宋以后，徽商开始崛起，许村地处交通要道，商贾云集，也

▼ “大郡伯第”门楼，明代万历年间所建（后面的祠堂已毁），四柱三间五楼，高8.6米，宽9.6米，用清水砖石砌筑，上面的梁枋、雀替等部位，雕刻细腻，花团锦簇，三层檐皆四角翘起，周身布满沧桑痕迹，却也活泼俏丽

▲ 进入厅堂，一幅横匾耀眼夺目，上面“古歙巨族”，竟然是董其昌的墨宝

随之迅速繁荣起来。有了经济实力，村内便大兴土木，至明清时期，随着财富的积累，众多许氏族人走上仕途，许村民居建设达到了鼎盛时期，建造了许多建筑艺术精品之作，至今保存着大量的元、明、清和民国时期的古建筑。早在2006年，该村古建筑群（15处）就被列入全国重点文物保护单位。我环视周围，再没有老建筑踪影，老街也可以望到头了，难道仅仅这几处吗？

我疑惑不解，又犹豫不决，是否该转身往回走？这时，老街尽头那边走来一人，肩背摄影包，手拎长镜头，典型的摄影人。我问他：“里边还有老房子吗？”他朝后指了指，诡秘一笑说：“柳暗花明。”我们半信半疑，沿老街往前走，一条清溪横在尽头，水清至极，水面筑有阻水石坝，坝下水流湍急，坝上水面如镜，倒映着岸边的景物以及远处的一座廊桥，我知道，那就是“高阳廊桥”，许村最响亮的名片。遥望过去，桥身三重的屋檐，墙面开有窗口，分别为圆形、六角形和长方形，双孔连拱桥墩，与水面倒影相交，合成一个美丽的椭圆，亦真亦幻，煞是奇妙。我赶紧快步过去。

廊桥取名高阳，蕴含“阳光高照、紫气东来”之寓意。桥身正面，马头墙盖顶，半圆形门洞，门额石匾刻

▲ 遥望过去，桥身三重的屋檐，墙面开有窗口，分别为圆形、六角形和长方形，双孔连拱桥墩，与水面倒影相交，合成一个美丽的椭圆，亦真亦幻，煞是奇妙

"高阳桥"。该桥诞生于1285年的元代，由处士许友山筹建。所谓处士，是指有德才而隐居不仕之人，看来，此人在村里并非等闲之辈。廊桥始建时为石墩木桥，明代嘉靖年间改为廊桥，如今的现状，是清代康熙己亥年（1719），由其裔孙重修而成。廊桥门内，有村人在验票，如果在村口没买，可在此补票。我恍然明白，原来从这里开始才是许村的精华所在啊！廊内宽达5米，长约20米，木板吊顶，石条铺面，两侧有固定的条凳，阳光从窗口射入，感觉置身在明亮的房间里。我透过窗口向外面眺望，两岸青山绿水，犹如在画廊里观赏一幅幅精致的图画。廊桥中间的南侧设有一佛座，供奉的是观音菩萨，保佑古村"永镇安流"。据说，古时村人经商远行，父老妻儿在此送行，薄酒一杯，依依惜别，亲人衣锦还乡时，又在此拱手相迎，所以此桥也称"离合桥"。

正如我所猜想，出了廊桥，经典建筑接踵而来，迎面就是一座精美的石牌坊，是明代隆庆二年（1568），朝廷为村人许世积及夫人而立，因二人均年过百岁，所以叫"双寿承恩坊"。许世积仗义疏财，乐善好施，修桥补路，有时甚至变卖田产，朝廷因而予以旌表，赐建这座牌坊。据历史记载，此举为全国罕见。此坊结构无特别之处，但上面的石雕，层层镶嵌，图案繁盛，工艺精湛高超。相比之下，上面近年修嵌的"补丁"，白璧微瑕，让人稍感美中不足。

与双寿承恩坊相邻的是一座亭阁式建筑，砖木结构，造型非常别致，底层为八角形，中间是通道，与村路相连，窗口呈八卦图案；二层亦为八角形，四周回廊，用栏杆相围，立柱间木制隔扉；三层是虚阁，转为四边形，正面挂"大观亭"匾额。三重飞檐，上下错

▼ 据说，古时村人经商远行，父老妻儿在此送行，薄酒一杯，依依惜别，亲人衣锦还乡时，又在此拱手相迎，所以此桥也称“离合桥”

落，每个翘角下都系着一个小风铃，有风吹过，发出叮当声响。大观亭建于明代嘉靖三十年（1551），据说，当时文人相聚，都喜欢来登此亭，饮酒品茗，远山近水尽收眼中。可能为了保护文物，现已禁止游人登上去，我只能静立亭下，遥想其当年的种种风情。在亭门的抱柱上，我看到一副楹联："走不完的前程停一停从容步出，急不来的心事想一想暂且丢开。"不知是古人所题，还是名人所撰，至今还在滋润感染着许村人。

大观亭以北，仅隔十几米，又是一座牌楼——五马坊，是明代正德二年（1507），为福建汀州府知府许伯升修建的。"五马"系太守即知府的代称，其源可溯至汉代，著名学者郑玄《周礼》注认为，汉太守出则乘五匹马拉的车子，此坊故为"五马坊"。史料记载，许伯升于明代洪武十六年（1383）卒于任上，算起来，此牌坊是120多年以后所立。宽8.2米，高9.7米，花岗岩石料，四柱三间五楼式。最为特殊之处，是二层檐上还保存一只脊吻，为石雕的"哺鸡兽"图像，这可是明代早期重要建筑上才有的装饰。五马坊的雕刻清晰可辨，虽然比双寿承恩坊建得还早，却保存得更为完好，我想，这也是"官民有别"的封建社会下的一种常态吧。

说到为官，许村当可大书特书。许姓为古歙县巨族，先祖唐末迁居于此，至今已逾40代。千百年来，全村走出了48位进士，可谓豪杰

▶五马坊，是明代正德二年（1507），为福建汀州府知府许伯升而修建的

辈出，为徽州古村之最。其中仕途翘楚要数明代武英殿大学士许国，历仕嘉靖、隆庆、万历三朝。如今在歙县城内，还存有一座“许国石坊”，为四坊架连，八角并立，俗称“八角牌坊”，在臣民只能享用四柱牌坊的当时算是首屈一指，可见他在朝廷的显赫地位。巧合的是，中国科举最后一批翰林中也有许村人的身影，他就是辞官归乡、著书终老的许承尧。

说完了历史，我们再回到现实，沿路继续向前。这条路仍是古街，青石板路面，从高阳廊桥延伸出来，从大观亭下穿过，又经过五马坊，继续向北，进入村中更为幽深的宅第群。

首先看到是观察第。这是一幢很简朴的建筑，青砖大门，门楣镶嵌砖雕匾额“观察第”，明代洪武年间始建，为时任观察使许天相的府第，清代时又重修，改为许氏的支祠。许天相是遗腹子，其母笃志守节，含辛茹苦把他养大。1997年，其裔孙、旅欧国际知名科学家许靖华捐资一万美元，由县政府修缮并辟为“许村历史博物馆”，牌匾就挂在粗壮的额枋上。我们走进去，厅堂“敬爱堂”的四壁，用文字、照片、图表等形式，介绍许村的自然及人文历史。在府第屋后，我看到一眼古井，名为“福泉井”，原为自家所用私井，后因周围乡亲吃水难，便拆除了围墙，与各家各户共用。遥远的善举令人动容，我情不自禁走到井旁。井口用花岗石凿成，井台铺设鹅卵石，据说，水质甘甜，冬暖夏凉，水位久旱不涸。我探身望井底，虽水浅不再使用，却不见丢进任何杂物，难得乡亲们如此珍爱。

再往前走是许家泽故居，晚清1905年的建筑。院门可怜地开在街角，普通的石拱门，屋檐仅能遮雨，无任何奢华装饰。难以相信，主人曾任清代两淮盐运使，官居从三品，当时可是个肥差，府第竟如此寒酸。进了庭院，我心里稍稍平衡，因为宅屋造得高大，简单的砖雕，却典雅脱俗，不落窠臼。史料记载，许家泽思想开放，重视子女教育，六个儿子全供上学，其中五个出国留学，在古徽州视为空前。1927年，他在村里创办了仪耘学校。1991年，其后代为弘扬先祖出资办学精神，将祖居赠给许村中心小学。如今，学校早已迁出，恢复了居家生活，因为我抬头瞥到，高高的窗口吊着两块腊肉。

相距不远处是大邦伯祠，砖制牌楼，面宽18米，气势宏伟，为许伯升所建祠堂，后为其子之支祠。这座建筑破坏严重，大门两侧涂

▶ 1997年，其裔孙、旅欧国际知名科学家许靖华捐资一万美元，由县政府修缮并辟为“许村历史博物馆”，牌匾就挂在粗壮的额枋上

刷的红漆字，乃是“文革”遗留的产物，好在里面正在修缮。内堂立柱挂有对联：“少造一冤一枉乃为官正道，多索一分一厘是祸国殃民。”据说，此联至今尚存汀州庙宇里，许伯升曾经任职的地方，足见他政绩不俗，获百世英名。

不知不觉走到了村子北口，僻静的路口旁有一个小型石牌坊，双柱一层，结构简单，高约5米，宽不过3米。我好奇地走过去，旁边标牌上写明，此为“双节孝坊”，建于清代嘉庆二十五年（1820），是歙县最小的牌坊。横枋上方立有圣旨牌，刻字清晰可认“旌表故民许俊业继妻金氏妾贺氏双节孝坊”。许姓村民逝世，妻妾二人为他守节，所以叫“双节孝坊”。古代的贞节牌坊，均由皇帝恩赐而立，虽然符合当时年代道德要求，客观上却起到无视人格的导向作用，成为束缚女人一生的精神枷锁。特别是明清两代，节妇烈女被推崇至极点，“饿死事小，失节事大”，不知酿成多少妇女终生悲剧性结局。贞节牌坊的建造规格似乎没有明确规定，但眼前这座“双节孝坊”建得如此“微型”，不知什么原因。我胡乱猜想：也许村里达官显贵众多，它只能委曲求全，畏缩在角落里了。

走到这里就是村子边缘了，周围视野开阔，我这才注意到，村落三面环山，草木繁茂，又有溪水逶迤南流，难怪受到历代众多名人的青睐，据说，李白曾有“十里沙滩水中流，东西石壁秀而幽”的赞美诗句，虽然无法考证真伪，但王安石、文天祥、朱熹、董其昌等人都

▲ 内堂立柱挂有对联："少造一冤一枉乃为官正道，多索一分一厘是祸国殃民。"

在许村留下诗文，确有史料记载。

我还听说，许村有一项传统民俗，叫作"舞大刀"。每年的元宵佳节，村民们纷纷走出家门，手持用竹条编制的大刀，聚集在一起挥舞表演，祈求风调雨顺、国泰民安。据《唐书·忠义传》记载：许氏先祖许远为唐代忠义公，他自创一套"许家刀法"，虎虎生威，出神入化。"安史之乱"时，许多节度使等非降即逃，时任睢阳太守的许远率军誓死守城，只身杀敌过千，终因粮草断绝，以身殉国。他的忠烈壮举，受到历代皇帝的褒奖。千百年来，许村人的"舞大刀"，就是追思他们的祖先，传承舍生取义、威武不屈的精神，以此激励家族兴旺发达。虽然无缘看到那火爆真实的场景，我也深深为之感动了。

原路返回，又经过高阳廊桥，有村民坐在里面，眯着眼睛，默默无语，享受着午后的静谧。或许此时，祖先的影子又出现了，在他们的脑海里活起来。

看过美国人写的《廊桥遗梦》，那座麦迪逊的廊桥，我印象颇深。许村的这座廊桥，年长它300岁，整理这篇小文时，没想好题目，姑且叫作《廊桥古梦》吧。

▲ 公元923年，汪华后裔几经辗转，重返故里，聚族而居

古村画中居

千余年来，“唐模”村名沿用至今，只有在徽州才有可能。

实际上，村子的历史还要长一些，由汪华在唐代初年始建。汪华是隋代名将，隋亡归唐后，被封为越国公，死后谥“忠烈王”。公元923年，汪华后裔几经辗转，重返故里，聚族而居。当时是五代十国时期，大唐已不复存在，汪氏子孙不忘唐代对先祖的恩泽，按照盛唐时的模式建起了这个村庄，取名“唐模”。故事到此还没完，接下来，更具忠孝传统色彩：100多年后，附近许村的许氏两兄弟因父母双亡，投奔唐模村的姑父家，几代繁衍后，许氏成了村中大姓旺族，他们不忘姑父收养之恩，仍用“唐模”村名，相沿至今。

揣着这样的故事，我走进了唐模村。

一条小溪，称为“檀干溪”，是否取《诗经》“坎坎伐檀兮，置之河之干兮”之意，不敢妄揣。溪水碧绿，缓缓流动，唐模村夹岸而居。北京奥运会开幕式，张艺谋那幅巨型画卷，仍让世人记忆犹新。唐模村也如一轴画卷，你若沿溪水前行，画卷将徐徐展开，一幅幅迎面而来。此时，我们已经来到村口，那就开始逐一欣赏吧。

第一幅画：槐荫树。徽州的古村落，村口处一般由老树、溪流等组成水口，村民认为水是财富的象征，应该留在村里，才能财源滚滚、人丁兴旺。唐模村也不例外，村口有棵香樟树，树龄仅400多年，名气却不可小觑。1992年，电视剧《天仙配》在此拍摄，开口做媒的槐荫树，就是用它“以樟代槐”充当的月老，此后便有“天下第一媒”的称谓。远远看过去，真像一位沧桑老

▶ 1992年，电视剧《天仙配》在此拍摄，开口做媒的槐荫树，就是用它“以樟代槐”充当的月老，此后便有“天下第一媒”的称谓

人，扬着手臂。到了近前，我见树上挂满红布条，随风舞动，似乎神灵附体，不由得浑身一颤。

第二幅画：沙堤亭。距槐荫树10米以内，此亭建于清代康熙年间，造型之独特，可谓举世无双。石木结构，上下三层，下层的四角，分别围立三根石柱，内部半圆拱门，中层阁楼，四面有回廊，上层是虚阁，从不同角度看，亭子都呈八角形，飞檐翘角，悬系铁铃。因为是镇风水建筑，所以没有楼梯，只在朝东的檐下悬挂黑地金字的“沙堤”匾额。古时候，唐模村多有人在外经商或为官，衣锦还乡时，村人便在此铺黄沙，迎接他们回归故里，估计“沙堤亭”即由此而来。转到亭子西面，我抬头仰望，也挂有匾额，上书“云路”二字，应是祝愿离乡之人平步青云、前程似锦。

第三幅画：同胞翰林坊。与檀干溪并行的，是一条古代驿道，长方形石板铺接，两侧百年古树，浓阴

▼ 此桥为清代雍正年间由村内许氏族人建造，所以仍叫“高阳桥”，因为自己的祖先来自许村，悠悠故乡情，没齿难忘

蔽日。由沙堤亭前行，走过一个弯道，一座青白色石牌坊横跨在驿道上。清代康熙年间，村内许氏两兄弟双双中进士，并被皇帝钦点为翰林，朝廷建造此坊予以表彰。整座牌坊为石材，四柱三间三楼，中间两柱的前后雕刻了四座石狮子，坊面布满了石雕，图案清晰，特别是几朵梅花，端庄素雅，寓意不言自明。从弯道刚过来，我就看见坊上“同胞翰林坊”五个大字，大气磅礴，遒劲雄健，于绿树丛中分外醒目。

第四幅画：檀干园。沿路跨过小石桥，绿荫半掩之中，呈现一座江南式园林，让人有些惊异。清初，村内一位许氏富商，母亲年迈体弱，不能去杭州西湖游玩，于是这位孝子不惜银两，仿照西湖景观，在家乡修建了这座“檀干园”，满足了母亲大人的心愿。步入园内，一泓碧水泛波，水榭拱桥，亭台楼阁，湖堤老树新枝，如同一个微型的西湖，“三潭印月”“湖心亭”“白堤”“玉带桥”等一应俱全，足可以假乱真。湖中建有一座“镜亭”，结构造型堪绝。而更值得称道的是，亭内珍藏着若干块朱熹、苏轼、米芾、董其昌、黄庭坚、文徵明、祝枝山等历代名家书法碑刻，镌刻精致，气势恢宏，如同书法珍品的博物馆。徽州商人财富剧增，必然会给一方地域带来文化的提升和繁荣。

第五幅画：高阳桥。出了檀干园，没走多远便可看见一座廊桥。和许村的高阳廊桥相比，高阳桥不但规模小，造型也不同。乍看是一座硬山式房屋，横堵在檀干溪上，视线投向屋基下面，原来水是从双孔桥洞流过去了。此桥为清代雍正年间由村内许氏族人建造，所以仍叫“高阳桥”，因为自己的祖先来自许村，悠悠故乡情，没齿难忘。

第六幅画：水街。檀干溪流过高阳桥，就是水街了，村里人称它“风雅水街”，是村里最主要的街路。全村近百幢民居、祠堂、店铺等，排列在溪水两岸，平板石桥，红灯高悬，杏旗飘扬，形成隔水对望的街市。溪上建有10座石桥，高阳桥为主桥，十桥九貌，又各有其名，如蜈蚣桥、五福桥、灵官桥、四季桥、垂胜桥、戏坦桥、三石桥等，颇为有趣。

第七幅画：长廊。溪水北岸，沿街建有几十米长廊，供人们歇息和避雨。廊下临水的美人靠一个接着一个，别显一种时尚。廊道里青

◀ 廊道里青石铺地，收拾得干净整洁。我们坐下来稍作休息，享受这浓郁的古村韵味

石铺地，收拾得干净整洁。我们坐下来稍作休息，享受这浓郁的古村韵味。除了客栈和饭店，沿街再无其他店铺，少了商业氛围的喧哗，溪水两岸宁静而和谐，仿佛远离尘世的仙境。

第八幅画：古银杏树。相传，这株银杏树是汪氏在此建村时所栽，至今已有1200多年，是唐模村典型的“活化石”。在一条偏僻的小巷里，我找到了它。巨人般的身躯，足有五层楼高，树枝密如网状，挂满了早春的嫩叶，用“老树发新枝”形容最为恰当。这株古树，品貌超凡脱俗，完全脱离自然本性，成为唐模村人文化的长者，难怪站在它旁边，我显得如此矮小。

第九幅画：尚义堂。沿溪水继续西下，就能看到门庭显赫的尚义堂了。许氏是村里大姓，许氏宗祠为总祠，下面分三个支祠，尚义堂是其中之一。中国古代社会，祠堂主要用来祭祀祖先和先贤，也是族内大事的活动场所，如婚、丧、寿、喜等。还是族长行使族权的地方，凡有违反族规者在此接受教育或处罚，是一个宗族最高权力的象征。有权势和财富的家族，都很重视祠堂的建造，不惜重金，光宗耀祖，以此显示家族的辉煌。祠堂建造分宗祠、支祠和家祠等级别。许氏祠堂比较严格，支祠按照社会地位建造，即官、商、农，其中尚义堂地位最高。明代正统年间，蒙古族瓦剌军来犯，京城岌岌可危，在外经商的许怀显带头组织向朝廷捐饷，击退瓦剌军后，他被封为尚义郎，并经皇帝恩准建造了这座尚义堂。许怀显的善举，恩泽子孙，村内檀干园主人、同胞翰林两兄弟，以及清代最后一代翰林中的许承

◀ 许氏祠堂比较严格，支祠按照社会地位建造，即官、商、农，其中尚义堂地位最高

▲ 一条小溪，称为“檀干溪”，是否取《诗经》“坎坎伐檀兮，置之河之干兮”之意，不敢妄揣

尧，均是尚义堂的后人。尚义堂的前庭为八字衙门式建筑，现存两柱和木雕月梁，已修饰一新。门楣悬挂烫金匾额，两侧立柱新漆的楹联“朗月照人如鉴临水，时雨润物自叶流根”。进了前庭，里面是中堂和后殿，因为尚在修缮，谢绝参观。

村内还有多幅“图画”，如忠烈庙等，同样绚丽多彩，因为已经黄昏，我们只好离开。原路返回时，暖色的霞光里，长廊和宅院前坐着闲聊的村民结束了一天劳作，正在等待家人团聚的晚饭；檀干溪上，“春江水暖鸭先知”——我忽然觉得，这才是古村最浪漫动人的画卷。

那位晚清的翰林许承尧，也是著名的诗人，他在檀干园所撰的楹联，最后一句为“全村同在画中居”，我想，凡是来过唐模村的人，也许都会感同身受吧。

十年前，北京鸟巢那幅画卷，至今仍浮现在眼前，以后若干年，唐模村这幅古画卷，也会常在我的记忆里出现。

中国风水第一村

所幸，大清早进来，游人不多，视野开阔；所幸，天气晴朗，晨光下的古村，刚从梦中醒来，幻如仙界——如此意境下，一睹“中国风水第一村”风采，乃人生一大快事!

中国的古村落，多讲究风水，追求人与自然和谐统一，以达到天人合一的境地。在这方面，古徽州尤为突出，呈坎村则是最典型的代表。所谓风水理论，大体可分两个流派：形势派，着眼外部环境的选择；理气派，注重建筑方位和布局。呈坎村二者兼有，村址依山傍水，坐西朝东，符合“枕山、环水、面屏”的风水理念，村内两条溪水穿过，恰如八卦图形，民居建筑井然有序，以“三街九十九巷”布局。

走进呈坎村前，有了这样的认识，免得不识庐山真面目。

村口朝南，一个偌大的水塘，也是入村的水口。

▶ 水塘四周，徽派民居建筑，艳丽的桂花树丛，倒映水中，变幻出奇妙的画面，一座单孔石桥，取名“兴隆”，由一条石坝相连，横入“画”中，使得水面灵动起来

清晨阳光，柔和的暖色调，透过稀薄的雾气，散射在水面上，白亮如镜。水塘四周，徽派民居建筑，艳丽的桂花树丛，倒映水中，变幻出奇妙的画面，一座单孔石桥，取名“兴隆”，由一条石坝相连，横入“画”中，使得水面灵动起来。此时此景正是摄影的最佳时刻，我端着相机，围着水塘拍个不停，拍着拍着，随着景物拐进旁边的小巷，淹没在密集的民居建筑之中。

呈坎村始建于东汉末年，古名“龙溪”，因按《易经》阴阳八卦选址，阳为呈，阴为坎，唐末遂易名为“呈坎”。到了宋代，罗氏两

▲ 村口朝南，一个偌大的水塘，也是入村的水口。清晨阳光，柔和的暖色调，透过稀薄的雾气，散射在水面上，白亮如镜

兄弟来此定居，成为其家族的祖先。明代中叶，又经过数次改造建设，形成完整的村落结构。如今算起来，古村已走过1800多年的历程。村内布局奇特，一条溪水呈S形，将民居划为阴阳鱼格局，类似八卦图形，长街短巷，犬牙交错，似网状分割，如同迷宫一般，让人难辨东西南北。走了一段我才窥出端倪，其实，全村规划井然，街道大体为南北走向，小巷与其垂直，呈东西走向。尽管如此，由于街巷密布，又纵横交错，在这里游览参观，只能信马由缰，跟着感觉走。因为即使确定目标，你也找不准方位，绕来绕去，自己也不知身处何地，如此蒙头转向，我还是很少经历过。

呈坎村的街巷全由花岗岩条石铺筑，因年代久远，多有破裂，凸凹不平。两侧民宅密集，高低错落，墙院相连无隙，让人有些眼花缭乱。说到古建筑，呈坎村有“民居甲天下”之誉，现存宋、元、明、清时期的150余处，其中21处为全国重点文物保护单位，不仅数量居多，而且兼有祠堂、民宅、更楼、石桥等多种类型。其中，7幢明代的三层楼民居堪称奇观，据说是当时的最高建筑。这些古建筑中，据我了解，最“年长”者，是宋代建造的“长春社”。它是百姓祭祀土地神、五谷神的场所，规模宏大，庄重肃穆。因为没有路标，穿了几条街巷，我也没有看到它的踪影。

呈坎村面积大，加之游人渐多，街路显得拥挤，我们只好加快脚步，两侧的古民居也如走马观花，一扫而过。蓦地我看见路边有座易经馆，蛮有兴趣走进去。这座建于明代的五体相连的高层建筑被誉为“徽州古城堡”，原是徽州制墨大师罗小华的住宅，现在改造成易经馆，里面布满易经解辞等挂图。因游人太多，匆匆浏览后，我们便“逃离”出来。相距不远是燕翼堂，明代初期建造，整个建筑固若金汤，三层楼结构，是当时罕见的“高楼大厦”，为“扬州八怪”之一罗聘的祖屋，国家级文物保护单位。里面是两进三间，前进为会客厅，后进为生活区，上楼的木梯狭窄，仍然拥挤不堪，很难登上去，我们只好作罢。

我知道，村里还有元代的罗会泰宅、董其昌书写“首善儒宗”门楼的罗应鹤官邸、明代的更楼钟英楼等，均为经典的古建筑，别处难寻，本该一睹其风貌。可在这潮水般的人流中，短时间很难找到，犹豫片刻，只好放弃了。因为还有古村最辉煌的建筑——罗东舒祠，如不能亲眼所见，等于没来呈坎村。

罗东舒祠，全称“贞静罗东舒先生祠”，明代嘉靖年间始建，耗时87年完工，成为徽派建筑顶级的典范。罗东舒，宋末元初的隐士，这座庞大的家祠是其子孙为祭祀他而修建的，也是村内罗氏家族的祠堂。四进四院的建筑，走进一进院落，宽敞的庭院里，一株400多年的桂花树枝叶繁茂，立于享堂前，两侧建有廊庑。三道石条台阶，青石板护栏，上面饰着花草等图案的浮雕，护栏柱头上是浮雕石狮。祠堂正面，圆穹形的屋面，飞扬的檐角，梁柱之间的盘斗云朵雕，镂空的梁头替木，荷花形托木雕，没等进入厅内，这些不可多见的绝美装饰就已经让我眼花缭乱了。第二进的享堂，厅前耸立6根方石柱，厅内四周24根圆木柱子，支撑纵横交错的月梁，梁上彩绘图案优美色彩绚丽，虽历400余年，仍然鲜艳夺目。厅堂中央，并排四根金丝楠木立柱，据说每根价值过亿，我孩子般上前搂抱，双臂不能抱合。一块巨匾高悬堂上，长6米多，宽2.5米，上书“彝伦攸

▲ 到了宋代，罗氏两兄弟来此定居，成为其家族的祖先。明代中叶，又经过数次改造建设，形成完整的村落结构。如今算起来，古村已走过1800多年的历程

▲ 一块巨匾高悬堂上，长6米多，宽2.5米，上书“彝伦攸叙”，意为人伦和社会秩序，在祖宗定的法度面前，人人遵循，代代延续

叙”，意为人伦和社会秩序，在祖宗定的法度面前，人人遵循，代代延续。此匾为明代著名书法家董其昌手书，有“天下第一匾”之称。绕过板门照壁，又是一天井，其后的宝纶阁是祠堂里最精华的部分。采用北京故宫太和殿的格局，气势恢宏。高近14米，进深10米，阔为11开间，用来珍藏诏书等御赐品，以及祖先容像、族谱、典籍等宝物，故名“宝纶阁”。罗东舒祠是我国规模最大、建筑艺术最高的民间家族祠堂，被称为“中华第一祠”，能够亲临目睹，实属一大幸事。

古村以水为魂。罗东舒祠的位置正在绕村的河道旁，河上架有一座古桥，名为“环秀桥”，元代修建，长约26米，宽近4米，桥头立有木亭，依然秀雅如初。

徽商的雄厚财力，造就了名人辈出的经济基础。呈坎村历史上儒政相通，文化教育兴旺发达，因而英才辈出、人文荟萃。据史料记载，编写安徽省第一部地方志的罗愿，明代户部侍郎罗应鹤，“扬州八怪”之一的罗聘，明代徽墨制作大师罗小华等，在徽州文化历史中独领风骚，仅在明代，罗氏官至主簿以上者达100多人。苏东坡在给《罗氏族谱》题词中曾有“文德武功名留简竹，理学真儒后先继续”的评说。而宋代著名理学家朱熹则赞誉“呈坎双贤里，江南第一村”。

呈坎村现有村民，75%是罗姓，他们同宗同族，聚族而居，代代相传，是徽州古村落中独有的现象。

在环秀桥木亭里休息，抬头仰望天空，已是正午时分。这里是村子出口处，我们正好离开——已经拜访了罗东舒祠，不再留有遗憾了。

国画大师刘海粟曾说：“登黄山，不可不去呈坎。”我们则相反，没去黄山，先来呈坎，老先生不会怪罪吧。

▶ 苏东坡在给《罗氏族谱》题词中曾有“文德武功名留简竹，理学真儒后先继续”的评说

中国牌坊村

牌坊，中国传统建筑艺术之一，是封建社会为表彰功勋、科第、德政以及忠孝节义所立的建筑物。在徽州地区，牌坊和民居、祠堂被誉为古建筑“三绝”，几乎成了这里的标志。而众多牌坊集中在一个村落里，是棠樾村的特点。

我对棠樾村的牌坊早有耳闻，但仅限于图片和文字等间接印象，

▼ 牌坊上镌刻“命涣丝纶”，意思为对皇帝旨意忠心执行，以称道其忠

想象不出真实的面貌。当我真的站在了棠樾村口，远眺七座牌坊，仍然不能相信：这就是遐迩闻名的棠樾牌坊群吗？正午时分，烈日当空，巨人般的牌坊横跨村路上，通体亮白；田地里油菜花开，鹅黄色浓，视线之内，四周阔野，竟被这黄白两种颜色占尽了。

棠樾古称“唐越”。相传唐代初年，东晋新安太守鲍弘的后裔鲍安国因捐资济民有功，被唐高祖封为“唐越国公”，后来，鲍氏借《诗经·甘棠》“蔽芾甘棠，勿翦勿伐”之句，以“唐”谐音为“棠”，“越”谐音为“樾”，改村名为“棠樾”，意为枝叶繁茂、氏族延续，沿用至今已800余年。

牌坊群近旁耸立三幢古建筑，为鲍氏家族的祠堂，依次为清懿堂、世孝堂和鲍氏支祠。对于这个家族我前所未闻，还是应该有所了解后，再去瞻仰牌坊为好，于是我首先走进清懿堂。

清懿堂坐南朝北，院门却开在东墙，门洞简易狭窄，仅够一人通行。进到院门里才看出它的规模，面阔17米，进深50米，五开间，三进结构，由门厅、主厅和寝堂组成，石制柱基、抱鼓石、砖制八字墙、雀替梁驮等，均精雕细刻，端庄典雅。令人惊奇的是，清懿堂专为鲍氏妇女而修建，用于安放族内女性祖先牌位，称为女祠，建于清代嘉庆初年，由鲍氏家族一位盐商筹建。享堂檐下，悬挂“贞烈两全”横匾，为曾国藩所书。堂内照壁之上，高悬“清懿堂”巨匾，出自鲍氏书法家之手。据说，“清懿”之名，取“清白贞烈、德行美好”之意，想必建祠初衷，是要为妇女吟唱一曲千古颂歌。封建社会男尊女卑，女性与祠堂无缘，唯独这座清懿堂，女性可以进来祭祀，为国内绝无仅有的女祠。不过，抬头仰望“贞烈两双”，不知是匾额陈旧，还是心理原因，我浑身一阵颤抖。

世孝祠在牌坊群西侧，清代嘉庆六年（1801）的建筑，由族内两淮盐务总商鲍志道建造。宋、元以后，凡棠樾村鲍氏孝行著名者，皆奉祀于祠内。和清懿堂相比，世孝堂门楼建得气派多了，牌楼式门罩，四柱三楼，仿木梁枋构件，檐角飞翘，门额“世孝祠”为隶书体，清代书法家邓石如手书。原祠为三进，现仅存门楼和寝堂，檐廊两庑壁间，镶嵌六块“世孝事实”碑和“世孝祠记”碑。

鲍氏支祠坐北朝南，与世孝祠相邻，又称“敦本堂”，为棠樾村鲍氏家族的祠堂，明代嘉靖年间兴建，清代嘉庆二年（1797），也由

▲ 厅内两侧墙壁上，“忠孝”和“廉节”四个大字，由南宋理学家朱熹题写

鲍志道出资重修。祠堂气势恢宏，大门呈砖雕八字墙，五凤楼式门厅，翼角高耸，如大鹏展翅，蔚为壮观。三进五开间，面阔16米，进深47米，堂檐挂“乐善好施”匾额，堂内立柱细高，横梁粗硕，俗称“冬瓜梁”，是典型的“肥梁瘦柱内天井”的徽派建筑特征。厅内两侧墙壁上，“忠孝”和“廉节”四个大字，由南宋理学家朱熹题写。祠堂现存有“义田规条碑”和“嘉庆皇帝上谕碑”等17方碑刻。有一传说，棠樾村鲍氏为春秋鲍叔牙后裔，但无史书佐证。

三座祠堂，一个家族的历史缩影，几百年辉煌岁月，早已随风飘散，可坚硬的牌坊还在，是“活化石”般的见证者，任由后世人评说。

棠樾村牌坊群，按建造朝代划分，明代三座，清代四座，以义字坊为中心，按“忠、孝、节、义”顺序，由两头依次向中间排列，鲍氏支祠门前，一条古旧石板路将它们连接起来，呈半弧形展开。从鲍氏支祠出来，是东西向的三座牌坊。

第一座，鲍灿孝子坊，明代嘉靖十三年（1534）初建，清代乾隆十四年（1749）重修。牌坊高约9米，宽近10米，四柱三间，为卷草纹头脊式。《歙县志》记载：鲍灿读书通大义，母亲两脚溃烂，他昼夜用嘴吮吸老母脚上血脓，直至痊愈。鲍灿的孝行感动了乡里，经请旨建造此坊。又因他教育后代有方，其曾孙官居朝廷工部尚书，皇帝又荣封他“兵部左侍郎衔”。我抬头仰望，牌坊“龙凤板”上镶有“圣旨”二字，额题“旌表孝行赠兵部右侍郎鲍灿”。

第二座，慈孝里坊，始建于明代永乐十八年（1420），清代乾隆十四年（1749）重修。坊上镌刻着“御制”“慈孝里”字样，象征着对封建孝道的最高礼赞。《宋史·孝义传》记载：宋末元初，群盗四起，鲍宗岩、鲍寿孙父子不幸被贼所俘，二人杀一，由其自己决定，父子争先赴死，都想以自身死换取亲人生。此时，从林刮起一阵大风，贼人疑有人来救，仓皇逃走，父子俩性命都得以保住。朝廷为表彰他们，赐建此坊。牌坊为卷草纹头脊式，四柱三间，阔达9米，高近10米。乾隆皇帝下江南时闻听此事，为鲍氏祠堂亲笔书写了“慈孝天下无双里，锦绣江南第一乡”的对联，并拨银将牌坊重新修缮。一座牌坊被两朝皇帝加封，为中国历史所不多见。

第三座，鲍文龄妻汪氏节孝坊，清代乾隆四十九年（1784）所建。据县志记载，汪氏也是棠樾人，26岁守寡后，把儿子培养成为名医。封建社会，宗族是以血统维系的，寡妇守节，培养后嗣，被认为是最大的孝行，因此，在她80岁高龄时，族人为其请旌，建起这座宛如其化身的牌坊。望着坊额上“矢贞全孝”“立节完孤”的刻字，不知何故，我心里泛起酸楚的滋味。

走过三座牌坊，是造型精致的骢步亭，明代隆庆年间，由都均知府鲍献书所建，清代

▼ 从鲍氏支祠出来，是东西向的三座牌坊

乾隆年间又重建。石板路从这里转折，呈90度直角向村子北面延伸，另外四座牌坊沿路依次排列。

先看第一座，乐善好施坊，清代嘉庆二十五年（1820）建造。结构为冲天柱式，四柱三间，阔高均近12米，粗大的梁柱，平琢细磨，无任何纹饰，只在檐下拱板和雀替等处镌刻花纹图案，整体看上去简洁明快。此坊为旌表鲍淑芳、鲍均父子而建。鲍淑芳是大盐商，江河突发水灾时，他慷慨解囊，捐献钱粮，还为家乡修祠堂、办义学，建桥铺路、济困扶贫等。临终之前，他又嘱咐儿子鲍均，要恪守祖训，继续造福乡里。徽州府被他们的诸多义举所感动，请命朝廷，以乐善好施得旨旌表建坊。

第二座，鲍文渊继妻吴氏节孝坊，清代乾隆三十二年（1767）建。县志记载，吴氏22岁嫁入鲍家，29岁时丈夫去世，立志守节，侍奉婆婆至寿终，抚养前室孤子，还安葬好祖宗遗骨，修好坟茔，守寡终生，至60岁去世。朝廷打破继妻不立坊的常规，为她建造了此坊，但在坊额“节劲三冬”的“節”（“节”字的繁体）字上，将下面的“即”错位雕刻其上，以示继室与原配的

▼ 石板路从这里转折，呈90度直角向村子北面延伸，另外四座牌坊沿路依次排列

地位不能平等。

第三座，鲍逢昌孝子坊。明末乱世，鲍逢昌父亲外出久无音信，14岁的他一路乞讨寻找，终于在甘肃雁门古寺中见到生病的父亲。奉父归乡后，发现母亲也病卧在床，他又割股为母治病。他的孝行感动乡邻，传遍四乡。乾隆三十九年（1774）奉旨旌表，嘉庆二年（1797）建坊表彰。此坊的结构与乐善好施坊相同。

第四座，鲍象贤尚书坊，明代天启二年（1622）建造，也为冲天柱式，四柱三间，仿佛模仿了前面的清代牌坊。鲍象贤，棠樾村鲍氏十六世祖，明史有其传记，嘉靖八年（1529）的进士，历任户部右侍郎、右都御史、兵部左郎等职，典型的朝廷栋梁，被誉为嘉靖朝中“中兴辅佐”。鲍象贤秉性耿直，蔑视权贵，多次遭奸臣中伤，政治生涯几起几落，但他坚守“官不择位”思想，廉洁自持，不计个人毁誉得失，一如既往效忠社稷，死后被追赠加封为工部尚书。牌坊上镌刻“命涣丝纶”，意思为对皇帝旨意忠心执行，以称道其忠。

看完最后一座牌坊，我似乎有些累了，坐到坊基的石阶上。我知道，并非身体疲劳，而是神情上的升腾跌宕。回眸刚刚走过的牌坊群，逆向背光里，一个个巨大的黑影，而朝向太阳那面，却是耀眼的光芒，可有几个人能知道它背后或悲壮或凄凉的故事呢？如果说，村口那三座祠堂，浓缩了鲍氏家族的历史，那么，这七座牌坊，形象地展示这个家族鲜活的不凡人生。

中国古代建牌坊必须皇帝恩准，分为三个等级：一等为“御赐”，由国库出钱建造；二等为“恩荣”，由地方财政出钱；三等为“圣旨”，由自己或家族出钱。棠樾村的七座牌坊，除了慈孝里坊，其余都为鲍氏家族出资修建，造就了明清时期古徽州建筑艺术的代表作。

棠樾村的牌坊群，时间跨度几百年，建筑风格却浑然一体，而且一改木制为主的传统，全部采用优质石料，既无钉又无铆，石与石巧妙结合，便可坚实挺拔，气宇轩昂，数百年岿然不动，显示出古代工匠高超的技艺。从中也不难看出，中华民族传统文化的一脉相承渗透在方方面面。

1996年，棠樾村牌坊群被国务院列为全国重点文物保护单位。

即便再有个两三个小时恐怕也游兴难尽，受限于行程，我们在难舍难分的留恋中驱车离开了棠樾古村。

“牛”村落

宏村建于南宋绍熙年间，原为汪姓聚居之地，绵延至今已有900余年，最早称“弘村”，清代乾隆年间改为宏村。古村背枕雷岗山，面朝南湖水，享有“中国画里乡村”之美称。2000年12月，宏村被联合国教科文组织列入世界遗产名录，皖南古村落中，只有它和西递村荣获此誉。宏村独特的“牛”字形村落布局中，完好的古水系和古建筑是两个最主要的标志。我们来徽州看古村落，最向往的就是这两个村。选择早晨来宏村，傍晚去西递村，一来游人不多，二来适宜拍照。

如果把雷岗山比作“牛头”，苍郁的古树即为“牛角”，稠密的建筑群是“牛躯”，九曲十弯的水渠是“牛肠”，水流村中央，与泉水汇成月沼，则为“牛胃”，水渠最后注入村口的南湖，形成“牛肚”，而绕村溪河上的四座桥梁是“牛腿”，这样，一幅牛的巨型图腾跃然呈现。披着多彩的霞光，我们开始了这座“牛”村落的游览。

村口朝南，南湖横卧在此，呈巨大的弓形。湖里尚有残荷，与远处山峦和对岸民居在水中的倒影彼此相映，随波微微摇曳。南湖开凿于明代万历末年，宏村祖先为蓄水和灌溉，依照杭州西湖“平湖秋月”而建。湖上的拱桥为“画桥”，将湖水一隔为二。这里是宏村古八景之一的“南湖春晓”，清代曾有人留下“夹岸桃李花，浓英殊窈窕”“入夏菱荷香，镜面净为扫”等诗句，不过，眼下季节尚早，只能吟古诗空兴叹了。湖堤上下两层，上层砌石立岸，下层濒临水面，树木参天，枝叶婀娜。其中有两棵古树，一南一北，立于湖的两岸，南侧银杏树，北侧红杨树，高约20米，树龄均500多岁，就像两把巨伞，把周围笼罩在绿荫之中。据说，古时百姓办喜事，新婚花轿先要

▲ 2000年12月，宏村被联合国教科文组织列入世界遗产名录，皖南古村落中，只有它和西递村荣获此誉

绕树一周，然后才能出村，以祈求百年合好、洪福齐天。我们到达这里时，银杏树下有几个学生，支起画架正准备写生。

南湖中间建有一条石堤，连接着两岸，堤上游人排着队，像一条慢慢蠕动的长蛇。我们穿插其中，跨过堤上的“画桥”，来到北岸便是进到村里了。

宏村的建筑基本为明清时期所建，现有140余幢，大都保存完好。著名的南湖书院就在北岸，传统徽派建筑风格，濒水而立，亭台楼阁与湖光山色交相辉映。书院为明代嘉靖年间兴建，当时为私塾，清代嘉庆十九年（1814）重建，取名“以文家塾”，又称“南湖书院”。这座典型的徽州书院结构的建筑，包括志道堂、启蒙阁、望湖楼等，檐下悬挂“南湖书院”匾额，门楣上方又是一块匾额，是清代书法家梁同书亲题的“以文家塾”。尽管游人拥挤，我们还是走进去；虽然匆匆浏览，也算是到此一游，沾点古书院的书卷气。

再往村里走，街巷曲折，青石板路面，沿“牛肠”不断延伸，宏村的古水系，就是由此水渠汇合。明代永乐年间，宏村祖先引西流之水入村，修筑1300余米的水渠，穿堂过屋，流入村中的“牛胃”月沼后，又绕街钻巷，汇入村口的“牛肚”南湖，形成这九曲十弯的“牛肠”。最后，水出南湖，重又进入村外溪河，回归大自

▲ 月沼位于村中心，此处原有泉水，明代永乐年间，村人将其开掘扩大，按照月盈则亏理念，挖成半月形的月沼，也称“月塘”，成为古水系的“牛胃”

然。沿水渠行走，可以看见沿途建有多处踏石，供村民浣洗、灌园之用，渠水缓流，微波盈盈，使整个村子都灵动起来。据说，古时村里曾有规矩：每天早8点前，渠水为村民饮用，过了8点才可洗涤。水渠的两侧，庭院粉墙，曲巷通幽，走着走着，便来到了月沼旁。

月沼位于村中心，此处原有泉水，明代永乐年间，村人将其开掘扩大，按照月盈则亏理念，挖成半月形的月沼，也称“月塘”，成为古水系的“牛胃”。作为“牛胃”，实际是起蓄水池的作用，经“水肠”引入溪水，以补泉源水量，再由“水肠”流出。因此，月沼常年碧绿，从来不曾干涸，保证村里百姓生活必需。月沼也是全村的心脏，四周高墙阔院的大宅，也由族内辈分高或地位显赫的人居住，而且汪氏家族祠堂也建在这里。

月沼水平如镜，清碧深邃，最为绝妙的是，塘边景物倒映在水中，粉墙黛瓦，红灯绿树，蓝天白云，随波浮动荡漾。只可惜少了荷花，难以再现宏村古八景之一的“月沼风荷”原貌。我本想拍几张“佳作”，无奈游人如织，每个镜头里都塞满了人，只好收起照相机，转身去看月沼北畔的乐叙堂。

乐叙堂，即宏村的汪氏宗祠，是村里现存唯一的明代建筑。门楼基本为原貌，上面嵌满石雕，面阔24米，屋脊高达10米，正门上方，巨大的“汪氏宗祠”匾额，隶书大字，笔力遒劲。正厅前檐四根棱形立柱，粗硕厚实，斗拱、梁架等部位镂刻精细、雕饰精美。进入厅内，正面壁板上方，悬挂“乐叙堂”匾额，左侧“巾帼丈夫”红匾，下方挂一位女性画像，是建村伊始汪氏族人的女首领。从乐叙堂走出，我们继续围绕月沼，因为几个重要古宅都建在这里。

清代咸丰五年（1855），宏村大盐商汪定贵耗巨资在月沼旁建造豪宅，取名“承志堂”，被誉为“民间故宫”。承志堂是村里最大的建筑群，60余间房屋，围绕9个天井布置。以正厅和后厅为主，均为三间回廊式建筑，两侧是家塾厅和鱼塘厅，后院是一座花园。漫游各个房间，“三雕”艺术精湛，让人叹为观止，我注意观察，全宅有木柱136根，木柱和额枋间均有雕刻，造型富丽，工艺精湛，题材多样，包括“渔樵耕读”“百子闹元宵”“郭子仪拜寿”等，可谓皖南古民居之最。1997年10月，世界建筑大师贝聿铭先生曾来宏村参观，对古建筑和古水系等评价极高，并在承志堂里挥笔题词“黟县宏村建筑文物是国家的瑰宝”。

月沼之畔的树人堂，清代同治元年（1862）建造，是汪氏一位

◀ 乐叙堂，即宏村的汪氏宗祠，是村里现存唯一的明代建筑

后人的私人收藏馆。从外部看，这座建筑呈六边形，门楼为外八字形，内置悬坊栏板。为弘扬徽州历史文化，房主收集了明清时期的民间石制器具、徽州版画、民俗用品、宏村族谱等，特别是百年前的老家具，暗红而凝重的光泽，映衬出当年徽州社会的生活面貌。此人此举让我感动，中国传统文化的传承，除了政府力所能及，还需要更多这样的有识之士，为家族和故乡乃至民族和国家，奉献自己的孝行和慈爱。

月沼北侧西首是清代道光年间的敬修堂。屋基高出月沼近一米，正厅前为庭院，院门外留有空地，是纳凉、晒秋及聚会之处。此时，空地上晾晒着物品，直径近两米的竹簸箕上铺满切成薄片的春笋。看来，村民依照自己的生活节奏，丝毫没受外来人的喧闹影响。

我们离开月沼，穿行在熙攘的人流中。古村的民居，基本以月沼为中心而布局，大都傍水而建，多为二进院落，或端庄朴实，或气度张扬，却不改徽派建筑的神韵。沿着“牛肠”行走，偶尔有青藤或枝丫，顽皮地探出白墙，古老的桂树披粉挂绿，直抵高高的马头墙……四周的嘈杂，让人无法静心欣赏，倒是走过的几座古建筑，给我留下的印象不浅：

桃园居，清代咸丰十年（1860）的建筑，因院内有株桃树且品种稀奇而得名。建筑规模虽不大，前后仅三间，门楼砖雕和室内木雕堪

▶ 此时，空地上晾晒着物品，直径近两米的竹簸箕上铺满切成薄片的春笋

称精品。门楼上部用砖砌成弧形门额，类似厅堂内的冬瓜梁，门额中间又镶嵌一块大的弧形砖雕，为古民居中所少见。室内的木雕花样繁多，技法多变，内容丰富，寓意深刻，尤其是四扇雕花门，据说是全村最为精美的木雕门。

敬德堂位于“牛肠”一个转弯处。明代建房式样，布局简单，立柱为方形，到了清代则改为圆形。此堂虽然建于清代顺治年间，却装饰简朴，立柱也为方形，是宏村明末清初民居的代表作。厅前有一副楹联，让我记住了：“立志不随流俗转，留心学到古人难。”

德义堂，建于清代嘉庆二十年（1815），二楼三开间建筑，庭院中的花园最让人流连忘返，方寸之间，美不胜收。院内凿一方水塘，有暗沟与“牛肠”相通，四周放置盆景，院内东西两个花园，栽植果木繁花，掩映粉墙格窗，有移步异景之妙，因为少有游人进来，院内静谧怡人，是徽派私家园林较典型的代表。

村内还有东贤堂、傍云堂、三立堂、叙仁堂、松鹤堂、碧园等，也是典型的古建筑，我们不可能全部走到，算是留下的少许遗憾吧。

看过宏村这些古建筑，我才真切感受到，徽派建筑之所以成为徽文化的重要组成部分，与徽州商人贾而好儒密不可分。他们自幼接受儒家传统教育，为人生之路奠定了坚实的基础。明清时期，徽商称雄商界长达二三百年，涌现出大批集官、贾、儒为一体的杰出人士。积累大量财富后，他们为光宗荣祖，炫耀乡里，大兴土木，广建豪宅、宗祠、牌坊、书院等，其建筑工艺、造型特征等，无不带有地方特色，成为中国建筑艺术的一大派系——徽派建筑。

从村里往外走，经过南湖南岸时，又看到那棵银杏树，树下已坐满写生的学生，很难从中间穿过。看他们一个个神情专注，我既羡慕又嫉妒，真想找个空隙也端坐下来，面对诗画般的景致，抒发思古之幽情。

距银杏树不远处竖立着一座石碑，虽略为粗糙，但上面的刻字是权威的：“世界遗产委员会已将皖南古村落——西递和宏村列入世界遗产目录。列入此目录的文化和自然景点均具有特殊的及世界性的价值，因而是为了全人类的利益必须加以保护。列入日期：2000年12月2日　联合国教科文组织总干事。”看完，我把目光转向蜂拥而来的游人……

▲ 河水平缓，上面架一单孔石桥，明代宣德八年（1433）所建，以“驷车桥”命名

木雕第一楼

卢村距离宏村两公里。也许卢村人觉得，开展乡村旅游，与“世界文化遗产”相比自愧不如，所以他们就想了个“妙招”：免费提供导游服务。来到村口，买完门票，听说有导游服务，还是免费的，我们不信，等到一个农村装束、20岁左右的女孩儿站在了面

前，不觉心头一热，顿生亲切之感。

女孩儿长得瘦弱，可走起路来飞快，不时要停下等我们。她着装简朴，谈吐文雅、条理清楚，一定是经过专业培训。走到村口时，通过她的介绍，我对卢村的历史已知道了大概。

卢村又名“雉山村”，因村后山势形似凤凰而得名，是以卢姓为主聚居的古村落。据《黟县雉山卢氏宗谱》记载：汉高祖时，卢氏祖先开国有功，被封为燕王，封地在河北涿郡。南唐末年，其后裔迁居安徽，见雉山河川秀美、土沃泉甘，便定居在此，至今已有1000多年历史。

卢村靠山临水，村东和村西两条溪水，汇合于村南，名为“羊栈河”，这里便是古村的入口处。河水平缓，上面架一单孔石桥，明代宣德八年（1433）所建，以“驷车桥”命名。古人认为，驷马高车，非显贵者不能乘坐，以显示卢氏家族的高贵。

过石桥进了村，碧水淙淙，民宅依溪而建，层叠错落，倒映在水中，随波纹轻柔晃动。间隔不远，便有一个个石条台阶半伸进水里，有农妇蹲在上面洗涤衣物。导游女孩儿抱歉地说，卢村旅游资源有限，游客们过来，主要是来看“古黟木雕第一楼”，所以导游只负责那里的讲解，村里其他地方，游客只能自行游览。

女孩儿怕我们失落，又接着说，别看卢村名气小，历史上名人辈出，而且为官者居多。北宋太平兴国时期，卢储位官居吏部尚书，因文笔极佳，宋太宗赵匡义夸赞他“修饰润色，献纳论思，极一时之妙选，为儒者之至荣”；卢麟官官居南宋绍兴年间左丞相，兼兵部侍郎；卢臣忠为北宋进士，历任显要，南宋高宗特封其为谏议大夫，并称赞他“介洁不群，端静有守，自居言责，达于闻听”。

我对这些人物知之甚少，问她：“是否也姓卢？”她笑而不答，指了指前面，说雕楼快到了。

果然，沿溪河没走多远，一大片古建筑群出现在眼前。女孩儿介绍说，这就是卢村的七家里民居群，“徽州木雕第一楼”就在其中。清代道光年间，卢氏祖先卢邦燮早年经商发家，后又入朝为官，先后为正五品奉政大夫、从四品朝议大夫，人称“卢百万”。他娶了六房妻妾，建起这片建筑群，名曰“七家里”。现今的七家里，保存有志诚堂、思诚堂、恩济堂和玻璃厅等宅院，其中的志诚堂就是“徽州木雕第一楼”。当然，我们就从这座木雕楼开始参观。

◀ 现今的七家里，保存有志诚堂、思诚堂、恩济堂和玻璃厅等宅院，其中的志诚堂就是“徽州木雕第一楼”

志诚堂坐北朝南，临水而建。正面是廊式拱门，两端墙壁均有题额“东启长春”“西辟延秋”。走进大门是精巧的庭院，两侧配有偏厅，门楣分别题有“延辉”“ 挹爽”，“延辉”好理解，而“挹”字，我知道是“舀取”的意思，用“挹”来“爽”，古人组词的意境让人费解。偏厅矮墙上的透窗由两幅砖石雕刻组合而成，中间雕琢祥云图案，巧妙而精致。厅堂的正门，青石贴墙门枋，门首雕刻图案威武庄严，上层四只石雕夔龙，构图活泼，中间是长轴式石雕图，雕刻着“荷托莲花”“鸳鸯戏水”“凤鸣牡丹”“松鹤延年”“喜鹊登枝”等，寓意中国民间传统的吉祥和祝愿。女孩儿说志诚堂最精彩的是木雕，随即带我们走进厅堂。第一感觉我只能用眼花缭乱来形容，所有的门窗、檐梁柱、栏杆、栏板等处，全部为镂雕，雕刻工艺绝佳，图案题材多样，人物景致，飞禽走兽，花草虫鱼，器物纹饰等，显示了古徽州文化的丰富底蕴。浏览这些木雕图案，有几幅我尚可辨出内容，如“九老仙鹿图”“竹林七贤图”“八仙”“苏武牧羊”“羲之戏鹅”“太公钓鱼”“伯牙弹琴”“太白醉酒”等。16扇莲花门的下端，每扇都有一个木雕故事，几乎贯穿了中国几千年的文明史。这些雕刻图案，人物传神，栩栩如生，技法包括浅雕、深雕、镂空雕等，有的深达六七个层次，令人击掌叫绝。据女孩儿介绍说，当时雇用了4个工匠，用了25年才雕琢完成。我赞赏古代徽州艺人的娴熟技艺，同时也钦佩主人卢邦燮的聪明才智，没有他的超凡设计理念，再巧的工匠也造不出如此盖世无

▲ 厅堂的正门，青石贴墙门枋，门首雕刻图案威武庄严，上层四只石雕夔龙，构图活泼，中间是长轴式石雕图，雕刻着“荷托莲花”“鸳鸯戏水”“凤鸣牡丹”“松鹤延年”“喜鹊登枝”等，寓意中国民间传统的吉祥和祝愿

◀ 16扇莲花门的下端，每扇都有一个木雕故事，几乎贯穿了中国几千年的文明史

▲ 走出阴森的庭院，我才恍然明白，物是人非，
外面才是我们的真实世界

双之作。不知他是否经历当时的鸦片战争和太平天国，那幅战事图的内容极富时代特色，包括水战、山地战、阵地战，而且雕刻工艺精细，景物逼真，人物生动，是一件不可多得的珍品。志诚堂堪称徽派木雕艺术的极品，站在这里，我流连忘返，如果不是女孩儿招呼，真不想离开这座“木雕艺术的民间殿堂”。

从志诚堂出来，西侧是思成堂，也是志诚堂的侧厅。这座建筑里也有神奇之物——两个镇宅之宝，一是古石雕捆竹凳，用整块大理石雕成，足可以假乱真；二是正厅中偏左，地上有一斗形小石塞，拔出石塞，是一口小水井，有碗口大，深不见底，用长竹筒汲水饮用，清凉甘甜。

玻璃厅又叫“双茶厅”，是思成堂的偏厅。院内栽有三棵古树，两棵是茶树，一白一红，另一棵是桂花树，开着粉红色的花。这里是卢邦燮小妾的住所，中西合璧的建筑，面朝花园是一排玻璃门。据说，卢邦燮经商时曾出使德国，玻璃厅就是按西式模式而建，玻璃也是从德国进口的，价格昂贵可想而知。

思济堂也叫“官厅”，端庄气派。我说很像宏村承志堂的建筑风格，女孩儿直言道，思济堂比承志堂早建50多年，宏村是仿照这里建的。我听了一笑，未置可否。这里是卢家的待客场所，大门内设有仪门，前后两进，前厅为四合结构，里面的家具陈旧，却都是原先的物件，我们坐在太师椅上，体验过去大户人家的感觉。

还有述理堂，又名“雉翠园”，建于清代早期，是一栋典型的四合院落，三楼结构的徽派古民居。所谓述理，就是阐述为人之理、处世之理的意思，由南园、过院、内院和正院组成。

游览七家里建筑群，犹如走入时光隧道，百多年来的景物历历在目，触手可及，你甚至担心哪扇门里会闪出古人的身影。走出阴森的庭院，我才恍然明白，物是人非，外面才是我们的真实世界。

挥手和女孩儿告别，她沿原路返回，我们走到村西头，从那里绕回村口。卢村确实不大，除了七家里，也再看不到其他古建筑。路面凸凹不平，外侧是溪流，挨着一块块田地，油菜花开，遍野灿烂金黄；里侧是白墙黑瓦的民居，有村民坐在屋前，悠然自得，延续着古往今来的永恒岁月。

▼ 玻璃厅又叫“双茶厅”，是思成堂的偏厅，院内栽有三棵古树，两棵是茶树，一白一红，另一棵是桂花树，开着粉红色的花

古村慢递

屏山村夹在宏村和西递村中间，两个世界遗产名气太大，掩盖了这个山村的美丽，却保留下来它的那份宁静和古朴。

和卢村一样，这里也有免费导游，也是一个20多岁的当地女孩儿，她也事先声明，只负责几个景点讲解，村里其他地方由我们自便。

村名屏山，必然有山为屏。村北那座高山形如一扇巨大的屏风，名叫“屏风山”，清代诗人余逢辰游历到此曾留下的“青山列画屏，雨余翠欲滴。秋叶更春花，纷披似锦织”诗句，是村名的最好诠释。

从停车场去村里，要走一段柏油路。路旁的田野盛开着油菜花，犹如黄色的花海，“海”的尽头，隆起雾气迷蒙的山峦，导游女孩儿指向那里，说是黄山的余脉，屏风山是其中之一，更为靠近屏山村。

有山必有水，枕山环水是古人风水理念最基本的要素，屏山村也不例外。远处的吉阳山麓流淌出一条溪水，故名“吉阳溪”，九曲十弯，从屏山村中穿过，汇入南面的漳水，形成新安江的源头之一。刚走进屏山村，东来的一条溪水抢先流向村里，潺湲而清澈，不用导游解释，肯定就是吉阳溪了。

屏山村距黟县县城4公里，古称“九都”“长宁里”，是以舒姓聚族而居的村落，所以又称“舒村”。屏山舒姓的历史可谓源远流长，据传是伏羲九世孙叔子的后裔，唐代末年，舒氏三兄弟迁至皖南，遵从“逢长而居”的祖训，分别定居歙县长龄桥、黟县长演岭和长宁里（屏山村），至今已1100多年。

屏山村的舒家，尊义重文，诗礼传家，历史长河中，家族人才辈出，宋至清代期间，科举中进士的有舒介夫……导游如数家珍，一连串说了十几个人名，又补充道："中举人的更多。"我忍不住笑了，说我都不认识，只知道舒绣文。她说那好啊，一会儿就去参观她的故居。

导游接着介绍，其实，历史上的屏山村，孝文化最为远近闻名。明代嘉靖年间，村民舒善天进京赶考，中了探花不去赴任，留在家里照顾生病的母亲，皇帝下旨修建"孝字牌坊"，以嘉奖他的孝行。明代万历年间，进士舒荣都在外为官，担心父母无人照顾，便把妻子留家尽孝，后来他被魏忠贤迫害致死，崇祯皇帝下旨为他修建了"九檐门楼祠堂"，是封建社会宗族祠堂的最高规格。当然，沧海桑田，这些建筑早已杳无踪影了。

想往村子深处走，沿着吉阳溪即可。早在明代成化年间，村人就在水面上建起多座石桥，溪水潺潺，

▼ 屏山村夹在宏村和西递村中间，两个世界遗产名气太大，掩盖了这个山村的美丽，却保留下来它的那份宁静和古朴

◀ 远处的吉阳山麓流淌出一条溪水，故名“吉阳溪”，九曲十弯，从屏山村中穿过，汇入南面的漳水，形成新安江的源头之一

波涌桥下。两岸粉墙黛瓦，民居商铺错落有致，屋檐下的红灯笼、屋脊上的马头墙倒映在水中，与岸上实景映衬，一动一静，让人产生莫名的幻觉。溪畔的小街，石板铺路，随着河道自然弯曲，“小桥流水人家”的韵味，丝毫不逊于江南水乡的典雅。民居多为近年新建，偶尔有老屋夹在中间，沧桑的面孔一目了然。据导游介绍，村里现存的明清古建筑还有200余幢，除了大部分民居，还有光裕堂、成道堂、舒庆堂等七座祠堂，以及御前侍卫牌坊、舒绣文故居、玉兰庭、葫芦井、小绣楼等经典古建筑。

村里有规划的参观线路，导游在前面走，我们在后面跟随。路过御前侍卫祠堂，又称“九檐门楼”，建于清代雍正年间，门楼九檐，由高而低，层层相依，形如展翅雄鹰，面上镶嵌的石条刻着精美花纹，气势宏伟，令人顿生敬仰肃穆之情。至于是何人所建，导游没有介绍，我匆匆拍了一张照片，回去后查询。

来到光裕堂前，因为门楼上有300多

个砖雕菩萨，又称“菩萨厅”，建于清代乾隆中期，是村里舒氏家族的总祠堂。门楼正面为四柱五分楼，两边八字墙上各有一个楼檐，合称为“七分楼”，门楼的最大特色是上面的浮雕和彩绘，在徽州古祠堂中独一无二。大门上了锁，导游有钥匙，打开门带我们进去参观。堂内挂有一副楹联：“源溯庐江，舒国舒城寻旧派；秀钟徽岭，长龄长演尽同根。”述说出舒氏家族千年以来的迁徙历史。光裕堂后面是庆余堂，建于明代万历年间，是国内罕见的明代祠堂，门楼正面是水磨砖砌成的贴墙牌坊，双柱三楼，高约10米，层层有挑檐，砖雕月梁线条流畅，大门用铁皮包封，门钉硕大，门环简朴。据导游介绍，这些标志都是典型的明代风格。这两座祠堂里面，除了陈旧的梁柱粗硕而结实，支撑着一个家族曾经的辉煌外，空无一物，冷清得近乎阴森。导游介绍，以前这两总祠之下均有支祠，按旧规排辈，辈分高低有别，秩序井然。由于各房婚娶生育的早晚不同，千百年延续下来，辈分间相距甚远。据说在当下，辈分最高者与辈分最低者，相距已到八辈。我听之愕然：相互之间该如何称呼呢？

村内众多的古民居也都极有特色。比如玉兰庭，建于清代末年，

◀ 来到光裕堂前，因为门楼上有300多个砖雕菩萨，又称“菩萨厅”，建于清代乾隆中期，是村里舒氏家族的总祠堂

▲ 还看到众多学生，三五成群坐在溪边或墙角，支着画架，凝神专注，描绘着古村的今天，也是留给明日的甜蜜回忆

院墙左高右低，导游告诉我们，这叫“青龙高于白虎”。院内有棵玉兰树，建房时同时栽植，正是花开时节，很远就闻到淡淡的清香。又路过敦仁堂，是村内保存最好的清代民居，青石门枋浑厚稳重，雨檐覆盖黑瓦，石雕的漏窗，门梁雀替镏金重彩，无不体现徽派民居的风雅和神韵。

舒绣文故居位于村南，也称为“黍谷堂”，显然是大户人家的宅院。二层的小楼，大门上方刻有篆书“春回黍谷”四个字。前后两进，为前厅后厅，两侧辟有卧室和书房，门窗、家具以木雕装饰，保存较为完好。对舒氏先祖知之甚少，就现代的舒绣文多说上几句吧。我最初知道舒绣文，还是看电影《一江春水向东流》留下的印象。“文革”结束后，一批老电影重现银幕，也包括她和白杨主演的这部影片。当时，我为她的表演而惊叹，甚至超过了对白杨的印象，随之记住了她的名字。后来我又陆续了解到，20世纪30年代初，她就参加了我国第一部有声电影《歌女红牡丹》的配音工作。她还是中国左翼作家联盟成员，在上海与胡蝶、白杨等拍摄了多部故事片，演技高超，蜚声影坛。抗日战争爆发后，她在我国第一部抗日影片《保卫我们的土地》中担任主演，1940年赴陕北榆林拍摄《塞上风云》外景时，两次经过延安，受到毛泽东主席的接见。20世纪50年代，她因出演《一江春水向东流》等影片，被誉为“人民表演艺术家”。

小小屏山村，再无其他古迹可观，导游挥手告别，匆匆返回村口，继续去接待游客。我们则不着急，穿巷过桥，左顾右盼，悠然品味古村的风貌，让时光停滞，让身心沉静，享受一种禅境般的愉悦。这里的门票40元，不及宏村一半，游客不是很多，正适合我等此时的心境。溪水平如镜面，偶尔有水鸭游过，“白毛浮绿水，红掌拨清波”。溪畔的这条小街开设了许多小商铺，有的是老屋，门脸稍加装饰，一串红灯笼高挂，路人一眼便知晓了；有的是新民宅，多为前店后坊，或者前店后居，瞅着就温情暖人。一座平板石桥旁，一块“徽州慢递”牌匾挂在那间店铺外的美人靠上方，我虽好奇，却没有走进去，在心里试着揣摩：该不是代寄古徽州明信片之类的信物，给远方的亲人、朋友、爱侣吧？半个月，一年，或更长的时间，收到后，再“共话巴山夜雨时”，该多有情趣！但愿是这样的吧。

还看到众多学生，三五成群坐在溪边或墙角，支着画架，凝神专注，描绘着古村的今天，也是留给明日的甜蜜回忆。因为常有他们的身影，村里多了卖纸张、颜料或冷饮的小店，甚至还有一间咖啡屋，我们也是累了，便走进去。屋里皮质座椅，环境布置成小资情调，一个时尚女孩儿在打理。要了一杯拿铁，慢慢品呷，待喝完后，似乎一个下午过去了——是时间拉长了，还是心跳缓慢了？我自己也说不清楚。

大唐的归宿

太阳开始西坠时，我们走进了西递村。

过了检票口，空旷的广场上耸立一座青石牌坊，高大威严，阳光映在表面，泛着橘红色柔光，仿佛碧玉雕成的大件，这就是胡文光牌楼，俗称“西递牌楼”，也是这座列入联合国教科文组织世界文化遗产名录的古村最显著的标志。

认识胡文光之前，先来了解西递村的历史。相传，该村的祖先是唐昭宗李晔之子，李晔即位时，大唐已经分崩离析，天祐元年（904）被弑后，其子隐匿民间，逃亡至此地，遂改为胡姓，聚居繁衍，于北宋皇祐年间形成村落，至今已900余年。关于村名的由来，有两种传说：一是村子的周围，河水由东向西流，因而称“西川”，“东水西递”后来改为“西递”；二是古时在此设立驿站，递送邮件，驿站也叫“递铺”，西川便称“西递铺”，逐渐简称为“西递”。到了明代景泰年间，村中胡氏家族开始兴旺，耕读传家，经商进仕，清代初期达到鼎盛，进而大兴土木，建房修祠，铺路架桥，成为富甲一方的村落。胡文光就是西递村走出的胡氏杰出人物，明代嘉靖年间，他考中进士，历任江西万载知县、山东胶州刺史，又擢升为湖广荆王府长史，官拜四品中宪大夫，因其政绩卓著，皇帝恩准其回故乡敕建此牌坊，以光宗耀祖。

再来欣赏这座胡文光牌楼。牌楼建于明代万历年间，高约12米，宽达10米，为三间四柱五楼结构，四周围有石柱，用铁索相互连接，阻止人们靠近。牌楼通体用大理石雕筑而成，雄伟挺拔，气宇轩昂，上面镌刻“荆藩首相”四个大字，底下是“登嘉靖乙卯科奉直大夫胡文光”；

▲ 牌楼建于明代万历年间，高约12米，宽达10米，为三间四柱五楼结构，四周围有石柱，用铁索相互连接，阻止人们靠近

各额枋用透雕、高浮雕精细琢刻“群狮戏彩球”“麒麟相拜”“八仙过海”等图案和纹饰，活灵活现，栩栩如生；在立柱顶端与额枋交接处，悬雕6个文臣、武将的小石像，精巧逼真；檐斗两侧雕有44个圆形镂空花翅，4根立柱两面还有12个穿榫，承托着12块八仙、文臣、武将人物雕像。整个牌楼造型优美，雕工精湛，堪称明代徽派石坊的代表作，也是中国古牌楼中的上乘精品，难怪原中国佛教协会主席赵朴初先生看后赞叹：这是我一生中所看到的最好的牌坊。

刚刚进村，就啰唆了这么多，赶快去到处瞧瞧吧。

胡文光牌楼的西侧，一座两层的楼阁，是走马楼，也称“凌云阁”，粉墙黛瓦，飞檐翘角，典型的徽派建筑，始建于清代道光年间，为村内号称“江南六大富豪”之一的胡贯三所建，如今修复一新，开辟为娱乐场所，表演黄梅戏、抛彩球等，欢迎八方来客。楼下的石桥为原物，单孔拱形，一条溪水穿桥而过。

西递与宏村有所不同，规模较大的古建筑很多，数百年的风霜雪雨，加之社会动荡，大部分已毁灭消逝，不过，至今保存下来的100多幢，大体还能辨出明清古村落的面貌和特征。近几年来，随着旅游业的拉动，部分古建筑进行了修复和整理并对外开放，除了这座凌云阁，还有瑞玉庭、桃李园、东园、西园、大夫第、敬爱

堂、履福堂、青云轩、膺福堂、笃敬堂、仰高堂、尚德堂、枕石小筑、仁堂、追慕堂等。那我们就去观赏和品读吧。

西递村的布局以一条纵向和两条沿溪的街道为主，村子两头窄中间宽。小街巷密集，宽窄长短不一，纵横穿插，好像故意设置的迷宫。虽然有几条主道贯通东西，可周围高墙深巷，又四通八达，一旦进入某条巷道，方向感立刻消失，只能跟着感觉走。好在没有固定目标，每一座古建筑对于我们来说，都是截然不同的，不想轻易从眼前错过。

沿着青石板路，刚步入大路街，首先看到的是旷古斋，一幢具有徽州古民居特色的宅院。原主人是一位“以商入仕、以仕保商”的文人名士。徽州人重视门楼的修建，有“千金门楼四两屋”之说，以凸显主人的身份和地位。门楼格调具体看门罩，旷古斋的门罩呈元宝形，上面除了有石雕，两头翘角的下方各镶嵌“富”“贵”二字，反映了主人亦商亦仕的志愿。里面仍有村民居住，仅前楼厅堂对游人开放。我们走进去，看到正面板墙的上方悬挂“旷古斋”隶书体匾额，下面是中堂画，画面两边的对联“孝弟传家根本，诗书经世文章”是一副改字联，“孝悌”写为“孝弟”，强调兄弟和睦之情，“文章”的“章”字中“早”字竖出了头，兼有“早日出人头地”之意，看了让人颇觉有趣。

从旷古斋出来，左边是挂着灯笼的茶吧，牌匾是“我在西递等你”，不知是否为村民所办。转出这条小巷，小巧玲珑的瑞玉庭优雅地偎依在街口。建于清代咸丰三年（1853）的庭院，原主人是徽商中的佼佼者，庭院建得风雅别致，内饰的雕刻图案、楹联撰文等，把儒商的追求完全体现了出来。两侧堂柱悬挂着一副楹联，有个旅游团队的导游在讲解，说上面有两个字是故意写错的，“快乐每从辛苦得，便宜多自吃亏来”，“辛”字多了一横，“亏”字又多了一点，寓意“多付一份辛

▲虽然有几条主道贯通东西，可周围高墙深巷，又四通八达，一旦进入某条巷道，方向感立刻消失，只能跟着感觉走

苦”“多吃一点小亏”，以此反映出古徽州商人的人生哲理。我当时半信半疑，回家后查阅王羲之等人的书法字帖，方知并非错字联，是导游胡乱演绎。

出了瑞玉庭，走到横路街中部，便是桃李园，又一座徽商的旧宅。建于清代咸丰年间，三进二楼结构的建筑，院门的上方用小篆石刻“桃李园”三个字。内部设计巧妙，前两进有三间屋，二进楼上木雕扶栏，并设有楼上井，使得整幢房屋光线充足，空气通畅。二三进之间粉墙相隔，中间有门相通，门楣镶石刻横匾“桃花源里人家”。

出了桃李园，不远处就是西园，建于清代道光年间，原为河南开封知府胡文煦故居。四品官员的宅院，气势非凡，砖砌的八字门楼，院内三幢楼依次排列，中间用砖雕漏窗和门洞相隔，分为前院、中院和后院。走进园内，透过间隔的漏窗，可见中院和后院的景物，显得狭长的庭园幽深而静谧。园内栽满花卉，置有假山、鱼池，摆放许多石几、石桌等。中院门额嵌有“西园”篆书石刻，两侧嵌有石雕漏窗，左边“松石图”，右边“竹梅图”，雕功之精湛，据称是“徽州三雕”中的代表作品。后院门额上也有石雕字，为“井花香处”，我们步入后院，果然见有一口古井。再往里走，门洞上方题有“种春圃”，想必当年应是一块菜园，主人每年把春色播种在此，以寄托对大自然的眷恋之情。

西园紧邻的东园又是一番景象。此园建于清代雍正年间，原为朝列大夫之父所建，现为胡氏后裔居住，包括正厅、前厅、凉厅三进，正厅是厚光堂，用来接见外来宾客，前厅招待亲眷内宾，凉厅为书屋，也是主人办私塾的场所。凉厅天井墙上所嵌的一块石碑，让我驻足观看，上刻草书“结自得趣”四个字，为清代“西泠八家”之一陈鸿寿所书，引用的是唐代元结的典故。元结为唐代天宝进士，曾向皇帝上书三篇议政，都未被采纳。于是他心灰意冷，便著书自娱，晚年才官居刺史。修建此屋时，主人将好友所书的“结自得趣”嵌于墙壁，表示自己无意仕途，以书为友、以文为友的情趣和追求。

走到村中心位置，就是敬爱堂，胡氏家族的宗祠。原为胡氏十四祖住宅，建于明代万历年间，后毁于大火，清代乾隆年间重建时，胡氏家族旺盛，故扩建为祠堂，名为“敬爱堂”，取族人之间互敬互爱之意。门楼飞檐翘角，进了大门，是大型的天井，中门两根粗壮的木柱，枋上高悬“敬爱堂”楷书匾额。入中门是祭祀大厅，分为上、下两庭，左右分设两庑，配有大理石柱。上庭正面板壁悬挂祖先画像，上方“百代蒸尝”匾额，表示不忘祖先恩典、世代祭祀，厅正中摆放一大几案，用于放置祭品，四周两排罗汉椅。下庭门檐下，一斗大的

▼ 走到村中心位置，就是敬爱堂，胡氏家族的宗祠

▼ 司城第的巷内，坐落着履福堂，建于清代康熙年间

“孝”字，据说为朱熹手书，两根青石柱承托规整的梁架，梁下分别悬挂“天恩重沐”“上国琳琅”“四世承恩”等多块金字古匾，展示着胡氏家族曾经的荣耀。

敬爱堂前是个小广场，高出地面近一米，上面坐着几个学生，支着画架在写生。斑驳的灰墙背景，青春靓丽的身姿，历史和现实组合在一个画框中。我端起相机拍了下来。

司城第的巷内坐落着履福堂，建于清代康熙年间，是清代著名收藏家胡积堂的故居，他终生不愿考取功名，只在乡下读书、作画、收藏古董，怡情于山水田园，因此这座建筑古朴优雅，多了几分淡淡的平和与浓浓的书卷气。走进前厅，一幅“松鹤”中堂画，上方“履福堂”匾额，四周立柱上挂泥金木制楹联，上刻“孝悌传家根本，诗书经世文章”“世事让三分天宽地阔，心田存一点子种孙耕”“第一等好事只是读书，几百年人家无非积善”等古训。据家族史料所载，胡积堂祖父就是胡贯三，与当朝宰相是儿女亲家，他的父亲曾任杭州知府，因是累世官宦之家，收藏了大量名人的古书画。据说如今履福堂的继承人常将这些字画张挂出来，供慕名前来的客人观赏，成为小有名气的私家文物博物馆。我们没有眼福，没见厅内悬挂任何字画。

接近傍晚，游人渐少，古村也清静了许多。沿着正街没几步，“大夫第”就在这条街上。清代康熙三十年（1691）建造，四合院二楼结构，正厅高大轩敞，厅前设有天井，砖雕门罩上雕刻“大夫第”三个字，正厅裙板隔扇均雕琢梅花图案。这座建筑最为绝妙的地方是在左侧的临街处，悬空挑出一亭式阁楼，俗称“小姐绣楼”，阁顶飞檐翘角，三面有栏杆和排窗，楼额木刻“桃花源里人家”，木刻小额“山市”，意为“山花若市”。楼下的边门有石刻隶书“作后一步想”的门额，与之相对应的是，整个阁楼往后缩了一大步，不免耐人

▼ 敬爱堂前是个小广场，高出地面近一米，上面坐着几个学生，支着画架在写生。斑驳的灰墙背景，青春靓丽的身姿，历史和现实组合在一个画框中

寻味。

从大夫第出来，横穿一条小巷，迎面看见了“惇仁堂”。溪水旁的这幢宅院是胡贯三父亲晚年的住所，清代康熙末年所建，如今在此居住的，是他的嫡系三十世孙。五开间两厢二楼的结构，宽大明亮，气宇轩昂，在村内明清古宅中位居第一。厅堂宽敞，“惇仁堂”匾额高悬太师壁上方，又悬挂两副木刻楹联：“几百年人家无非积善，第一等好事只是读书。”“寿本乎仁，乐生于智；勤能补拙，俭可养廉。”气度不凡，富有哲理，道出当年主人的志向和为人。屋顶的前部高于后部，便于天井光线照射厅堂内。两侧各两间卧室，并且

▼ 楼下的边门有石刻隶书“作后一步想”的门额，与之相对应的是，整个阁楼往后缩了一大步，不免耐人寻味

相通，类似现在的套间。

行走在各条街巷，石板路依旧，几乎看不到新民居，仿佛几百年来，整个村落始终睡着，一睁眼，还没梳洗打扮，我们就闯了进来。

村内的胡氏祠堂，除了敬爱堂，还有建于清代乾隆年间的追慕堂。因为是祭拜祖先，祠堂修建得威严，前有小广场，八字形大门楼，双重飞檐，檐角高高翘起。大门外设有木栅栏，跨上三级台阶进去，绕过屏风，是天井和大堂。一般民居的天井，通常为长方形，此处的天井则为正方形。追慕堂，顾名思义，是胡贯三为其祖父和父亲而修建，追思慕念，缅怀他们崇文尚义、乐善好施的一生。堂内石板铺地，高悬两块巨匾“天恩重沐”“德泽成世”，最后一进院落，正中悬挂“有道明君”黄底烫金牌匾，下方供奉的是胡氏先祖李世民塑像和牌位。大唐盛世，如今退缩在这昏暗的角落，世事变幻，令人感叹唏嘘。

膺福堂，建于清代康熙三年（1664），是胡贯三的长子，也是“履福堂”主人胡积堂父亲的故居，他官居二品，是西递村职位最高者。二品官员的官第，自然有特殊之处，高高的门槛便可知一二。贴墙式门楼，三层飞檐，两侧墙面布满石雕，现为胡氏后裔居住，仅开放庭院和堂屋。庭院内设有假山盆景，一棵百年牡丹树，花开正浓。走进堂屋，正中摆着镜子和花瓶，是古代有身份人家堂屋里的标配，寓意平平静静，屋角有个筒形瓷器，用于放置官帽。梁下系着两块红地金字牌子，房主说是过去上朝使用的通行证。屋内摆放很多古玩和老物件，房主实在，说很多都不是真品，喜欢就买，随意。

路过青云轩，我们不想再进去，而且仰高堂、尚德堂等几个开放的古建筑一时还没有找到，但黄昏已至，应该往回走了。

西递村，是迄今我走过的古村落中古建筑保存得最多且最为完好的。一路走来，除了那些开放的古建筑，看到更多的明清时期的民宅，因为有人居住，收拾得干净整洁，有很多开设为客栈、店铺等，经营各类商品，农村老物件，旅游用品，花花绿绿，琳琅满目，给古村增添了热闹的现代气氛。

纵观古村千年历史，可谓山川钟秀、人杰地灵。据统计，从明末到清朝道光年间，不算显赫的徽商人士，仅入仕官员就达百人以上，包括翰林院编修、四品官中宪大夫、三品官通议大夫、二品官

▲ 大唐最后的归宿在西递，而今天的这里，霞光满天，金辉铺地，我估计，明朝又是一个艳阳天

通奉大夫等。特别是光绪二十一年（1895），康有为、梁启超组织的公车上书，反对丧权辱国的中日《马关条约》，在1000多位签名举人中，安徽省共有8人，而其中黟县的4人中有3人为西递人，而且都是胡姓一族。

西递村现有300多户居民，完整的古村落原型，大量的地面文物遗存，完美的传统人文艺术，与原生态的自然环境和谐统一，可以说，代表了我国唐宋以来民居环境建设的最高水平，不愧为“中国明清民居博物馆”和“世界上保护最完好的古民居建筑群”。我听过这样一句话：“要了解中国古代宫廷建筑，请到北京故宫去，要了解中国古代民间建筑，请到古黟西递来！”

回到村前的牌楼处，此时，晚霞已经火红，刚才行走在村里时，只顾欣赏古建筑，几乎忘了拍照。我赶紧拿起相机，跑到村边溪水的对岸，把古村的全貌拍摄下来。

大唐最后的归宿在西递，而今天的这里，霞光满天，金辉铺地，我估计，明朝又是一个艳阳天！

▲ 南屏村南面倚山，北临武陵溪，村口在东北角，入村要跨过溪水上的古桥

雨过南屏村

都说，雨中游徽州古村，别有一种曼妙情调。正好，我们到这里时，细雨绵绵，我犹豫片刻，还是撑伞向村里走去。

南屏村，一座近千年的古村落，却因《菊豆》《卧虎藏龙》等电影在此拍摄而遐迩闻名，游人蜂拥而来。

村外是一片田地，油菜花盛开，脚下的石板小路弯成优美的弧度，隐约可见尽头的粉墙黛瓦。田陌间，我举伞踽踽独行，身边不时有人超过，多是年轻的背影，随即消失在雨雾氤氲之中。

南屏村始建于元末明初，先有叶氏人家，后有程、李两姓迁入，随着人口增多，逐渐形成一个完整的村落。至于村名，因为叶姓人居多，以前叫叶村，后因村南有座南屏山，如同天然屏障，遂改名“南屏村”至今，但也无从考证，只知如今是南屏村即可，听起来也蛮有古村落的味道。

南屏村南面倚山，北临武陵溪，村口在东北角，入村要跨过溪水上的古桥。三孔的石桥不知何年所建，桥体用大块石头砌筑，漆黑斑驳，缝隙间长满苔藓植物，桥面尚有石柱、石栏，桥头有斗大的楷书“万松桥”。这里也是古村的水口，过了桥，迎面上百棵参天古树巍然耸立，一条石筑的主路，高出地面半米多，从树丛蜿蜒穿过，在上面走着走着，便进了村里。路旁是农家院墙，探出的油菜花嫩黄鲜亮，挺拔葱郁，好像在专门迎接客人的到来。

雨没停，江南的春雨纤细如绒毛，悄无声息，偶尔落在手臂上，几乎没有感觉。我索性收起伞，走起来利落，也方便观赏和拍照。

村内街巷纵横交错，多达70多条。进来的第一条巷子，巷口砌着拱门，门楣刻“南阳巷”三个字，据说是河南南阳人最先来此居住，所以叫成了“南阳巷”。村里的路面也特殊，有别于其他村落，中间水磨石板，一米多宽，一块块连接，雨水淋上，光洁如镜面，两边铺嵌石块，直抵路旁墙基，坚固无比。

粉墙、黛瓦和马头墙是徽派建筑代表性符号。皖南气候潮湿，墙面用石灰粉刷，吸收空气中的水分，可以保持房屋的干燥；小青瓦无须外运，当地就能烧制，可节约成本；马头墙即为防火墙，实用性强，又极具装饰性。面对眼前的景物，雨中游古村，我懂了：古屋的墙面被水润湿，犹如泼墨山水画，浓淡变幻，意象万千，再搭配屋脊的小青瓦，高低错落的马头墙，徽州古民居的韵致，岁月的痕迹，光阴的年轮，全都渲染得淋漓尽致。这样走着看着想着，潜意识里，自己被这柔柔雨丝融化了，融化在这幅巨大的图画之中。

村里现存的古建筑大约有300幢，均是明清时期修建的，其中有8座宗祠、支祠和家祠，形成古祠堂的建筑群。如此数量的建筑，大多集中在古村200米长的中轴线上，实为全国罕见。因此，这里的街巷狭窄短浅，又拐弯抹角，让人难免蒙头转向。每经过一条巷子，探头往里一望，房屋密集，深邃莫测，虽然东闯西撞，往返复转，我却兴致盎然，乐在其中。

半春园，又名梅园，建于清代光绪年间，是村中一叶姓徽商的私塾庭院，专为子女读书而营造。园内半月形的庭院，三间宽敞的书屋，屋内有副对联，觉得颇有意境，便记在心里："静乐可忘轩冕贵，清游端胜绮罗尘。"

路过的慎思堂，青石门罩，门楣镶嵌石雕图案，大门敞开着，里面静静的，我也悄然进去。房前是个小庭院，设有石凳、石几等，正屋的门也开着，前厅宽敞，有八仙桌、太师椅、罗汉椅等，典型的徽派民居摆设。厅内并无主人，估计在里间，我转了一圈，又蹑手蹑脚离开。

还有个"菊豆药铺"，招牌挂在巷口，应该是张艺谋拍《菊豆》的现场，难得古村没有忘记那些珍贵的历史画面。我走进巷子，见几户院门都没标识，不知道是哪家，所以不能贸然进去，只好懊恼地离开。

一条巷子叫"招财进宝巷"，我看不明白啥意思，所以也就没敢再进去。

▼ 进来的第一条巷子，巷口砌着拱门，门楣刻"南阳巷"三个字，据说是河南南阳人最先来此居住，所以叫成了"南阳巷"

最别致的巷子要数"步步高升巷"，巷口挂着标牌，巷道狭小幽深，仅能并排两个人，地面是平缓的台阶，一级高过一级，我从头走到尾，数了数，一共二十三级，据说这是村里最长的巷道。

转了半天，一直没找到那几座祠堂，求助一位店铺主人，按照她的指引来到村中心地带，我才看到叶氏宗祠。

▲ 这里的街巷狭窄短浅，又拐弯抹角，让人难免蒙头转向

◀ 出了叙序堂，横向不远处是叶氏支祠，即奎光堂。明代弘治年间的建筑，双层飞檐，四周马头墙相围，似乎比叙序堂更为气派

叶氏是村内大姓旺族，宗祠当然以叶姓家族为首，其他支祠和家祠，因做官或发财而建造，至今仍保存完好。除此之外，还有另外的李氏宗祠、程氏宗祠等。

叶氏宗祠称“叙序堂”，建于明代成化年间，祠堂外观威严庄重，檐角高翘，如飞鹰展翅，门前设有木栅栏，正门两侧有一对雕刻精致的大石鼓，我比试一下，高我一头还多。门楣悬挂巨幅匾额，“叙序堂”三个大字笔力遒劲。四根方形石柱，托着粗硕的额枋。堂内分上、中、下三厅：下厅是吹奏鼓乐的地方，也可以搭台演戏；中厅是举行祭祀仪式的大厅；上厅为享堂，放置本族的祖宗牌位。走进大门，几十根硕大的立柱，托举着全部的梁架，给人以视觉上的极大冲击。巨大的天井下是青石地面，被雨水洗得光亮，中央竖立着晒布的木架，上面挂着几匹染布，色彩鲜明透亮，那块“老杨家染坊”横匾却散落在墙角。我知道，这里是电影《菊豆》的主要拍摄场景，巩俐和李保田在此精彩的演绎堪称经典。堂内的横枋上，悬着“贡元”“进士”“经魁”和“松筠操节”“津逮后生”等功名、褒奖之类的横匾，依稀可窥见曾经的庄重场面。

出了叙序堂，横向不远处是叶氏支祠，即奎光堂。明代弘治年间的建筑，双层飞檐，四周马头墙相围，似乎比叙序堂更为气派。这座祠堂是为了祭祀叶氏四世祖，由他的孙子主持修建。四世祖曾是知县，所以檐下并列三块匾额：钦点翰林、钦赐翰林、钦取知县。门前也设木栅栏，两面石鼓，前廊六根石柱，整个祠堂建筑，显得高大轩昂，开阔明朗。

这两座祠堂足以代表叶氏家族，看完无须再去另外几座了。当然，还有抱一书斋、穆贤堂、冰凌阁、南薰别墅等多处古建筑，同样是南屏村的骄傲，我也全都放弃了。

问明白出村的路，我又撑起雨伞，闯入灰蒙蒙的雾霭中。我边走边想，如果能有个高处，观看此时的古村全貌，一定是美丽无比。这样想着，路旁出现一家客栈，二层的小楼，楼顶有观景平台，上去要收费5元。我交了钱，几步跑到楼顶。在北方长大的我，从没见过如此奇妙的景观：远处的天际，白雾弥漫，如同倒海翻江，灰色的山峦，随着云气的快速流动，时隐时现，变幻无常；俯瞰村内，粉墙黛瓦，层层叠叠，如儿童搭建的积木，高低起伏的马头墙，树丛掩映其后，点染出绿色的生命色彩，不禁让我想起韩愈的那首《早春》：“天街小雨润如酥，草色遥看近却无。最是一年春好处，绝胜烟柳满皇都。”北方长安的抒怀，移情到皖南的村落，难道不是一样的意境吗？

回到村口，走过古桥，雨停了。雨游古村，难得的行旅经历，我忽然明白：刚才那雨，是在邀我“斜风细雨不须归”。

▼远处的天际，白雾弥漫，如同倒海翻江，灰色的山峦，随着云气的快速流动，时隐时现，变幻无常；俯瞰村内，粉墙黛瓦，层层叠叠

踏歌送李白

汪伦可以做证，这里是他送别李白之处——因为他已经在此躺了1000多年。

桃花潭在泾县境内，青弋江的上游。这里水面宽阔，波光潋滟，东岸陈村，西岸万村，两村隔潭对望，古称桃花潭镇。

唐代天宝年间，桃花潭豪士汪伦极为仰慕李白，听说他旅居南陵其叔父家，欣喜万分，遂修书邀他前来：先生好游乎？此地有十里桃花。先生好酒乎？这里有万家酒肆。李白欣然前来，憨厚的汪伦坦白告之：没有桃花，有一桃花潭；没有万家，有一万姓酒家。豪爽的李白并不计较，反被汪伦的盛情所感动。当时，恰逢春风送暖，桃花盛开，潭水深碧，两崖翠峦倒映。于是，二人喝酒唱诗，不亦乐乎。分手后，李白乘船将去，汪伦携众乡亲在岸边唱歌送行，李白见此情景，疾挥笔墨："李白乘舟将欲行，忽闻岸上踏歌声。桃花潭水深千尺，不及汪伦送我情。"李白乘船走了，走向了永远，也把这首千古绝唱永远留了下来。

我们来到这里时已近黄昏，青弋江两岸笼罩着柔柔的暖色调。西岸这边还保留着古村门，一座端庄的义门，建于唐代贞观五年（631），因村民万晏家五世同堂，和睦相处，家风古朴，唐太宗李世民下诏修建此门，以表彰其忠孝节义。现在的义门，为清代乾隆三十九年（1774）重修，依然古朴如初。

对面的东岸是当年李白登船处，我们乘船过去。船行至江心，回望西岸，怪石峭崖，古树青藤丛生，年轻的船家告诉我，那块凸起的巨大石崖被称为"垒玉墩"，已经在那儿耸立千年，崖上的亭楼是谪

◀ 西岸这边还保留有古村门，一座端庄的义门，建于唐代贞观五年（631），因村民万晏家五世同堂，和睦相处，家风古朴，唐太宗李世民下诏修建此门，以表彰其忠孝节义

▲此时，晚霞西映，巨石垒玉墩，飞檐谪仙阁，被一层黑影所笼罩，形成精致而神秘的剪影

仙阁，崖下那片水域就是桃花潭，水深达30多米。此时，晚霞西映，巨石垒玉墩，飞檐谪仙阁，被一层黑影所笼罩，形成精致而神秘的剪影。

弃船登岸，是明代的古渡口，麻石铺设的平台。几级石阶之上，几株桃树花满枝头，粉红色的花瓣掩映着一幢小阁楼，是为纪念李白的“踏歌古阁”，始建于明末清初，清代乾隆年间重修，近年又多次维修。阁楼为二层，底层为通道，半圆形门洞，通向陈村的老街，上层窗前有栏杆，可供人凭栏远眺，檐下悬挂“踏歌古岸”匾额，为今人书法家笔墨。阁楼两侧是石砌的墙壁，散靠着尚未完工的石雕像，为李白和汪伦的饮酒图。

遥想当年，汪伦就是在这里“劝君更进一杯酒”，送别他所敬仰的诗仙，从此天各一方，无缘再见。如今，斯人已逝，桃花潭因此千古流芳，亘古友谊之歌，如川流不息的江水源远流长，将在中华大地上世代传唱下去。

我们没有进陈村，告别古渡口，乘船返回西岸。

西岸的古门楼是万村临江的入口，始建于唐代的建筑，以后朝代予以重修。拾级而上，穿过门楼，里面是一条老街，明清时期是徽商云集之地，当年店铺林立，富甲一方，如今只遗留几间店铺。

距离老街不远，一处石垒的高台上坐落着汪伦祠，虽然是近年的建筑，却不失古朴自然。高台下是汪伦墓，他不舍和李白的情谊，默默守护在这里。墓前立有石碑，碑文为“史官之墓汪伦也”，相传为李白题写，其真伪已无从考证，碑体确是清代光绪十一年（1885）重建的。沿着十几级石阶，我们走进祠堂。二进的结构，一进厅内，立有汪伦半身塑像，两侧挂有对联“万家酒店真情引来诗仙客，十里桃花厚谊留给汪伦公”，虽然直白，倒也情真意切。二进厅内，是李白的半身塑像，两侧也有对联“杯酒在手快意吐纳风云，诗境满怀潇洒来去人间”，寄托了村人对他的思念。

最后，我们登上垒玉墩。此处茂林修竹，环境幽雅，据说这里便是当年汪伦和李白的咏游处。谪仙阁临水而建，我们凭窗眺望，对岸的“踏歌古岸”，霞光普照，江雾缭绕，隐隐约约我听到有阵阵歌声，飘逸在桃花潭两岸……

这段逸事为清代诗人袁枚的《随园诗话》所记，估计不会错吧。

忽然想起，女儿给我网购的宣纸，就是泾县这里的，该是也沾了李白的仙气。

◀几级石阶之上，几株桃树花满枝头，粉红色的花瓣掩映着一幢小阁楼，是为纪念李白的“踏歌古阁”，始建于明末清初，清代乾隆年间重修，近年又多次维修

▶ 谪仙阁临水而建，我们凭窗眺望，对岸的“踏歌古岸”，霞光普照，江雾缭绕，隐隐约约我听到有阵阵歌声，飘逸在桃花潭两岸

▼ 高台下是汪伦墓，他不舍和李白的情谊，默默守护在这里

后记

两年多来，我走过近百个古村落，遍及大江南北，行程两万多公里，拍摄了近万张照片，记下20多万字的见闻心得。一路走来，祖国大地风物咸美，古村落神韵各异，让我陶醉其中、享受其中，仿佛在阅读一本本古籍善本，图文并茂，赏心悦目，咀嚼后余味无穷。然而我也看到，一些偏僻荒芜之地，古村落的现状，古建筑的保护，前景令人堪忧。个人力所不及，只能发出微弱之声，希望政府相关部门和更多有识之士能够重视起来，加快维护和抢救步伐，让祖国优秀的文化财富和资源得以长久传承下去。

今天，有幸把所见所闻整理出来，结集成册，与喜爱古村落的朋友共享，这是我莫大的欣慰。

青山在，人未老。我的古村落情结并未终了，反而愈加浓烈，所以，我将继续走下去。但愿古村放缓衰老的速度，这样，我在有生之年还会看到更多的原生态之美，但愿。